Tot el que llegireu és real

CRIMS
amb Carles Porta

TOT EL QUE LLEGIREU ÉS REAL

La Campana

Paper certificat pel Forest Stewardship Council®

Primera edició ampliada: abril del 2022
Segona reimpressió: maig del 2022

Printed in Spain – Imprès a Espanya

ISBN: 978-84-18226-69-4
Dipòsit legal: B-3.030-2022

Compost a Comptex & Ass., S. L.

Imprès a Romanyà Valls, S. A.
Capellades (Barcelona)

CA 2 6 6 9 4

Índex

La vídua negra

La policia va donar la notícia assegurant que havien detingut l'assassina en sèrie per enverinament més important de la història criminal espanyola. La van batejar com la Vídua Negra. Aquesta és una història fosca d'una sèrie de suposats crims comesos per una persona que va passar desapercebuda a la policia durant gairebé quatre anys. El secret? La senzillesa.

Hi ha una aranya que algun científic espavilat va batejar amb el nom de vídua negra perquè, de vegades, després de copular amb el mascle, el mata enverinant-lo. Reconeixereu aquest aràcnid perquè té una forma arrodonida —de color negre, evidentment— i unes taques vermelloses a l'esquena que podrien semblar un rellotge de sorra. L'aranya té un verí quinze vegades més potent que les serps de picarol, tot i que, com que és molt petita, la dosi d'una picada no pot matar un humà. Tret que l'humà en qüestió, és clar, hi sigui al·lèrgic.

El cas és que l'expressió «vídua negra» s'utilitza, també, per designar una dona que s'ha dedicat a enverinar gent, sobretot si la víctima és el marit. I és la que van triar la Policia Nacional i el periodisme per referir-se a la protagonista de la història que ara comença. Alguns hi afegien «de l'Hospitalet», ja que la zona on «picava» era l'Hospitalet del Llobregat, preferentment Collblanc i els barris propers al Camp Nou.

Som a finals del 1991, l'URSS està en plena dissolució i l'antiga Iugoslàvia també. Al cinema triomfen *Thelma & Louise* i *Terminator 2*. És l'any que mor Freddie Mercury i que neix el Club Super3. A Catalunya hi ha una família, entre moltes, que pateix una situació econòmica molt complicada. El marit i pare de família, Luis Navarro, no aconsegueix arribar a final de mes, i la dona, Margarita Sánchez, no té cap feina coneguda. Els dos fills, una nena d'onze anys que es diu Sonia i un nen de set, el Javier, juguen amb el que poden i des de petits aprenen a sobreviure. Hi ha un problema afegit que ho enterboleix tot: el marit és alcohòlic.

Com que no poden pagar el pis del carrer Riera Blanca de l'Hospitalet, decideixen anar a viure a casa de la mare d'ell, al carrer Caballero de Barcelona. El Luis i la Margarita s'empesquen una petita mentida i expliquen que tornen a casa dels pares d'ell perquè l'avi s'està recuperant d'una operació a les cervicals i l'àvia no pot cuidar-lo tota sola. La realitat, però, és una altra: els han desnonat.

Al cap de poc, al pis del carrer Caballero del barri de les Corts, la convivència comença a complicar-se. Les dificultats econòmiques de la família Navarro Sánchez continuen. El Luis, tot i que té una feina segura al metro de Barcelona, està carregat de deutes. I la seva dona, la Margarita, no s'entén gens amb la sogra, la Carmen Nuez. Per acabar-ho d'adobar, la Carmen els demana que paguin una contribució econòmica mensual per poder viure allà, perquè, segons diu, a ella tampoc no li sobren els diners. Ja se sap que la convivència sovint és difícil; i si a més no hi ha calés, tot costa més d'aguantar. Els nervis estan sempre a flor de pell.

De sobte, un dia, havent dinat, la Carmen Nuez ingressa d'urgència a l'Hospital Clínic de Barcelona a causa d'una pèrdua de consciència i dificultats respiratòries. Malgrat l'ensurt inicial, la senyora Nuez es recupera i torna a casa. Sembla que no ha passat res. L'episodi, però, es repeteix: la mare del Luis encara ingressarà fins a cinc vegades més a l'hospital amb els mateixos símptomes. Sempre després d'un àpat. Els metges que l'atenen, però, no saben dir-li per què es desmaia ni la causa d'aquell ofec tan angoixant.

En el primer ingrés via Urgències no li van fer cap anàlisi de tòxics. La segona vegada sí. Quan comproven a l'historial que és la segona vegada en pocs dies que la senyora Nuez ingressa amb els mateixos símptomes, el Francesc Valldoriola, neuròleg de l'Hospital Clínic, es fa càrrec del cas. Apliquen el protocol i els resultats són negatius. I com que a més la pacient s'està recuperant bé, no hi donen més voltes.

Però quan torna a ingressar per tercera vegada ja els puja la mosca al nas. Veient que les analítiques de sang i altres fluids no mostren res estrany, decideixen desplaçar-se a casa de la pacient i mirar més coses. Ella, molt espantada, els dona permís per anar-hi mentre continua hospitalitzada, però no hi veuen res: cap fuita de gas, ni cap producte tòxic a la cuina, ni aliments en mal estat. Res, res de res.

La Carmen torna a casa. Van passant els dies i la convivència no millora. La sogra i la jove estan sempre com el gat i el gos; i el Luis, a més dels problemes amb l'alcohol, maltracta la Margarita, la seva dona.

Una veïna va explicar això als policies i periodistes: «La

mare i la filla, la Sonia, sí que s'havien arribat a pegar en alguna ocasió. Però la mare de seguida li donava a la filla el que volia. Perquè si no, la nena d'onze anys li deia: "Que l'hi dic al papa, eh?". La mare corria a donar-l'hi tot i, durant unes hores, la nena anava com una seda. La sogra, a vegades, pensava per dins: "I què li deu voler xerrar aquesta mocosa al seu pare?"».

Mentre la Carmen Nuez continua anant i venint de l'hospital sense entendre què li passa, el seu fill, el Luis, perd pes per moments, fins al punt que els coneguts comenten entre ells que aquest noi ha de tenir alguna malaltia dolenta.

A mitjans del 1992, el Luis ingressa a l'Hospital Clínic amb problemes respiratoris, com la seva mare. En un marge de pocs dies ingressen primer un i després l'altra. Al Clínic, lògicament, els crida l'atenció que mare i fill ingressin amb els mateixos trastorns inexplicables.

Els metges pensen que pot tractar-se d'una emanació tòxica a casa dels Navarro Nuez, i aquesta vegada hi installen un detector de gasos tòxics de manera permanent, no com l'altra vegada, que hi van fer una visita puntual i prou. Hi deixen el detector durant unes setmanes, però els resultats tornen a ser negatius. Mentrestant, els problemes de salut de la sogra i del marit de la Margarita Sánchez persisteixen, i encara no se'n sap la causa ni s'hi ha trobat cap solució. Però la sogra, la Carmen, fa temps que calla una sospita. Un dia, mentre està ingressada al Clínic, comparteix el secret amb una infermera.

«A mi em va dir que la seva jove estava intentant enverinar-la. El que passa és que, és clar, són manifestacions que, en aquell moment, no hi dones cap importància. Sí que ho va dir, sí», explicaria la infermera Sònia Gascon quan ja era massa tard.

La sogra parlava d'enverinament, però els serveis mèdics li havien fet tot tipus d'analítiques i no li havien trobat mai res. Proves i més proves de tota mena en un dels millors hospitals de Barcelona, i no sortia mai res, cap verí ni cap substància que pogués fer sospitar els metges que en aquella casa s'estava cometent un crim. Podia ser que algú estigués sent enverinat? La sogra? El marit? O tots dos alhora? I si només eren imaginacions d'aquella dona?

I si tot plegat ja tenia els metges prou desconcertats, hi havia un altre element que els feia ballar encara més el cap. Quan li donaven l'alta, la Carmen no volia tornar a casa i els suplicava, morta de por, que la portessin a algun altre lloc. On fos. No volia ni sentir a parlar de tornar a casa seva.

La situació era tragicòmica. El cas és que la Carmen, de bon principi, s'havia avingut només a acollir el seu fill a casa, però al cap de pocs dies havia passat de viure-hi ella sola a compartir pis amb quatre persones més. I una d'aquestes quatre persones era una jove que no era només que fos lletja, segons la gent, sinó que a més feia cara de dolenta, perquè la natura li havia regalat un ull borni (li deien la Tuerta) que li donava un aire de dolenta de pel·lícula. Però les analítiques no hi entenen, d'estètica; i els resultats, tant de la sogra com del marit, no mostraven cap indici d'enverinament.

Davant les crisis d'ansietat de la Carmen, els metges la sotmeten a una exploració psiquiàtrica per tal d'esbrinar d'on prové l'angoixa i conclouen que, des de fa sis mesos, la Carmen pateix un problema familiar greu. Justament el temps que fa que el seu fill, la jove i els nets s'han instal·lat a casa seva. Els serveis socials decideixen atendre les peticions de la Carmen i l'envien a una residència per a malalts crònics.

Mentrestant, la Margarita, mestressa de casa, es dedica a cuidar els fills i, de tant en tant, fa alguna feineta pel barri, ja sigui tenint cura d'alguna persona gran o netejant cases, com per exemple la d'una veïna anomenada Rosalía Marcos. Encara que siguin pocs diners, almenys contribueix a pal·liar la complicada situació econòmica que travessa la família.

Aquesta veïna en particular, la Rosalía, és una dona ben peculiar, d'aquelles que no són ni de bon tros el que semblen. Al barri de les Corts la coneix tothom perquè sembla ben bé una sensesostre. Fins i tot l'han vist remenant entre les escombraries. Amb el pas dels dies, la Margarita i la Rosalía es van fent amigues. Si més no, això és el que es pensava tothom al barri, incloent-hi un veí que es queixava que «sempre parlaven xiuxiuejant i no hi havia manera de sentir què es deien, encara que volguessis».

Arran d'aquesta amistat, la Margarita descobreix una faceta de la Rosalía que molts desconeixen. Un aspecte que acabarà esdevenint crucial. Aparentment, la Rosalía no s'ha preocupat mai per la seguretat de casa seva, al carrer Comtes de Bell-lloc. Fins que arriba el 23 de juliol de 1992, tan sols dos dies abans de la inauguració oficial dels Jocs Olímpics de Barcelona. Aquest 23 de juliol, quan ja fa uns mesos que coneix la Margarita, la Rosalía demana a un veí que li prengui mides de la porta per posar-hi una cadena de seguretat. L'home, sabent que la Rosalía i la Margarita passen moltes hores juntes, s'estranya que l'hi demani a ell i no a la seva amiga, però a les dues del migdia passa per casa de la Rosalía a comprovar l'estat de la porta i a prendre'n mides. Quan s'acomiada li assegura que a la tarda hi tornarà amb la cadena i l'hi instal·larà. Però la cadena no s'arriba a instal·lar mai.

A les cinc de la tarda, el veí es troba la porta del pis de la Rosalía mig oberta. Quan hi entra, veu la veïna estirada al sofà. Inconscient. Ràpidament truca demanant una ambulància, que se l'endú cap a l'Hospital Clínic. El diagnòstic, una insuficiència respiratòria. Exactament el mateix que li van diagnosticar a la Carmen, la sogra de la Margarita. És clar que dir que algú ha patit una insuficiència respiratòria és com dir que li costa respirar, només.

Deu dies després, la Rosalía mor a causa d'una embòlia pulmonar. Ningú no en demana l'autòpsia perquè no hi ha cap tipus de sospita. Era una dona gran, havia ingressat amb un problema típic de les persones grans i ha mort d'una embòlia, com moltes persones grans. Per què ha de sospitar res ningú? Ja tenim el primer mort.

Però, per què una dona de gairebé setanta anys i que no ha desconfiat mai de cap veí decideix, de sobte, instal·lar una cadena de seguretat a la porta de casa seva? I per què, abans que hagi tingut temps d'instal·lar-la, la troben inconscient? Què havia descobert la Margarita de la vida de la Rosalía que no sabia pràcticament ningú?

La Rosalía, que a ulls de tothom semblava una pidolaire, tenia vint milions de pessetes (uns 120.000 euros actuals) repartits en diverses llibretes bancàries.

«La disminució del nivell de consciència d'un malalt d'edat avançada és una cosa relativament freqüent. En la majoria dels casos, s'acostuma a trobar l'origen del problema, però sí que és cert que, en d'altres, amb un diagnòstic més dubtós, la mort es certifica per una causa genèrica», va dir, temps després, el metge que va firmar la defunció de la Rosalía.

No van esbrinar mai l'origen de l'embòlia.

Pocs dies després de la defunció, una amiga de la senyora Rosalía decideix avisar les sucursals bancàries del decés de la seva clienta. És curiós les coses que fa la gent pels veïns, sobretot quan són morts. Però aquesta veïna, que s'ha presentat com a amiga de la Rosalía perquè ho deu ser, es queda de pedra quan, en una sucursal de La Caixa, li diuen que una senyora rossa ha tret diners dels comptes de la Rosalía.

I és clar, ho explica a la policia.

Des de dues sucursals bancàries diferents de La Caixa al barri de Sants, s'havien fet dos reintegraments —que sumaven 600.000 pessetes— des dels comptes de la Rosalía. Alguns dels empleats van poder identificar aquella dona rossa. Era la Margarita, que ja feia un any que vivia al barri de Sants, que des de feia uns mesos era amiga de la Rosalía, i que l'acompanyava a treure diners. Per això, quan hi va tornar sola dient que la velleta estava malalta i no hi podia anar, els diligents empleats de banca s'ho van creure i li van donar els calerons.

No va caldre revisar les càmeres de seguretat. Tots recordaven perfectament la mirada d'aquella dona. «És una senyora guenya, però té un guenyo molt pronunciat. Llavors això et queda», dirà un farmacèutic que d'aquí a unes quantes pàgines tindrà un paper en aquesta història. «Era una persona molt estranya... molt estranya. Semblava una bruixa», assegurava l'Antonio, un veí.

I és que, certament, la natura no havia estat gaire amable, amb la Margarita. A més, els que la coneixien explicaven que era analfabeta: no sabia llegir ni escriure. Per tant, per a qualsevol cosa que impliqués alguna d'aquestes dues habilitats, necessitava la filla de només onze anys, la Sonia, que quasi sempre l'acompanyava a tot arreu. A més, la Margarita també era coneguda per la seva reputació d'estafadora; de seguida en parlarem.

Paral·lelament, el marit de la Margarita, el Luis Navarro, i la sogra, la Carmen Nuez, van seguir camins diferents. El marit continuava vivint amb ella. A part dels problemes derivats de l'alcoholisme, cada vegada tenia més dificultats respiratòries. De sobte li agafava un ofec terrible i unes ganes fortíssimes de vomitar. La Carmen, en canvi, anava tirant a la residència. Qui dia passa, any empeny.

El 18 d'agost de 1992, mentre passejava per la Travessera de les Corts, el Luis Navarro, marit de la Margarita, va caure fulminat de cop i volta. Un infart. La Margarita va acusar els serveis sanitaris d'haver arribat tard i haver-lo atès malament. Fins i tot va presentar una demanda reclamant una indemnització milionària. El que hauria fet qualsevol, no? El teu home cau rodó al mig de Barcelona, una ciutat moderna i plena d'hospitals i ambulàncies, i quan hi arriben ja és mort. Algú n'havia de tenir la culpa.

Però la demanda no va prosperar i la Margarita no va veure ni un duro. Tret de la pensió de viudetat, és de suposar. Oficialment, la causa de la defunció va ser «un infart». Ja tenim un segon mort.

Aleshores encara ningú no sospitava res, ni la policia ni els serveis mèdics. No hi havia cap denúncia perquè tampoc no hi havia cap prova d'enverinament. La senyora Rosalía, de setanta anys, havia mort a causa d'una embòlia. El

Luis, més jove però amb problemes de salut i alcohòlic, havia mort a causa d'un infart. Què s'havia de sospitar? Res. Només cal mirar l'índex d'infarts a Barcelona per veure que la xifra és altíssima. És potser una de les morts més habituals, no? No és una circumstància que converteixi la Margarita en sospitosa de res.

Un hospital com el Clínic de Barcelona té establerts uns protocols molt clars sobre com s'ha d'actuar i quines proves cal realitzar en cada cas. Quan algú pateix un infart, el més habitual és que sigui per causes naturals, i no pas per enverinament. D'acord amb l'historial clínic de la víctima, el protocol estableix quines anàlisis se li han de realitzar. Aquest protocol, però, no contempla ni verins ni símptomes estranys, i per tant a ningú se li va acudir aturar-se a explorar aquesta possibilitat. Per demanar una prova d'aquest tipus calen sospites fonamentades, i no n'hi havia cap.

«Evidentment, la conducta de qualsevol neuròleg davant d'un quadre de disminució de consciència és força similar en tots els casos. Jo crec que es va fer tot el que calia fer, però no en vam trobar l'origen. Això pot passar», s'excusava, amb raó, el neuròleg del Clínic que es va fer càrrec del cas.

La tardor del 1992, poc després dels Jocs Olímpics, la Margarita continua netejant cases i cuidant gent gran per contribuir a l'economia familiar, però també es posa a vendre a preu de saldo electrodomèstics d'una fàbrica on, suposadament, treballa un conegut seu. Segons com, també explica que els obté d'una empresa que ha caigut en fallida. La versió varia segons el potencial comprador.

Entre les persones que intenta estafar hi ha dos companys de feina del seu marit, l'Antonio Ferrer i el José Ortiz.

«A mi va intentar estafar-me en una ocasió. Amb la compra d'un televisor i d'un vídeo. La filla, que aleshores ja tenia dotze anys, en sabia més que la mare», deia l'Antonio Ferrer quan ja havia passat tot. «La filla es va asseure a la taula i va anar apuntant tots els electrodomèstics que jo em comprometia a comprar, mentre la mare comptava els diners que jo li acabava de donar. Va dir-me que sobre les vuit o les nou tornaria amb el camió amb tot el material que havíem comprat. Vam estar esperant tot el dia, però no van aparèixer mai, ni ella ni els electrodomèstics».

El José Ortiz i cinc companys més que treballaven al metro de Barcelona van denunciar la Margarita, que va ser condemnada a trenta dies d'arrest menor per sis faltes d'estafa i a retornar 89.000 pessetes.

«Dos anys després ens va tornar els diners. A més, amb interessos. Però ella mai no es va presentar al jutjat», recordava el José Ortiz anys després, molt sorprès per l'interès que despertava de sobte aquella dona guenya.

Ara expliquem la història quan ja se sap tot, però no va ser gens fàcil arribar a posar el focus en la Margarita. Tres persones d'un mateix barri, amb els mateixos símptomes, i resulta que totes tres tenen relació amb la Margarita. Dit així de seguida fa pudor de socarrim, però com podien saber els metges que el Luis Navarro i la Rosalía Marcos tenien la Margarita en comú? A més, oficialment tots dos havien mort per causes naturals.

Un cop mort el fill, la sogra —que, recordem-ho, viu a la residència perquè té por de la seva jove— considera que la Margarita no té cap dret a viure a casa seva i la fa fora: tant a ella com als dos fills, la Sonia i el Javier, tot i que són els seus nets. La Carmen ja fa temps que va dient que la Margarita és una emmetzinadora i que ha assassinat el seu fill, però ningú no li fa cas.

Així doncs, la Margarita i els dos fills fan les maletes i enfilen cap al seu barri d'origen, a l'Hospitalet. Ara, però, la Margarita compta amb la pensió de viduïtat, tot i que no és gran cosa.

El cas és que s'instal·len a casa de la Josefa, la germana de la Margarita, que viu amb el seu marit, el José Aracil, al 1r 2a del número 96 del carrer Riera Blanca. Només dues portes més enllà del pis d'on els van desnonar.

Quan fa només set mesos que la Margarita ha tornat a viure a Collblanc, l'11 de maig de 1993, mor Manuel Díaz, el veí del setè pis del bloc on viu ara. La causa, una intoxicació sanguínia que els metges certifiquen com a mort natural.

«El meu cunyat bevia una mica», explicava la cunyada del Manuel Díaz. «I un dia la meva germana em va explicar que a l'escala hi havia una senyora que li havia dit que posant uns *polvos* a la beguda deixaria de beure. Però ella —la germana— tenia por que li passés alguna cosa al marit i no li volia donar mai aquells *polvos*».

Aquesta senyora de les pólvores contra l'alcoholisme podria ser la Margarita?

En aquesta història ja tenim tres persones mortes, però la policia encara no en sap res perquè totes les morts són per causes naturals: la Rosalía, el Luis i el Manuel. Tots tres, coneguts de la Margarita.

Just per aquestes mateixes dates, mitjans del 93, alguns diaris de Barcelona porten entre les seves pàgines notícies de viatgers del metro que han estat estafats per una dona i dos nens. La descripció que fan de la persona encaixa a la perfecció amb el perfil de la Margarita. Pel que sembla, va explicant que s'acaba de quedar vídua. Porta el DNI del Luis Navarro i el va ensenyant a tothom oferint-los que, si volen, truquin a la policia per comprovar que és mort. Torna a intentar vendre electrodomèstics, concretament neveres, a canvi d'una paga i senyal de la qual no signa mai cap rebut.

L'ambient a la casa on viuen ara sembla que tampoc no és gaire acollidor. Pel que sembla, el José Aracil, el cunyat, va perdre la feina fa uns mesos i, a més, té una amant. I de sobte, el José, que no ha tingut mai problemes de salut —exceptuant algunes afeccions derivades de la quantitat d'alcohol que ingereix des que va perdre la feina—, el 9 de juliol ingressa a l'Hospital de Bellvitge per un quadre confusional. En unes altres paraules: que l'home no sabia on era. Durant el mes següent, ingressarà fins a cinc vegades a l'hospital. Després de la cinquena ja no tornarà a casa.

El José va morir el 14 d'agost de 1993. Ja en portem quatre. En aquest cas, la mort va ser produïda per la malaltia de Wernicke, un trastorn cerebral provocat per un dèficit de tiamina, o el que és el mateix, vitamina B1. Una malaltia que s'associa amb l'alcoholisme.

El José havia perdut la feina al gener. Entre la liquidació i un parell de mensualitats, li havien pagat 576.813 pessetes (uns 3.500 euros actuals). Curiosament, cada vegada que el José ingressava a l'hospital, algú treia diners dels seus comptes bancaris. En cinc viatges a l'hospital van desaparèixer 450.000 pessetes.

I va anar passant el temps.

Durant dos anys, no passa res. Som a l'agost del 1995, fa

molta calor i la Margarita decideix organitzar un dinar amb la família d'un amic del seu fill Javier, els Cerqueira. L'Antonio, el cap de família, d'origen portuguès, no parla ni català ni castellà, però es fa entendre com pot. El pla és anar tots junts a veure un partit de futbol, però no arriben a veure cap partit.

Aquell dia l'Antonio tenia tanta gana que va engolir la paella. No va mamar res fins que no va estar ben tip. «Comí, comí, comí», explicaria després fent amb la mà el gest de ficar-se menjar a la boca gairebé sense respirar. Fins que va tenir set. Llavors, la Margarita es va oferir a portar-li la beguda. Va anar a la cuina i va tornar-ne amb un got de Coca-Cola amb vi, allò que a la mili en deien un calimotxo. I aquell portuguès baixet i grassonet, entranyable i compulsiu, sobretot menjant i bevent, encara no havia acabat de beure's el calimotxo que ja li començava a rodar el cap. «Eu perdi o mundo da vista!»

Li costava respirar i estava cada vegada més marejat. Va sortir a la terrassa perquè li toqués l'aire, però es trobava cada cop pitjor. Els fills van ajudar-lo a arribar fins al llit, i allà, estirat, gairebé va perdre la consciència. Un dels fills, neguitós, va trucar demanant una ambulància.

Tota la família, inclosa la Margarita i els nens, va desplaçar-se a l'hospital. Prop de les cinc de la tarda, quan feia només vint minuts que el Cerqueira havia ingressat, algú extreia 20.000 pessetes del seu compte bancari.

L'Antonio es va quedar uns dies ingressat, perquè els metges no li trobaven res i no sabien dir què podia haver-li causat la insuficiència respiratòria. Mentre era allà, doncs, no es adonar que li havien pispat 20.000 pessetes.

Paral·lelament, però, pocs dies després que el senyor

Cerqueira ingressés a urgències, el 26 de setembre de 1995, es va produir un fet que seria determinant per a la resolució del cas.

La Mercedes García viu a Olesa de Montserrat, a quaranta kilòmetres de Barcelona. La seva mare es diu Piedad i viu sola a l'Hospitalet, al carrer Riera Blanca.

Un bon dia la Mercedes García rep una misteriosa trucada. És una joveneta que no coneix de res i que es diu Sonia Navarro. La Sonia li explica que està preocupada per la mare de la Mercedes, la senyora Piedad, perquè fa dies que no la veuen ni a l'escala ni al bloc de pisos.

La Mercedes, neguitosa i alhora estranyada per la trucada, agafa el cotxe i se'n va corrents al carrer Riera Blanca de l'Hospitalet. Els quaranta quilòmetres se li fan eterns.

Quan hi arriba troba la porta del pis de la mare tancada, com sempre, i li crida l'atenció una cosa: la clau entra al pany perfectament, però la seva mare sempre es tanca i deixa la clau posada per dins.

Entra al pis i es troba la mare estirada a terra, inconscient. No pot saber quant de temps fa que és allà ajaguda, tot i que sospita que deu fer uns quants dies. Però la Piedad no és morta. Corren a l'hospital.

Després d'uns dies, quan la Piedad ja es troba millor i ha tornat a casa per recuperar la vida normal, mare i filla van al banc a treure diners, actualitzen la llibreta i comproven que el 27 de setembre, quan la Piedad estava ingressada, algú va retirar 7.000 pessetes del seu compte corrent. Però el més curiós de tot és que hi havia un altre reintegrament de tot just feia deu minuts. Una mica més i enxampen els presumptes lladres encara al banc! Ho explica la filla de la Piedad: «Fuimos al banco y allí nos dieron la confirmació de que Margarita Sánchez y Sonia habían ido, justo diez minutos antes, para sacar la pensión de mi madre, que justo aquel día mismo era el día de pago».

La Piedad i la filla no ho van dubtar ni un moment. Van denunciar la Margarita.

La víctima, la Piedad Hinojo, ho explicava encara amb l'ai al cor: «Yo me extrañaba, porque ella se ponía detrás de mí y me pasaba una cosa, como una botellita, por la cara, varias veces, como para despistarme. Entonces le dije "estate quieta". Ellas vivían aquí al lado, en el 96, en el primer piso, y yo sabía que eran peligrosas y llevaban muy mala fama. Había muchas habladurías: que si habían matado al marido, que habían matado al cuñado... Que si habían matado a Manolo, el que vivía en el ático. También se lo cargaron ellas, se ve... Y mira, iban haciendo víctimas, iban matando gente. Y a mí, lo que querían era robarme, porque como ellas vieron que yo vivía regular, con el piso arregladito... Pero la idea de ellas era quedarse ya con las llaves y "a esta la quitamos del medio, nos quedamos con el piso, nos quedamos con todo lo que tenga y la vieja fuera"».

La senyora Piedad és molt contundent i explícita, però ja sabeu que una cosa és el que es diu al carrer i una altra molt diferent el que arriba als jutjats.

Aquesta primera denúncia fa que la policia comenci a fixar-se en aquesta història, sobretot quan s'adonen de la coincidència amb una segona denúncia. Així ho explica el José Pérez, cap d'homicidis de la Policia Nacional, que és qui va portar el cas: «Lo curioso fue que después de esta primera denuncia en la cual se empezaron las primeras indagaciones, coincidió otra denuncia, también en la comisaría de l'Hospitalet, en la que un señor vecino de esa localidad denunciaba hechos similares, diciendo que había ingresado en un centro hospitalario y resulta que, tras el ingreso, le habían sido sustraídas unas tarjetas de crédito y ciertas cantidades de dinero».

Es refereix al senyor Cerqueira. Sembla que ja ho tenim resolt, oi?

Hem de pensar que, de moment, la policia només té dues denúncies per robatori. I ningú parla, encara, d'assassinats. Per què, doncs, el malnom de Vídua Negra? Hi haurà més morts encara?

Què és el que li crida l'atenció, a la policia, en un primer moment? Doncs que totes dues denúncies tenen característiques molt similars: l'Antonio Cerqueira denuncia la seva veïna, Margarita, perquè li ha robat 20.000 pessetes de la llibreta mentre ell estava ingressat a l'hospital. A més, explica que el van haver d'ingressar després de dinar amb la mateixa Margarita.

Després tenim la Piedad Hinojo, que va passar vint-i-tres dies en coma. Un cop recuperada, la senyora Piedad va recordar que es va trobar malament després d'haver-se pres un cafè amb la Margarita. La Piedad vivia sola i acusa la Margarita i la seva filla Sonia d'haver-li robat diners i altres coses.

La policia compara totes dues denúncies i comença a parlar amb persones del barri de la Torrassa de l'Hospitalet. I es troben que la Margarita arrossega molt mala fama i té a tothom acollonit.

Tornem a escoltar el José Pérez, cap d'homicidis de Barcelona: «La verdad es que en la Policía Nacional no teníamos conocimiento de nada. No se había producido ninguna denuncia hasta entonces relacionada con Margarita. Sin embargo, a partir de las primeras denuncias todos los vecinos y comerciantes de la zona, en Hospitalet, se referían a Margarita como la posible autora de estos hechos y, en algunos casos, ya la llamaban directamente "la envenenadora"».

Imagineu-vos la sorpresa de la policia: tot el barri en va ple, i ells a la lluna. La Piedad Hinojo era de les persones que més por tenia: «Un mes, estuve en el Clínico, y vinieron ellas al Clínico, ¡pero para acabarme de matar! Para quitarme de en medio. En la calle Riera estábamos muy tranquilos, pero cuando empezó esto, toda la gente temblando. Tenías miedo hasta de bajar la basura».

La senyora Piedad no era l'única que vivia atemorida. La Margarita tenia molt mala fama, i recordem que aquell estrabisme tan acusat li donava a més un aire de personatge —sap greu dir-ho— de pel·lícula de terror. Els veïns donaven per fet que era una enverinadora i deien que havia matat el marit i el cunyat. Però aquelles morts no estaven denunciades.

Amb aquest escenari, la policia comença la investigació per dues denúncies de robatoris petits (20.000 pessetes són 120 euros).

Què fan? De moment, posen la Margarita Sánchez sota vigilància. I què passa?

Un dia, mentre la segueixen, noten que creua el carrer de manera sobtada i es desvia. Els ha vist? En dies posteriors ho torna a fer. Canvia de direcció de manera sobtada, mira enrere i es desvia.

Si sap que la segueixen tenen un problema, perquè encara no tenen cap prova en contra seva i ara encara ho tindran més fumut per trobar-ne.

La segueixen perquè tots els veïns del barri amb qui han

parlat els han dit que és una dona molt perillosa, però no pas perquè tingui antecedents greus o per les denúncies per robatori. Tot i així, continuen amb la vigilància a veure què en treuen. Volen saber per on es mou, amb qui parla, què compra, què fa...

El cas és que, després d'uns dies de seguir-la, com que creuen que la Margarita els ha descobert, canvien de tàctica de seguiment. De mica en mica, però, s'adonen que els canvis bruscos de direcció, les contínues mirades enrere i els canvis de vorera són part del comportament habitual de la Margarita. I llavors comencen a reconèixer patrons i a entendre la vida de Margarita. Aquesta dona està convençuda que tothom la mira i que la segueix mig Hospitalet.

La policia entra a les botigues després que n'hagi sortit ella i alguns comerciants expliquen que és una estafadora que els intenta vendre productes de segona mà. I també que sempre deixa coses a deure i al final no les paga mai. En alguna botiga ja no la deixen ni entrar.

De tant en tant es fica en alguna farmàcia. Què hi va a buscar, a les farmàcies? Després hi tornarem, perquè, ben lluny de l'Hospitalet, al barri de les Corts de Barcelona, troben una prova crucial per a la investigació.

Tornem al barri de les Corts, a casa de la Carmen Nuez, la sogra de la Margarita. Després de la mort del fill i d'haver fet fora la Margarita, la senyora Carmen ha tornat a casa. Ara viu amb ella una neboda que tampoc no pot veure la Margarita ni en pintura. Un bon dia, fent dissabte, aquesta neboda fa una troballa sorprenent: una llibreta bancària. I de qui és aquesta llibreta bancària? De ningú de la família. És de la Rosalía Marcos. Recordeu la Rosalía Marcos?

Efectivament, la primera morta d'aquesta història. Aquella dona, veïna de la Margarita, que semblava una indigent i que van trobar inconscient a casa el mateix dia que va dir que volia instal·lar una cadena de seguretat a la porta.

La neboda se'n va corrents a la policia amb la llibreta i els investigadors afegeixen un tercer cas a l'expedient.

El José Pérez i el seu equip continuen intentant establir el *modus operandi* de la Margarita mentre ella segueix amb el seu dia a dia, que consisteix en bona part a anar al metro a vendre electrodomèstics que no existeixen. (Tranquils, no enganyava gaire gent.) A quines conclusions arriba la policia?

«Su forma de actuar era tratar de ganarse la confianza de los vecinos, bien porque se prestaba a realizar algún tipo de ayuda, bien porque ponía como pantalla a los propios hijos, como es el caso de Cerqueira. Primero entraban en amistad los niños y después venía la relación de los adultos. Ello le daba pie a entrar en el domicilio de esos vecinos y conocer como era la distribución de la casa, qué vida hacían y, sobre todo, aprovechando algún encuentro familiar o algún partido de fútbol, ver dónde dejaban la cartera y dónde guardaban los efectos de valor o las cartillas bancarias».

Els treballadors dels bancs expliquen a la policia que algunes d'aquestes persones havien anat acompanyades de la Margarita a treure diners i que al cap d'un temps s'hi havia presentat ella sola amb una autorització signada d'aquella persona. Però com coi la falsificava, si era analfabeta?

El cap dels investigadors ho explicava així: «Informaba que se encontraba mal el señor o la señora y entonces presentaba una autorización hecha a nombre de la víctima con una firma. Nosotros pudimos demostrar que, en algún caso, la firma que había sido presentada por Margarita en alguna autorización no correspondía a la persona lesionada o fallecida. Se veía a simple vista».

Cal tenir en compte que quan la policia va anar a parlar amb els bancs alguns empleats ja havien detectat les maniobres de la Margarita i li exigien que la persona que es trobava malament els fes una trucada corroborant l'autorització que ella els portava per escrit. Òbviament, la Margarita marxava dient que «la senyora tal o qual ja els trucaria» i no tornava a posar els peus en aquella sucursal.

Però recapitulem: ara mateix la policia té dues denúncies de dues persones a qui els han robat diners de la llibreta mentre estaven inconscients. I una tercera persona, la Rosalía Marcos, la llibreta bancària de la qual acaba d'aparèixer a casa de la Carmen Nuez. Els bancs han confirmat que la Margarita Sánchez va treure diners dels comptes d'aquesta dona, i la policia ha esbrinat també que va morir en circumstàncies molt similars a les del marit i del cunyat.

Tothom acusa aquesta senyora d'emmetzinadora, i els fets també l'assenyalen, però segueixen sense tenir proves de res! La policia hi dona voltes i més voltes. Si realment és una emmetzinadora, com coi ho fa? El que està clar és que els que han sobreviscut han tingut tots dificultats respiratòries, nàusees i marejos. Els que no han tingut la sort de poder explicar-ho també van tenir aquests símptomes, però cap de les analítiques no va detectar res.

Mentrestant, els seguiments continuen. Un dia entren en una farmàcia on va de vegades la Margarita i allà els expliquen que sempre hi compra el mateix medicament.

El farmacèutic s'excusa a misses dites: «Jo li vaig preguntar: "Això s'ho pren vostè?", i em va dir: "No, això és per al meu marit, que és alcohòlic". Més tard, quan va sortir tot a la premsa, em vaig adonar que quan em va dir això ja feia dos o tres anys que el marit era mort. Segurament devia portar una recepta falsificada».

Es tracta d'un medicament que es diu Colme i serveix per ajudar les persones que tenen problemes d'addicció a l'alcohol a deixar-lo.

Per què és tan important aquesta troballa? La policia lliga caps i s'adona que tres de les presumptes víctimes eren alcohòliques: el marit —el Luis—, el cunyat —el José Aracil— i el veí del setè pis, Manuel Díaz. Comencen a investigar de quina manera aquest medicament podria provocar la mort i es troben que és un fàrmac inofensiu. Aparentment, doncs, no pot ser la causa de les morts. Els mateixos metges ho confirmen: «El que s'intenta és que aquella persona avorreixi l'alcohol, i el medicament produeix una reacció que fa que la persona rebutgi la nova dosi d'alcohol, però això són manifestacions que normalment no provoquen cap tipus de perill per a la vida».

Però a aquestes altures la policia ja té clar que darrere la Margarita no hi ha només robatoris. Convencen el jutge i aconsegueixen una ordre d'entrada i escorcoll a casa de la Margarita. Han de trobar el verí.

«En su casa aparecieron algunas cartillas, incluso algún documento de identidad de alguna de las víctimas; aparecieron algunas joyas y documentos, con firmas, que pertenecían a alguna de las personas que ella había intoxicado».

Però no hi troben cap substància que pugui actuar com a verí. Res. Així que tornen a donar voltes a l'únic indici que tenen: el medicament contra l'alcoholisme. Com que és un medicament d'origen americà, decideixen contactar amb l'FBI.

I l'FBI té respostes: les substàncies que formen part d'aquest medicament desapareixen del cos, de manera que a les vint-i-quatre o quaranta-vuit hores ja és indetectable.

Això explicaria que les analítiques fetes als hospitals no detectessin res. I si el medicament desapareix de l'organisme en quaranta-vuit hores, exhumar els cadàvers i demanar autòpsies no servirà de res.

Però l'FBI informa la policia espanyola d'una altra cosa: hi ha casos en què pot ser mortal, encara que són molt excepcionals. Ho explica el Pere Munné, un metge del Clínic que també va seguir el cas: «En els tractats que parlen d'aquesta substància s'adverteix que, tot i que no pot provocar la mort directament, sí que pot fer-ho a través de mecanismes que estan condicionats per alteracions que el malalt o la malalta ja tenien prèviament. Aquestes alteracions s'aguditzen degut a la presència del tòxic, i el pacient acaba morint d'un atac de cor. La substància no és directament cardiotòxica, però pot desencadenar una toxicitat sobre el cor quan el cor no estava bé abans».

Amb tot això, la policia i la fiscalia creuen que ja tenen una base prou bona per acusar la Margarida d'un munt de robatoris i, com a mínim, de quatre assassinats per enverinament. Finalment es fa pública la detenció de la Vídua Negra.

Però la Margarita no és l'única detinguda. També detenen la seva filla Sonia, que quan va començar tot aquest periple tenia dotze anys i ara ja n'ha fet setze. És ella qui sap llegir i escriure.

Som, doncs, a l'any 1996, la policia ha fet pública la identitat d'una suposada assassina en sèrie a qui acusen d'haver mort quatre persones i diu que estan investigant si almenys dues més podrien ser també víctimes seves.

La roda de premsa ha sigut multitudinària, no sempre s'anuncia la detenció de «l'assassina en sèrie per enverinament més important de la història policial espanyola».

A partir d'aquest moment, comencen a aparèixer reportatges als diaris explicant el cas (si hi ha una temàtica que no passa mai de moda són els successos, i encara més si tenen lloc a prop de casa). Entre el moment en què es fa la detenció, el 21 de juny de 1996, i l'inici del judici, el 6 de novembre de 1997, la llegenda de la Margarita va creixent.

Just després de la detenció, algunes persones es presenten en un jutjat al·legant que els va passar el mateix: que després d'haver estat amb la Margarita s'havien trobat malament o s'havien desmaiat i al cap d'uns dies havien trobat a faltar joies o objectes de valor de casa seva. La xifra de presumptes víctimes va pujant.

Algun diari fins i tot arriba a atribuir a la Margarita la mort de la seva pròpia mare. Però la germana, la Josefa, ho desmenteix de seguida. Assegura que la seva mare va morir per causes naturals i defensa la innocència de la Margarita. Amb tot, subtilment, demana que algun psicòleg faci un cop d'ull a la seva germana.

La premsa del moment fa afirmacions contundents: «es tracta d'un crim quasi perfecte», «un crim que respon a una ment maquinadora i que requereix una gran dosi de sang freda», «la presumpta assassina ha sabut no deixar proves i va preparar detalladament la posada en escena de cada crim: mai va actuar al seu domicili —excepte en el cas del seu marit— i canviava de farmàcia cada cop que anava a comprar la medicació».

El 6 de novembre de 1997 comença el judici a Margarita

Sánchez i la seva filla Sonia. La fiscalia demana un total de vuitanta anys de presó per a la Margarita Sánchez (cinquanta-sis pels sis delictes d'assassinat i vint-i-quatre per l'acumulació de petits delictes de robatori i estafa).

Repassem els sis suposats delictes d'assassinat: un de consumat, la víctima del qual és Rosalía Marcos —la dona que semblava una indigent—, i quatre en grau de temptativa, el senyor Cerqueira i la senyora Piedad —perquè ho va intentar i no se'n va sortir—, i els del marit, el Luis Navarro, i la sogra, la Carmen Nuez (que va morir anys després que el seu fill i la mort de la qual es va certificar com a mort natural), perquè —sempre segons el fiscal— els va enverinar durant molts mesos i es van morir, encara que no directament pel verí.

En total, la Margarita va robar un milió sis-centes mil pessetes, l'equivalent a 10.000 euros. No sembla una quantitat gaire gran per a algú que es dedica a matar, no? No hi va haver proves per imputar-li la mort del veí del setè pis, el Manuel Díaz (potser no hi va haver ni denúncia), i, pel que fa al José Aracil, el cunyat, només la van acusar de robatori i falsedat documental continuada. Aquí la va ajudar molt la germana, perquè va dir que havia tret els diners amb el seu consentiment.

Per a la filla, la Sonia, el fiscal va demanar sis mesos per estafa continuada, tres anys per un assassinat en grau de temptativa i un any per robatori. En total, la petició era de quatre anys i sis mesos.

Així doncs, demanen vuitanta anys per a la Margarita i quatre i mig per a la seva filla Sonia.

Evidentment, la Margarita i la Sonia es van declarar innocents del tot. Durant el judici, l'advocat Carlos de Visa, el seu defensor, va preguntar a la mare: «¿Usted tenía algún motivo para desear la muerte de su suegra?». I ella va respondre, amb veu afligida: «Nunca, porque se ha portado muy bien conmigo; y con mis hijos, igual».

I la pregunta i la resposta es van repetir amb cadascuna de les víctimes. Ella se les apreciava totes perquè tothom l'apreciava a ella.

Quan li van preguntar com era que tenia la documentació de les víctimes i els altres papers bancaris, va respondre molt convençuda:

—Porque un día, al bajar a sacar la basura, se cayó una bolsa de papeles.

—¿De dónde se cayó? —li va preguntar la fiscal.

—Pues no sé, de arriba, de algún piso. Una bolsa grande, del Corte Inglés, una bolsa llena de papeles, y allí estaban.

Li va caure del cel!

Un altre detall interessant: recordeu que el fill petit de la Margarita era amic del fill del Cerqueira i, gràcies a l'amistat de les famílies van fer una paella junts? (Una paella que no va acabar bé perquè al senyor Cerqueira se li va posar travesser un got de calimotxo que li va preparar la Margarita.) Doncs així explicava la Margarita per què tenia la cartera del senyor Cerqueira:

—¿Cómo es que tenía en su poder la documentación del señor Cerqueira?

—Se lo estoy diciendo —va respondre amb una veu prima però amb deix d'irritació—. Le estoy diciendo que se la encontraron mi hijo y dos nenes más en la calle, enfrente de un colegio que hay. En un container, que usted sabe que los críos siempre miran la basura.

—¿Pero llegó a su poder, la documentación?

—Sí, porque mi hijo vio una cartera y se la puso en la mochila y no miró de quién era, y yo tampoco. Me dijo «me he encontrado una cartera», y dije, «pues bueno». Siempre se encuentran cosas, los críos, y no le di importancia, a la cartera que se había encontrado.

La Margarita va arribar a dir que no havia estat mai a casa del senyor Cerqueira. Després se'n va retractar i va reconèixer que sí. Els canvis en la seva declaració, depenent del que ella o el seu advocat creien que era el més convenient, van ser una constant durant tot el judici. Però això forma part d'allò que se'n diria «estratègies de defensa».

A còpia de preguntes i més preguntes va acabar reconeixent que havia estat als pisos de totes aquelles persones i que en els casos com el del marit, de la sogra, de la Rosalía Marcos, de l'Antonio Cerqueira i de la Piedad Hinojo sí que havia fet servir el medicament.

Pel que fa als robatoris i subtraccions de diners, tant la mare com la filla van acabar reconeixent els càrrecs que se'ls imputaven.

El 29 de gener de 1998, dos mesos i mig després d'acabar el judici, es va dictar sentència.

Recordeu que el fiscal demanava vuitanta anys de presó, oi? Sabeu quants anys de presó li van caure a la Margarita Sánchez pels cinc assassinats o intents d'assassinat que li imputaven?

Zero. Cap ni un.

La Margarita Sánchez, coneguda mediàticament com la Vídua Negra, va ser absolta de tots els càrrecs d'assassinat.

Va ser condemnada, això sí, a trenta-quatre anys de presó per delictes diversos: per les lesions que havia causat a les persones a les quals havia fet prendre el medicament (recordem que totes van acabar a l'hospital); per robatori amb violència en els casos en què va robar (la violència ve donada per l'ús del medicament); i per estafa i falsedat en document mercantil per fer servir les cartilles del banc i targetes de crèdit i robar-los els diners.

Però per què no la van condemnar pels assassinats de què l'acusaven? És a dir, pels assassinats en grau de temptativa del Luis Navarro —el marit—, la Carmen Nuez —la sogra—, el Cerqueira —el portuguès—, i la senyora Piedad, i per l'assassinat consumat de la Rosalía Marcos?

Doncs perquè el Tribunal no va veure demostrada la relació directa entre l'ús del medicament i els problemes de salut que van patir totes aquestes persones, que en el cas de la Rosalía Marcos —i potser del Luis Navarro— van acabar resultant fatals.

Totes les víctimes mortals van morir setmanes, o fins i tot mesos després d'haver sigut suposadament enverinats. No es va considerar demostrat que morissin directament enverinats per l'ús del medicament. Els jutges van donar per bo que les víctimes tenien alguna patologia que el medicament només va contribuir a agreujar.

El tribunal tampoc va considerar que la Margarita actués amb la intenció de matar ningú. Segons els jutges, l'acusada era conscient que el medicament causava lesions. Efectivament, veia que les víctimes es desmaiaven i que així els podia robar tranquil·lament. Però, com que després de passar per l'hospital tornaven a casa, segons els jutges això demostrava que l'acusada no sabia que utilitzant el medicament els podia causar la mort.

Però com va descobrir una dona analfabeta un medicament que desapareixia a les quaranta-vuit hores i era indetectable?

Ens ho explica el Federico Cabrero, portaveu de la Policia Nacional en aquell moment: «Esta mujer llega a ver los efectos que produce este fármaco prácticamente por casualidad. Por un familiar suyo que lo tomaba y que en un momento tuvo problemas de sobredosis, vio los efectos que producía siendo administrado de la manera no adecuada o no prescrita, y entonces se le encendió la lucecita».

Segurament, com que estava a matar amb la sogra, per amargar-li el cafè amb llet del matí algun dia li devia acabar abocant tota l'ampolla de Colme. Sabia que quatre gotes ja provocaven ganes de vomitar. El dia que ho va provar amb tota l'ampolleta va veure que al cap de poca estona la sogra es desmaiava. El primer cop es devia espantar —«Ai, què he fet?!»—, però veient que després de portar-la a Urgències la dona es recuperava i ningú detectava res, va decidir implantar el mètode a l'engròs.

Segons ella, no volia matar ningú, només robar. Saber del cert si volia o no matar és molt complicat. El que és molt clar és que el tribunal que la va jutjar se la va creure.

La sentència també estirava les orelles a la policia i als mitjans de comunicació per haver creat aquell estat d'opinió sobre la Margarita. De seguida l'havien assenyalat com la Vídua Negra i havien creat una llegenda al seu voltant afirmant coses com ara que era una «assassina freda i calculadora que havia dissenyat els crims perfectes».

Però la policia es va quedar amb la mosca darrere l'orella. Al cap de pocs dies, el febrer del 1998, just una setmana després que la senyora Margarita fos absolta dels crims (ep, però condemnada a trenta-quatre anys per robatoris, estafa i falsificacions!), a Fuenlabrada van detenir una dona acusada d'enverinar el marit amb el mateix medicament. Anys més tard, a Melilla, va ser condemnada una tercera dona, la Paqui Ballesteros, per haver enverinat el marit i una filla amb el mateix mètode, posant-los el medicament a la sopa durant molt de temps. L'altre fill no va ser a temps de matar-lo perquè la van detenir abans. En aquest cas els jutges sí que van veure una relació directa entre el medicament i les morts.

Té una història ben tètrica i curiosa, la dona de Fuenlabrada. Es veu que se'n volia anar a viure amb l'amant i no se li va acudir res millor que eliminar tota la família abans de marxar.

Coses que no s'han de guardar a la nevera

Sant Pere Pescador, Girona, un d'aquells llocs que ens agraden perquè són tranquils, bonics i... no hi passa mai res. Això dels crims és curiós, perquè els més estranys, els que deixen la gent més descol·locada, moltes vegades passen als llocs on menys t'ho esperes.

Aquest és un cas que sorprèn per diferents raons, però, sobretot, per la commoció que va provocar entre la gent del poble. Als pobles, a part que no hi acostuma a passar res, tothom es coneix i tothom sap o creu saber qui són els seus veïns.

Però no sempre és així. De vegades les persones fem coses completament inexplicables.

25 de setembre de 2010. El primer protagonista és un home d'origen magrebí que fa vint anys que viu a Sant Pere Pescador. Es diu Nouari Rabah, però tothom el coneix com a Halile.

Cap a dos quarts de dotze del migdia, com cada dissabte, va al bar restaurant Bon Punt, un dels pocs que hi ha al poble i on es troba molt a gust. Entra al bar i demana un cafè, també com sempre. La cambrera l'hi serveix. De dins la cuina surt l'amo, el Jaume Pagès, un home gros, digne de les terres de Girona, i, assenyalant-li amb el cap la sala on hi ha el restaurant, li diu que el Belga l'està buscant.

El Belga és un senyor que es diu Daniel Pierre Imandt i és, òbviament, de Bèlgica. És calb, porta ulleres i no acostuma a parlar gaire. El Halile mira a dins del restaurant i el veu parlant amb algú que li sona.

El Halile i el Belga no fa gaire que es coneixen. A principis d'agost, farà uns dos mesos, el Daniel li va proposar ser el seu segon jardiner i encarregar-se de les feines de casa que el seu primer jardiner no tenia temps de fer.

El Halile no té papers i no li queda més remei que acceptar qualsevol oferta que li facin. Viu en unes condicions molt precàries en una barraca als afores del poble i cada euro que entri és caigut del cel.

Accepta, doncs, la feina, però durant les setmanes següents no té cap més notícia del Belga. Es veu que se n'ha tornat una temporadeta a Bèlgica.

El cas és que el Belga, que ja veieu que es pot permetre dos jardiners, ofereix feina al Halile a principis d'agost i desapareix dos mesos. Finalment, un dia li truca per encarregar-li una feineta al jardí. Concretament, que prepari una zona per cremar unes herbotes i el que calgui.

El Halile esbrossa uns metres de jardí i fa un cercle amb quatre blocs de ciment. Ja ho té solucionat.

L'endemà, diumenge, es troben casualment al bar i el Belga li demana si li pot anar a donar un cop de mà amb una cosa. El Halile li diu que impossible, que ha quedat per dinar a Figueres i no pot fer tard.

El Belga, una d'aquelles persones que no accepten un no per resposta, s'emprenya una mica i li diu que només seran deu minuts i que l'hi pagarà bé.

El Halile creu que li demanarà que llenci quatre bosses d'escombraries i, tot i que no li va gens bé, pensa què hi farem i accepta. I just quan li acaba de dir que sí, el Jaume Pagès, el propietari del bar, apropa el telèfon al Belga i li diu: «Toma, llama a la Dafne, que tengo el número grabado. Llama a la Dafne porque no sé qué coño le estás contando, que la estás asustando».

El Jaume i el Belga són bons amics, però quan el Halile sent allò de «la estás asustando» comença a neguitejar-se.

Quedeu-vos amb aquesta trucada i amb el nom de la Dafne, que seran importants.

El Belga surt cinc minuts del bar per parlar amb la tal Dafne, torna a entrar i li diu al Halile que ja poden marxar. El Halile el nota tens. Aquí passa alguna cosa i ell no vol complicacions amb ningú. Quan tot just fa uns metres que caminen de costat, passen per davant d'un altre bar, el Ruki, i el Belga diu d'entrar-hi. El Halile s'estimaria més estalviar-s'ho, perquè farà tard al dinar que té a Figueres, però no s'atreveix a portar-li la contrària. Necessita els calerons i es diu a ell mateix que acabaran abans si no l'hi discuteix.

Però si la trucada a aquella tal Dafne ja li ha fet mala espina, ara el pobre Halile veu com el Belga es discuteix de molt mala manera amb les cambreres, fins al punt que els fan fora del bar.

Però què coi li deu passar a aquest home que està tan nerviós? No és que el Halile el conegui gaire, però li semblava un bon paio. En fi, el cas és que pugen al cotxe del Belga, un Porsche Cayman. Esportiu, allargat i molt luxós.

El Halile no només s'ha de posar el cinturó, sinó que també s'ha d'agafar ben fort, perquè van a més de dos-cents quilòmetres per hora. El Halile li suplica que afluixi, però el Belga es limita a respondre-li que no es preocupi, que està acostumat a portar cotxes d'alta cilindrada.

En un minut i mig, a tot drap, arriben al número 22 del camí del Joncar, una casa als quatre vents en mig d'un camp de pomeres.

Deixen el cotxe a dins d'un garatge i el Belga tanca la porta. Si el Halile ja no les tenia totes, a partir d'ara la bola es començarà a fer més grossa.

El Belga li diu que no té les claus, que la seva companya, la Sabrina, és a l'Escala i se les ha endut, i li demana que obri la porta de la terrassa com pugui.

El Halile li diu que per què no truca a la Sabrina i li demana que porti les claus. I si no, les poden anar a buscar ells: total, l'Escala és a un cop de cotxe.

El Belga, visiblement tens, li diu que no i li exigeix que obri la porta de la terrassa. Una porta de vidre. El Halile no les té totes, però, al cap i a la fi, aquell paio és l'amo de la casa, no? Doncs au, agafa una barra de ferro que hi ha per allí, fa palanca fins que li passa la mà i obre el pany.

A dins està totalment fosc. La majoria de persianes estan abaixades. Avancen fins a la cuina i el Belga —recordem que es diu Daniel— de cop i volta es mostra molt amable, li pregunta què vol beure i li allarga un paquet de Marlboro.

El Halile n'agafa un cigarret, però quan està a punt d'encendre'l li cau a terra. S'ajup a recollir-lo i veu a terra uns draps tacats de vermell fosc. «Deu ser vi», pensa, mentre fumen en silenci. En aquell moment sona el telèfon i el Daniel li diu que l'agafi. «Que l'agafi?», pensa el Halile.

Per què coi ha d'agafar el telèfon, el segon jardiner? Mare meva, quin matí més estrany. El Halile fa cara de no entendre res mentre el telèfon continua sonant. El propietari de la casa finalment despenja i, per sorpresa, li posa l'auricular a l'orella, de manera que el Halile es veu obligat a dir alguna cosa. A l'altre costat de la línia hi ha la veu d'una dona que diu ser la Dafne. Li explica que d'aquí a uns quants dies vindrà al poble i alguna cosa més que el Halile després no serà capaç de recordar. El cas és que el pobre home, que tenia pressa perquè l'esperen a dinar a Figueres, és a casa d'un paio que li ha fet obrir la porta amb una barra de ferro i ara l'obliga a parlar per telèfon. Cada vegada està més espantat. Què coi està passant?

En un moment donat el Daniel obre la nevera. A dins hi ha unes bosses negres. N'estira una, la treu i li demana al Halile que la toqui. El Halile allarga la mà i la toca tan ben tocada que hi queden ben marcades les empremtes dactilars; però aquest detall, en aquest moment, ni li passa pel cap. Com coi li ha de passar pel cap una cosa així?

Toca la bossa i pensa: «És tou».

El Belga li pregunta si és capaç de guardar un secret i li diu: «Si quieres ganar mucho dinero te lo explicaré». El to del belga és amable, i el Halile, que té tendència a pensar en positiu, creu que l'home vol preparar una festa sorpresa a la dona que acaba de trucar per telèfon. I ara serà quan la nevera agafarà un protagonisme inesperat.

El Daniel treu una altra bossa de la nevera, una de més gran, allargada, i li demana que l'obri. El noi, obedient, obre la bossa —en el fons també hi ha un punt de curiositat— i, de sobte, se li gela la sang. Es queda un moment quiet, glaçat, mirant el contingut de la bossa. Sent que el cor li va a mil i s'adona que el Daniel ha tancat totes les portes i finestres i que està presoner allà dins.

Pres del pànic, corre esperitat per tota la casa fins que

troba la barra de ferro que ell mateix ha utilitzat per forçar la porta i, a cops, trenca una finestra. No pot fer gaire forat perquè els vidres són de doble capa, però li és igual: està tan esverat que amb la pujada d'adrenalina no s'ho pensa dos cops i es precipita pel petit forat que ha aconseguit ferhi i fuig d'allà.

Mentre corre, sent els crits del Belga: «Halile, ¡no!, Halile, ¡no!», i de sobte pensa que val més evitar la carretera, no fos cas que l'atropellés amb el cotxe. Gira cap al riu, el travessa, i quan veu que hi passa un cotxe que no és el del Belga, puja a la carretera. Amb el terror encara escrit a la cara, el fa parar i demana al conductor que el porti a la comissaria dels Mossos. El conductor es mira estupefacte aquell autoestopista desesperat i espaordit i el fa pujar. Per què deu voler anar als Mossos?

Què hi havia en aquella bossa de plàstic de la nevera? Al cervell del Halile ja hi ha gravada per sempre més la foto del que ha vist dins de la bossa, però encara té el cap prou clar per adonar-se que en aquella bossa de plàstic hi ha les seves empremtes dactilars, que és ell qui ha forçat la porta de la casa per entrar-hi, i que és ell qui s'hi ha fumat un cigarret i ha deixat la burilla en un cendrer.

A la comissaria de Roses se l'escolten atentament. El mosso que l'atén ho explicava així el dia del judici: «Llegó a comisaría a la una o una y media y estaba muy nervioso. Hablaba un montón, muy rápido, como si le hubiese pasado algo muy grave, llevaba un corte en uno de los brazos, si no recuerdo mal».

El Halile no aconsegueix asserenar-se i parlar de manera coherent. No calla, però no se li entén res. Ell ha deixat rastre per tot arreu i el Belga no ha tocat res.

El que ha passat en aquella casa l'ha deixat en estat de xoc. Només gesticula i xerra a tota velocitat en una barreja d'àrab, francès i castellà impossible d'entendre. La policia dedueix que ha passat alguna cosa greu al número 22 del camí del Joncar de Sant Pere Pescador. Tarden vint minuts a arribar-hi.

Un cop allà, però, no poden entrar a l'interior de la casa perquè no tenen ordre judicial i no hi ha cap evidència que en aquell moment s'hi estigui cometent un crim. A la vida real, les coses van així, no és com quan la Guàrdia Civil busca independentistes o paperetes, que pot entrar on li doni la gana i quan li doni la gana, i després ja arribarà l'ordre judicial.

De moment, doncs, i sense haver entès massa què coi li ha passat al Halile, volten per fora buscant el Belga. Miren per les finestres, però no sembla que a dins hi hagi ningú.

La casa està al mig d'un camp de pomeres, no hi ha res més al voltant. El silenci és total. Busquen el senyor belga per tot arreu, però no n'ha quedat rastre. (El Porsche Cayman tampoc no hi és.)

El Halile s'ha quedat al cotxe dels Mossos, molt quiet i atemorit.

Aturem-nos un moment a fer quatre sumes: des del camí del Joncar a Roses hi ha uns vint minuts en cotxe. Si li sumem uns deu minuts, com a mínim, de travessia pel riu, el Halile deu haver trigat uns trenta-dos minuts a arribar a Roses. Amb la declaració també s'hi deu haver entretingut una estona, i la patrulla ha tardat uns altres vint minuts a arribar al camí del Joncar.

Això vol dir que, més o menys, ha passat una hora i mitja des que el Halile ha sortit disparat de la casa on hi havia aquella nevera. Són les quatre de la tarda. S'ha oblidat completament del dinar que tenia a Figueres.

Mentre és al cotxe, no pot deixar de barrinar: per què li ha fet una cosa així, el Belga? Li ha demanat que forcés la porta per entrar, i ell ho ha fet i a més s'ha passejat per tota la casa i ho ha tocat tot; li ha ofert un cigarro, i ell se l'ha fumat i ha deixat la burilla en un cendrer; i després li ha fet tocar aquella bossa de plàstic... aquella maleïda bossa de plàstic.

Arriba una segona patrulla i aparca. El Halile els observa. Parlen un moment amb els companys que ja eren allà i tornen a marxar.

Han sortit cap al bar restaurant Bon Punt. I és que, una mica més calmat, el Halile els ha explicat que el Belga hi va molt sovint perquè ell i l'amo són amics.

El Halile demana als tres agents que es queden als voltants de la casa que no s'allunyin gaire d'ell; els ho suplica, més ben dit: està molt espantat.

La segona patrulla arriba al restaurant Bon Punt, però allà ningú, ni tan sols el Jaume Pagès, els sap dir on pot ser Daniel Pierre Imandt, el Belga. A petició dels policies, l'amo del bar li truca, però no agafa el telèfon. Ningú sap on para.

Dues hores més tard, a quarts de set de la tarda, aproximadament, els tres policies que s'havien quedat vigilant la casa del camí del Joncar senten un cotxe. Un cotxe que fa un bon enrenou i... s'acosta a la casa. És un Porsche Cayman.

Tot succeeix molt de pressa. El cotxe s'atura davant de la casa de la nevera, el Belga surt del vehicle, obre el maleter, i els mossos el rodegen: «Íbamos con las chaquetas antibala, fuimos uno por cada lado del coche. Él estaba a punto de abrir el maletero, pero le cogimos cada uno de un brazo y cuando nos vio se desplomó, se vino abajo literalmente. Se sorprendió muchísimo de que estuviéramos allí».

L'han d'agafar entre dos perquè no caigui.

Tenim, doncs, davant la casa, el Halile —mort de por al cotxe— i el Daniel Pierre, les dues úniques persones que, que sapiguem, han estat a l'interior de la casa en les darreres hores.

El Belga està atordit, però conscient, i al cap de poca estona ja està una mica més refet. Amb el propietari present, finalment els mossos poden entrar a la casa de la nevera.

El cap de la Policia Científica de Girona, una de les primeres persones que va entrar a la casa, reconeix que va trigar a refer-se del que va veure.

La casa és molt gran i d'una planta. La cuina i la sala d'estar, separades per una barra americana, ocupen un espai immens. Fan una primera inspecció ocular d'aquesta zona (una inspecció ocular és, com indica la paraula, un primer visionat de l'escena sense tocar res, fent moltes fotografies i vídeos). I què hi veuen?

Uns quants draps tacats de sang escampats aquí i allà. A la xemeneia s'hi ha fet foc no fa gaires hores i encara es distingeixen les restes d'alguna cosa calcinada... sembla un mòbil, cremat, gairebé dissolt, i una sola de sabata. A dins la pica, quatre ganivets —un d'ells de cuina i de mida considerable, i els altres més petits— i un martell. Tots nets. Aparentment.

Però en aquesta sala d'estar hi ha encara una cosa que serà imprescindible per a la resolució del cas: al costat de la cuina, al sostre, hi ha instal·lada una càmera. Una càmera de vigilància. No és estrany que una casa tan luxosa en tingui.

Si el Halile s'hagués fixat que hi havia una càmera, s'hauria tret un pes de sobre: la càmera ho hauria gravat tot i es veuria ben clar que ell no havia fet res, encara que hi hagués les seves empremtes per tot arreu. Però hi ha un problema, amb aquesta càmera: «Había un ordenador y un disco duro que almacenaba todo lo que grababa la cámara, pero estaba todo desconectado. La cámara enfocaba todo el comedor, la cocina y el acceso al domicilio».

Però si les imatges s'emmagatzemaven en un ordinador, encara que la càmera en aquest moment estigui desconnectada, potser ha quedat alguna cosa gravada, no?

Els agents no poden comprovar-ho *in situ* perquè ho han de fer els informàtics experts en la qüestió. Van acumulant elements: un magrebí en estat de xoc, una porta forçada, sang per tot arreu i una càmera de seguretat desendollada.

Per cert, potser us preguntareu: si els mossos veuen tanta sang per tot arreu, com és que el Halile no la va veure, en un primer moment? Però recordem que l'home va veure uns draps bruts d'alguna cosa vermellosa i es va pensar que era vi, oi? A més, segons el seu relat, estava tot tancat i a les fosques.

Els mossos segueixen amb la inspecció ocular del menjador i s'adonen que hi ha tot de boletes escampades per tot arreu. Semblen les perles d'un collaret. Un collaret de dona.

Al damunt de la barra americana hi ha un got. Un got empastifat de sang on es poden veure, perfectament marcats, els dits d'una persona. De qui deuen ser aquestes empremtes?

Els policies de la científica han anat recollint totes aquestes proves. Ara, un cop acabat aquest examen més superficial, toca obrir la nevera.

«Yo recuerdo cuatro bolsas de basura dentro de las cuales había brazos, piernas... extremidades. Principalmente extremidades, brazos y piernas».

Una imatge així li costa de pair a qualsevol, fins i tot a un forense: «Llevo treinta y cuatro años de médico forense. En mi vida he tenido que actuar en cinco descuartizaciones, pero claro, la imagen de que cuando abres la nevera encuentras lo que hay...».

Tots necessiten un moment per refer-se. Però la inspecció de la casa no ha acabat. Al terra del menjador, entre les restes de sang, s'hi distingeixen unes petjades. Unes petjades d'un peu descalç que van des de la xemeneia fins a l'habitació.

Els policies segueixen les petjades. Si l'entrada al xalet ha sigut dura, el pitjor encara ha d'arribar.

Quan entren a l'habitació veuen sang per tot arreu. Darrere del televisor que hi ha als peus del llit, tocant a la paret, hi troben un ganivet. Imagineu-vos-ho: una habitació envoltada de parets de vidre, com a les cases modernes de gent amb calés i un llit xop de sang —no només els llençols; ha travessat fins al matalàs.

Però on hi ha més sang és a terra, a la banda dreta del llit. Allà hi ha una gran taca de sang que, segons sembla, algú ha intentat netejar. Al costat de l'habitació hi ha un lavabo amb la banyera plena d'aigua, una aigua de color vermell. I a dins, un batibull de roba d'home i de dona i també bitllets, molts bitllets, trencats en mil bocins, i un tros de tira del mateix collaret de perles que han trobat escampat pel menjador.

Sota el llit acaben de trobar una caixa de cartró. Criden el metge forense.

Coneixeu Sant Pere Pescador? És un poble bonic, de 1.700 habitants, que forma part del Parc Natural dels Aiguamolls de l'Empordà. Un poble molt tranquil. Em sap greu continuar, però els assumptes foscos també formen part de la nostra història, oi?

Doncs el metge forense obre la caixa i... A dins hi ha el tronc d'una persona. Sense les vísceres. Li han tret els intestins, el fetge i... tot.

Quan aconsegueix recuperar-se de l'esglai, el metge forense es dirigeix cap a l'últim objecte que encara no han inspeccionat d'aquella habitació: al fons de tot, al costat d'una gran vidriera que dona al jardí, hi ha una nevera petita, un minibar com els que sol haver-hi a les habitacions d'hotel.

Quan l'obren en surt una pudor extremament desagradable, inaguantable —forta, àcida, penetrant—, que els talla la respiració i se'ls queda enganxada a la gola.

Què hi ha en aquella nevera?

Recordeu que a la nevera de la cuina hi hem trobat extremitats i que a sota del llit hi havia un tronc (humà)? Doncs ara, a la nevera petita, apareixen les parts que faltaven: les vísceres i el cap. El cap d'una dona.

Tarantino fa coses així, a les seves pel·lícules; però aquí, algú ho ha fet de veritat. El Belga s'estima més esperar assegut al menjador, perquè diu que es mareja.

Qui és la dona esquarterada?

Un dels mossos troba en una de les dues tauletes de nit una llibreta que sembla un diari personal. A la primera pàgina hi ha escrit un nom: Sabrina.

Deu ser la Sabrina, la dona que acaben de trobar? Obre el diari i...

Però no... encara no és el moment. Ja ho anirem descobrint de mica en mica, qui era la propietària del diari, la Sabrina.

Ja han revisat tota la casa. Mentre la resta d'investigadors i la policia científica acaben de recollir proves, el jutge es mira el Halile, que continua dins d'un dels cotxes dels mossos, i a continuació el Belga, i demana al metge forense que faci un reconeixement mèdic al Belga. Per cert, a Catalunya, encara que mossos, forenses i altres funcionaris siguin catalans, parlen i fan informes en castellà, com en aquest cas: «Tenía unas lesiones leves, unos rasguños, unos hematomas. No presentaba ningún tipo de alteración psíquica, en aquel momento, cuando yo lo veo. No lo conocía de nada, no lo había visitado de otros procedimientos. Lo veo... ¿cómo diría yo?... sorprendido, chocado por las imágenes, pero no afecto de ninguna enfermedad mental enajenante ni en estado de embriaguez. Eso en el momento en que yo lo veo, mientras dura el levantamiento».

El Daniel té un hematoma al braç esquerre; a la mà esquerra hi té esgarrapades, i a la part superior esquerra del tòrax, a l'altura del pit, un altre blau que el metge associa amb un cop de peu.

Han trobat un cos esquarterat a casa del Daniel, un paio que s'ha desplomat davant dels mossos i que poc abans havia ofert amablement un cigarret a el Halile; un paio que és el propietari de la bonica casa del número 22 del camí del Joncar del bonic poble de Sant Pere Pescador. Estem davant de l'esquarterador, o... d'una víctima? Ens hem perdut alguna cosa? Recordeu que hi ha una càmera de seguretat que ha estat desconnectada i que caldrà revisar l'ordinador on quedaven enregistrades les imatges.

Tot i la quantitat de ferides i mutilacions, els mossos arriben aviat a la conclusió que la dona esquarterada és la Sabrina. A la tauleta de nit hi ha el seu diari i també hi han trobat documentació i fotos seves.

El cos de la Sabrina va ser descobert el 26 de setembre de 2010. El dia abans, el 25 de setembre, ella i el Belga havien estat sopant al restaurant Bon Punt. Recordem que és el restaurant del Jaume Pagès i el lloc on, l'endemà, el 26 de setembre, es troben el Belga i el Halile, com hem vist al principi d'aquest relat.

El cas és que la nit del dissabte 25 de setembre la Sabrina i el Belga sopen al Bon Punt i es beuen una ampolla de vi blanc Pradorey; un verdejo, concretament. En acabat es prenen un cafè irlandès i el Jaume els convida a més a més a uns *chupitos*.

Ningú nota cap mena de tibantor, entre ells dos. Només veuen una parella normal i corrent que sopen junts.

En acabat se'n van al bar Ruki, molt a prop d'allà, beuen encara més, i després entren al Gran Muralla, on encara fan un parell de copes de vi. Per què ens fixem en les copes? Perquè aquella nit cap testimoni es va fixar en res més, i perquè seran un detall important. L'únic que recordaven els cambrers i cambreres d'aquella parella a qui ningú va veure discutir en cap moment eren les copes que s'havien pres.

A quarts de dotze de la nit, marxen del Gran Muralla. És l'últim moment en què la Sabrina és vista amb vida.

Però tornem a la investigació dels Mossos. Ara ja han pogut entrar a l'ordinador i visionar les imatges de la càmera de seguretat que hi havia al menjador, una càmera que, recordem-ho, el dia que van trobar el cadàver estava desconnectada.

Repassem les imatges guardades al disc dur. Tenen codi horari. A les 00.09 de la nit es veu com arriba el Porsche Cayman i en baixen el Belga i la Sabrina. Entren al menjador, ella es deixa caure al sofà i ell agafa una cervesa de la nevera. Els primers trenta minuts, el Daniel i la Sabrina beuen i parlen.

Passada aquesta mitja hora, la Sabrina s'aixeca, camina com si estigués nerviosa i comencen a discutir. Les imatges de la càmera no tenen so i, per tant, el contingut exacte d'aquesta discussió és una hipòtesi que els investigadors construeixen a partir de testimonis que els permetran introduir-se una mica en les vides del Belga i la Sabrina.

Segons l'únic dels dos que encara ho pot explicar, van discutir perquè la Sabrina volia que el Daniel deixés la Dafne i tornés amb ella perquè encara l'estimava.

El Belga i la Sabrina havien sigut parella durant dos anys, però havien trencat abruptament. Després el Belga s'havia embolicat amb la Dafne. La Dafne és aquella dona que va trucar al restaurant Bon Punt i va dir al propietari que el Belga l'estava espantant.

El que està clar, de moment, és que a casa del Belga hi ha la Sabrina i que té claus de casa; però el Belga té una relació amb la Dafne i, pel que es veu, totes dues ho saben. La nit en què és assassinada i esquarterada, la Sabrina li diu al Belga que encara l'estima i que vol que estiguin junts.

Diu la veritat, el Belga? Sembla que sí. Hi ha dos elements que ho corroborarien: al judici, la mare de la Sabrina va explicar que estava segura que la seva filla n'estava molt, del belga. Massa i tot, ja veureu per què. I el segon element és el diari. A les últimes notes la Sabrina parlava d'un home que estava segura que «no li faria mal» i deia que l'estimava i que desitjava amb ànsia tornar-lo a veure.

Continuem amb el que es veu a les imatges de la càmera de seguretat. La discussió puja de to, la Sabrina corre a agafar el telèfon, l'acosta al Belga amb actitud desafiant i li exigeix que truqui a la Dafne i trenqui amb ella.

Però el Belga, segons la seva pròpia versió, no té cap intenció de deixar la Dafne.

La discussió va pujant de to i arriben a les mans. El Daniel és més fort i acaba empenyent la Sabrina, que cau a terra. Ell l'agafa pels cabells i comença a colpejar-la brutalment: cops de puny i puntades de peu a dojo.

Ella s'escapa cap a l'habitació com pot i ell li va al darrere, però, just abans d'entrar-hi, li ve una cosa al cap: la càmera de seguretat.

Aixeca el cap i mira fixament cap a la càmera. Se'n va cap a l'altra banda de la barra americana que separa la cuina del menjador i busca alguna cosa, potser els cables per tallar la connexió. Sigui el que sigui, no ho troba i la càmera continua gravant. El Belga torna a mirar cap a la càmera i al cap d'un moment surt del quadre de la pantalla. I de cop... La connexió desapareix. La pantalla es queda en negre.

Què va passar durant les hores posteriors?

Hi ha una cosa molt evident: l'endemà al matí, la Sabrina va aparèixer a trossos, repartida per les neveres de la casa. L'autòpsia va revelar que tenia 51 ferides en parts vitals del cos: 27 eren blaus o cops molt forts, i 24 punyalades.

Durant el judici, en un francès suau, pausat i amb un volum baixet, el Belga va assegurar que no recordava res: «Habitualment tinc bona memòria, però aquell dia anava begut i havia pres medicaments, i tinc moltes llacunes a la memòria. Pot ser que la colpegés, però no ho recordo. No vaig tenir mai intenció de matar-la, i l'únic que vaig fer va ser defensar-me del gest de bogeria que va tenir ella. Vaig fer un gest de defensa perquè ella va agafar un ganivet».

L'advocat defensor del Belga, el gironí Carles Monguilod, va dir això als membres del jurat popular: «Lo que van a ver, las imágenes, espero que no se haga profusión de detalles innecesarios, son simplemente para que ustedes se ilustren, son muy duras. Yo he visto muchos cadáveres y he defendido muchas personas acusadas de asesinato y homicidio, muchas. Y esas son de las más duras que he visto. Ni yo ni nadie les pedirá que juzguen desde un punto de vista moral. Les pediré que declaren probados hechos. El matiz será importante. El adjetivo que cualifique el acto homicida, por ejemplo, esté probado o no. En base a eso, ustedes tendrán que votar».

En el fons d'aquestes paraules del lletrat Monguilod hi ha la diferència entre homicidi i assassinat. Entre deu o vint-i-cinc anys de presó. Ja veurem quina va ser la condemna. De moment, tornem a la relació entre el Belga i la Sabrina. Nosaltres no coneixem de res aquest home, però la Sabrina, la dona que deia que l'estimava i que va escriure que ell no li faria mal, sí que el coneixia. I, com va dir sa mare, massa i tot. Collons, sort que no li havia de fer mal!

La parella havia conviscut dos anys a Bèlgica. A finals del 2009, un any abans del crim, la policia belga havia hagut d'intervenir a la casa que compartien perquè el Daniel havia intentat agredir la Sabrina amb un ganivet de tallar carn. Ella va patir lesions greus, però van continuar vivint junts.

Poc després, ja al gener del 2010, també a Bèlgica, el

Daniel va trencar una ampolla de vidre a la cara de la Sabrina, que va acabar a l'hospital. Aquest cop sí, la relació es va trencar i el Daniel va passar quatre mesos a la presó, del gener a l'abril del 2010.

Però cinc mesos després, el setembre del 2010, la Sabrina tornava a viure amb el Belga, ara a Sant Pere Pescador, mentre ell tenia una relació amb una altra dona, la Dafne. Que difícils d'entendre que són algunes relacions entre humans.

El cadàver esquarterat de la Sabrina tenia 51 ferides, quatre de les quals li van causar la mort. L'autòpsia diu que quatre ganivetades li van travessar el pulmó, cosa que li impedia respirar i que va provocar que morís dessagnada. Segons els experts, l'assassí va fer patir la seva víctima durant tres hores i després la va esquarterar.

Quina mena de persona pot fer una cosa així? Un dels forenses deia això: «Se puede encuadrar en un trastorno psicopático, que también equivale a un trastorno antisocial de la personalidad. La característica principal de estas personas es que se han educado de una forma como si no hubiera normas para ellos; "ancha es Castilla", como se dice popularmente, ¿no? Son personas que no aprenden por la experiencia. Ya desde la primera infancia se les ha otorgado todo, a veces sobreprotegido, a veces mimado, y todo es válido. Las normas son para los demás, no son para ellos».

Però, més enllà de si era un psicòpata, hi ha una altra cosa que fa posar els pèls de punta. Recordeu que el Belga deia que no es recordava de res i que havia begut massa? Que anava borratxo? Doncs una de les forenses va explicar, perplexa, com s'havia esquarterat el cos: «Tenim un braç que, més que tallat, està desarticulat per la zona de l'articulació. És molt complicat, fer això i no deixar cap osca a l'os, perquè no n'hi deixa cap. Això, en una situació de borratxera, no ho fas».

Un altre dels forenses, el Narcís Bardalet, veterà del crim a Girona, encara va anar més lluny: «Cuando nosotros estábamos haciendo la autopsia, estábamos hablando, y a todos nos flotaban dos ideas o dos posibilidades: o ese asesino se ha asesorado en algún libro o donde sea, o, la que nos parecía más probable, que no era la primera vez».

Ningú ha investigat res més.

El Daniel Pierre Imandt va ser condemnat a trenta-dos anys i cinc mesos per assassinat amb acarnissament, coaccions, amenaces i profanació de cadàver.

Al Halile se li va diagnosticar una síndrome d'estrès posttraumàtic i durant molt de temps va patir insomni i malsons. No m'atreviria a jurar-ho, però em sembla que en aquests malsons se li apareixien coses que no s'han de guardar a la nevera.

El crim de la Guàrdia Urbana

El sumari d'aquest cas l'obre el Jutjat d'Instrucció número 8 de Vilanova i la Geltrú el dia 4 de maig de 2017, a dos quarts de deu de la nit, quan hi truca el metge forense de guàrdia per avisar que s'ha trobat un cadàver dins d'un vehicle.

Al primer foli del sumari número 164/2017 hi diu només això: «S'ha trobat un cadàver dins d'un vehicle». La jutgessa ordena que dos forenses es desplacin al lloc dels fets a fer la inspecció ocular. La «diligencia de inspección ocular y levantamiento de cadáver» és una mena de formulari on els enunciats estàndard estan escrits a màquina i les coses importants a mà. Aquesta en concret està datada «en Castellet i la Gornal, a 4 de mayo de 2017», i diu: «seguidamente, siendo las 22.30 h del dia de la fecha y [bla, bla, bla], se hace constar: Inspección ocular: Descripción del lugar en que se practica». I, escrit a mà, amb lletra rodoneta, hi diu: «en un camino en el bosque se encuentra un coche quemado y en el interior del maletero se aprecian unos huesos de lo que parece ser un ser humano».

A l'apartat «descripción del supuesto cadáver» s'hi llegeix: «Sexo: no se puede apreciar; edad aparente (años):

persona adulta; posición: decúbito lateral izquierdo —o sigui, que està de costat, mirant cap dins del cotxe—; hábito externo —suposo que deu voler dir el que s'aprecia a simple vista—: una persona adulta quemada plenamente; lesiones externas: no se aprecian debido al grado de quemado».

A continuació ve tot un seguit de preguntes o enunciats que queden sense resposta, com per exemple quins objectes porta al damunt, si s'hi aprecien indicis de lluita o violència aparent, quanta estona fa que ha mort, causa de la mort i moltes altres coses sense resposta, perquè està tan cremat que no es veu res. I queda clar, també per escrit, que «se estima necesaria la práctica de la autopsia». I ara, sota l'epígraf «manifestaciones de interés», ve una descripció que reprodueixo textualment perquè vegeu el batibull de l'ossamenta que quedava:

> Posición fetal. Del brazo sale el cúbito y el radio, el maxilar superior, las costillas. La cabeza en la posición izquierda interior y las piernas en la derecha. No se perciben órganos vitales por su estado de calcinación. La parte más conservada es la zona del hígado, que se encuentra encima de la rueda de repuesto. Los pies quedan en la parte derecha, cercana a la puerta del maletero. La mitad del cuerpo está girado hacia arriba y de cintura para abajo, decúbito lateral izquierdo.
>
> Con todo lo cual se da por terminada la presente diligencia a las 11.30 y se extiende acta que, leída y hallada conforme, es firmada conmigo y después de SSª por todos los que han intervenido en ella. Doy fe.

Si no m'he descomptat, hi ha la firma de nou persones.

El sumari inclou un segon document titulat «auto de incoación y trámite» —que és com dir «comencem un sumari»—, on la jutgessa escriu textualment: «Se acuerda el SECRETO (així, en majúscules) de las actuaciones por el plazo de un mes, salvo para el Ministerio Fiscal».

Això del secret de sumari ho heu sentit milers de vegades en totes les cròniques policials, oi? Doncs ja veureu per què ho remarco.

En els següents documents s'especifica que a les sis de la tarda del 4 de maig, dijous, s'ha rebut una trucada a la comissaria dels Mossos d'Esquadra de Sant Feliu de Llobregat per informar que hi havia un cotxe cremat en un camí forestal que comença al kilòmetre 9,9 de la carretera 2115, a prop del pantà de Foix, al terme municipal de Castellet i la Gornal. Els mossos informen que, quan arriben al lloc, el cotxe està totalment fred. O sigui, que el foc fa estona que s'ha apagat. Molta estona. Per això remarquen a l'informe que el cotxe està «totalment fred».

La primera patrulla dels Mossos que arriba al punt on hi ha el cotxe cremat agafa la matrícula i truca a la central per comprovar si és un cotxe robat, com passa moltes vegades. (Els mateixos lladres que han robat el cotxe el cremen per fer-ne desaparèixer les empremtes.) Mentre un dels mossos truca a la central, l'altre s'adona que al maleter hi ha unes restes que semblen ossos, potser humans.

Des de la central contesten que el cotxe no apareix com a robat en cap base de dades, i la Direcció General de Trànsit diu que la matrícula correspon a un Volkswagen Golf i que el propietari del vehicle és Pedro Rodríguez Grande, fill d'Antonio i Concepción. Ara caldrà buscar-lo i confirmar-ho.

Com que els ossos fan pinta de ser humans, i això ja són figues d'un altre paner, avisen els d'Homicidis. Arriben els d'Homicidis i la comissió judicial, fan l'aixecament del cadàver i, per tal de poder-ne fer l'autòpsia, «dada la fragilidad de los restos óseos, aquellos que están sueltos se embolsan de forma separada, en cinco bolsas, cuyo contenido consta en el exterior: pies, tibias, extremidades inferiores, maxilar superior, costillas derechas. El resto del cuerpo, incrustado en el maletero, será extraído por funeraria».

Els mossos reben l'ordre de procedir a la identificació i avisar la família.

De moment, el vespre del 4 de maig cap dels presents sap, encara, si el cadàver és d'un home o d'una dona. L'aixecament s'acaba a dos quarts de dotze de la nit.

Els mossos, mentrestant, han esbrinat l'adreça del propietari del cotxe, el Pedro. Viu al número 16 del carrer dels Llorers de Vilanova i la Geltrú, no gaire lluny del lloc on s'ha trobat el vehicle.

Una patrulla va a veure si és a casa i si pot explicar què ha passat amb el cotxe i, sobretot, amb el cadàver que hi havia al maleter. Arriben al carrer dels Llorers, en una urbanització de xalets de classe mitjana a la rodalia de Vilanova i la Geltrú, a les dotze de la nit. Els obre la porta una dona jove i guapa. És la Rosa Mari Peral. A partir d'ara, la nostra protagonista.

La Rosa confirma que el Pedro viu allà, amb ella, i que són parella, però diu que fa dos dies que no en sap res; que el dimarts van discutir, ell va marxar amb el cotxe, i encara no ha tornat. Els agents la informen que han trobat el cotxe calcinat, amb un cadàver a dins i...

La noia els diu que està molt cansada, que no els pot dir

res ni acompanyar-los enlloc perquè té les nenes dormint a dalt i no les pot deixar soles, i que, si no tenen cap inconvenient, ja parlaran l'endemà al matí.

La Rosa té dues nenes petites, de quatre i sis anys, i a les dotze de la nit no és fàcil trobar algú que vingui a fer-se'n càrrec. A més, els mossos encara no saben de qui és el cadàver. Podria ser que algú hagués robat el cotxe, ves a saber.

Així doncs, la citen oficialment perquè l'endemà vagi a comissaria a declarar. En les investigacions criminals, quan no hi ha un sospitós clar, sempre es comença pels cercles més propers a la víctima: amics i familiars.

L'endemà al matí, abans que la Rosa arribi a la comissaria, els investigadors ja han vist que, entre les restes humanes trobades al maleter, hi ha diversos cargols metàl·lics dels que se solen usar per col·locar pròtesis, per exemple en una espatlla o en alguna part de la columna vertebral. Són cargols metàl·lics que porten un número de sèrie; i, tot i que el cos estava calcinat, els números es veuen bé.

Ara, permeteu-me un parèntesi abans de continuar. Recordeu que per explicar aquest cas estem seguint l'ordre del sumari. Doncs bé, una de les primeres decisions de la jutgessa va ser encarregar que s'investigués la identitat del cadàver. Obvi, no? I a continuació va declarar el sumari «secret» durant un mes. Tot això en documents amb data 4 de maig. Ara veureu per què ho destaco.

A tres quarts d'onze del matí del 5 de maig, la Rosa entra a la comissaria dels Mossos de Sant Feliu de Llobregat per declarar. El primer que fa és identificar un clauer. Dada curiosa: el cotxe cremat va ser trobat a les sis de la tarda del dijous 4 de maig; però a les onze del matí del mateix dia, un veí que anava amb bicicleta va trobar un clauer al voral del camí que porta a la presa del pantà de Foix. Un clauer que, l'endemà, dia 5, la Rosa reconeix com el clauer que feia servir el Pedro amb les claus del Volkswagen Golf que s'ha trobat cremat i amb un cadàver al maleter.

La Rosa, de trenta-quatre anys, es mostra col·laboradora i explica un munt de coses. Els agents que redacten l'informe de la declaració en diuen «dades rellevants».

Primera dada rellevant: tots dos, la Rosa i el seu nòvio (en aquest moment encara desaparegut), el Pedro, són agents de la Guàrdia Urbana de Barcelona.

Segona dada rellevant: la Rosa va veure al Pedro per última vegada el dia 2. Diu que l'últim cop que el va veure va ser dimarts, quan ell va marxar del domicili, i que l'última comunicació que van tenir va ser a les 21.51 de la nit per Whatsapp. Perquè els mossos ho puguin comprovar, la Rosa els ensenya els missatges. (El WhatsApp té un paper molt important, en aquesta història. Ja ho anirem veient.)

En els missatges que la Rosa ensenya als mossos, i en els quals el Pedro es refereix a la seva parella com a «cosita», la conversa va així: «Cosita: no te enfades, sabes que no te quiero contar para no implicarte en mis cosas... Sabes que cuando me enfado no digo lo que pienso». Li diu unes quantes coses més, però centrem-nos en un parell de detalls rellevants: després de tornar-li a dir «cositaaa» amb tres as i «amor», acaba així: «Apago, que no quiero que me esté vibrando el mòbil». Aquest «apago» queda enregistrat a les 21.51 de la nit del dimarts 2 de maig.

Ella l'hi contesta a les 23.34 del mateix dia, aparentment una mica enfadada, o si més no amb un to sec: «Joder! Estaba durmiendo a las niñas. Déjate de tonterías».

L'endemà dimecres, dia 3, a les 12.31 del migdia, la Rosa

escriu al Pedro onze missatges, però el Pedro no els llegeix. Ja sabeu allò dels dos palets que es posen blaus quan el receptor els ha llegit, oi? Doncs a les captures de pantalla només surt un palet, i en marró.

En aquests missatges ella li diu al seu nòvio, amb qui està compartint casa, coses com aquesta:

> Que no sé si me has bloqueado o es que has cambiado de número para que no te agobien. Si quieres hablar o quieres volver, por lo menos, contesta, no te tienes que rallar tanto por lo de Rubén y dejarme así por una mierda de pelea...

Aquest Rubén que acaba d'aparèixer tindrà la seva rellevància.

Després d'uns quants missatges més, la Rosa acaba dient:

> Y no va contigo huir de todo por muy agobiado o enfadado que estés. Creo que merezco una explicación. Por favor, amor, no me tengas así... Te echo de menos...

Aquesta és la conversa que ha quedat al mòbil de la Rosa i que ella ensenya als investigadors.

En aquesta primera declaració la Rosa també els explica que entre ella i el Rubén, el seu exmarit, hi ha mala maror. Segons diu, tenen diferents fronts oberts «dins i fora de l'àmbit judicial» per conflictes provocats per la custòdia de les filles. El Pedro (el desaparegut) ha tingut un paper actiu en algun d'aquests conflictes i s'ha enfrontat en alguna ocasió al Rubén.

Però la Rosa encara explica més coses: resulta que el Pedro, que a poc a poc anirem coneixent, va arribar a contractar una agència de detectius privats perquè seguissin el Rubén i comprovessin quin era el seu domicili vertader (sospitaven que mentia amb el domicili per tenir avantatges en la qüestió de la custòdia de les nenes).

El que als mossos els queda molt clar, aquest 5 de maig al matí, és que entre el Rubén, exmarit de la Rosa, i el Pedro, actual parella de la Rosa, hi ha molt mal rotllo. Ah, i m'he deixat un detall important: si la Rosa i el Pedro són agents de la Guàrdia Urbana (això ja ho hem vist), resulta que el Rubén és mosso d'esquadra.

Més detalls rellevants que explica la Rosa: resulta que el Pedro té molts conflictes judicials i professionals; i ella també. I quins són aquests conflictes? Doncs que el Pedro està suspès de sou i feina a la Guàrdia Urbana perquè va pegar a un noi de divuit anys que es va saltar un control a la carretera de l'Arrabassada, la que puja al Tibidabo. El Pedro estava al control, li va donar l'alto, el noi no va parar, el van perseguir i, quan el van enxampar, el Pedro li va fer una cara nova. Una de les càmeres de seguretat de la gossera ho va filmar tot. Au, expedient al canto i a judici. Però el Pedro i el noi van arribar a un acord econòmic i es va anul·lar el judici. Tot i així, la Guàrdia Urbana de Barcelona no va aturar l'expedient contra el Pedro i el van suspendre de sou i feina. Per tant, aquella setmana de maig estava sancionat i suspès de sou i feina. I, segons la Rosa, això li alterava el caràcter.

I quins problemes judicials i professionals tenia la Rosa? Agafeu-vos, que la cosa no és senzilla.

La Rosa està de baixa laboral perquè viu una situació molt desagradable. Ha denunciat un sotsinspector de la

Guàrdia Urbana (i, per tant, superior jeràrquic seu) perquè, segons diu, va difondre per correu electrònic una foto on se la veu a ella a punt de fer una fel·lació a... se suposa que el sotsinspector. Embolica que fa fort!

Un bon embolic, oi?

Continuem. La Rosa, que ja veureu que xerra molt, afegeix una altra dada rellevant: després de trencar amb el Rubén i abans d'aparellar-se amb el Pedro, va tenir una relació amb un altre agent de la Guàrdia Urbana, l'Albert Ferrer.

A part de l'enemistat entre el Pedro i el Rubén, aquesta primera declaració, doncs, també evidencia que la Rosa ha tingut relacions amb uns quants homes dins el cos i que, malauradament, sempre han tingut finals tempestuosos. Repassem-les: amb l'exmarit, el Rubén, estan barallats pels fills; amb el sotsinspector de la Guàrdia Urbana també han anat als tribunals perquè ella l'acusa d'haver penjat una foto d'ella; amb el Pedro s'han barallat i ell fa tres dies que va marxar de casa i, ara per ara, està desaparegut. I ara apareix un altre home, el també guàrdia urbà Albert López Ferrer, amb qui la Rosa va tenir una relació que... bé, com que a la declaració del primer dia no en diu res més, nosaltres tampoc no en direm res més, de moment.

En aquesta primera declaració cal destacar un altre detall important: els mossos pregunten a la Rosa si li consta que el Pedro tingués alguna pròtesi a l'esquena i ella confirma que sí, que fa uns mesos el van operar per posar-li una pròtesi. Així doncs, sense ser-ne conscient (o sí?), la Rosa acaba d'establir una connexió fonamental entre el cadàver calcinat del maleter i el Pedro: podria ser ell.

Si els mossos, en comprovar la matrícula del vehicle cremat i no trobar enlloc el Pedro, el propietari, ja tenien sospites que el cos trobat pogués ser el seu, amb la confirmació que portava una pròtesi a l'esquena ja pràcticament ho donen per fet.

Recordeu que la jutgessa de Vilanova i la Geltrú havia decretat el secret de sumari durant un mes? Doncs a les cinc de la tarda del dissabte 6 de maig els diaris digitals i les ràdios ja donaran la notícia que s'ha trobat el cos calcinat de Pedro Rodríguez, un agent de la Urbana apartat de la feina per una agressió. Fins i tot informaran que la parella del mort era la policia local afectada pel cas de la «pornovenjança».

La jutgessa, que encara no sabia la identitat de la víctima, se n'assabenta per la premsa i, és clar, s'enfada i escriu una ordre exigint una investigació per saber com és que s'ha filtrat. Però... què voleu que us digui? Això del secret de sumari és sempre molt relatiu, i no em direu que aquest cas no és llaminer d'explicar. El cas és que hi treballarà tanta gent, en el cas, que no hi haurà manera de tallar les filtracions.

Però continuem amb el relat.

És divendres 5 de maig i la Rosa ha explicat moltes coses, perquè ella xerra molt, i als mossos ja els ha quedat molt clar que les seves relacions de parella són complicades. Han pres nota de moltes coses, però n'hi ha una que els sembla especialment important: l'exmarit de la Rosa, el Rubén, potser té coses a dir amb relació a la desaparició i la mort del Pedro. La Rosa els n'ha donat el telèfon i comencen a buscar-lo.

Mentrestant, recordeu que la Rosa havia dit que el Pedro havia contractat uns detectius privats per seguir el Rubén? Els mossos no triguen gaire a localitzar la Carlota, detectiu privat. La Carlota els explica que la Rosa i el Pedro la van llogar per seguir el Rubén, l'exmarit, i comprovar el domicili de debò, perquè aparentment donava una adreça falsa per aconseguir més fàcilment la custòdia de les nenes. Doncs bé, la detectiu explica que, després d'uns dies de seguiment, van tornar els diners als clients i van renunciar al cas: «El motiu d'aquesta renúncia va ser que el Rubén, en adonar-se que estava sent seguit, els va perseguir a ells, i els investigadors van témer per la seva integritat física».

Abans de parlar amb el Rubén localitzen l'exdona del Pedro, la Patricia.

La Patricia i el Pedro tenen un fill en comú, i la Patricia diu que l'última comunicació que va tenir amb el Pedro va ser el dimarts dia 2 a les 19.26.

Ja sabeu que el temps és molt important, perquè s'ha d'establir l'hora del crim. La Patricia va rebre un correu electrònic del Pedro, amb qui estaven en procés de divorci. En aquest correu el Pedro li demanava canviar el dia que havia de recollir el nen: en lloc de dimecres, li anava millor que fos el dijous de la mateixa setmana, una cosa molt normal entre parelles divorciades.

Tenim, doncs, que la Rosa, la parella actual del Pedro, diu que el va veure per últim cop el dimarts dia 2. L'ex del Pedro diu que va rebre un correu electrònic d'ell el mateix dimarts dia 2 a dos quarts de vuit del vespre, i la Rosa els ensenya uns whatsapps d'ell d'aquell mateix dia a les 21.51.

Per tant, avui divendres 5 de maig, sembla clar que el dimarts a la nit el Pedro encara era viu.

Continuem amb les declaracions: han localitzat el Rubén, l'exmarit de la Rosa, i a les cinc de la tarda s'escolten la seva versió.

Confirma que és mosso d'esquadra i que tenen diverses causes judicials amb la Rosa derivades de discrepàncies per la custòdia de les filles. Treu ferro a totes les sospites i, de moment, aigualeix el relat, perquè d'entrada ja els explica que ha estat treballant en tasques d'oficina a la comissaria del Vendrell i té molt clars els horaris. Els investigadors se'ls apunten i queden a l'espera que s'avanci en l'esclariment de l'hora de la mort. Ja veurem si cal tornar a parlar amb el Rubén.

Però als investigadors els crida l'atenció una cosa: el Rubén descriu la relació amb el Pedro com a cordial. Segons ell, l'únic conflicte que han tingut va ser arran d'un intent del Pedro d'usurpar-li la identitat per cobrar uns rebuts d'un habitatge de Terrassa. Per tant, o la Rosa o ell menteixen.

I encara un apunt final: el Rubén diu als investigadors que, durant una època, la Rosa va tenir tres relacions sentimentals paral·leles: amb ell mateix, amb qui estava casada en aquell moment; amb l'Albert, un altre guàrdia urbà de qui ara parlarem; i amb el Pedro, el mort. És a dir, casada amb un mosso, mantenia una relació amb dos guàrdies urbans. Segons com ho mirem, també devia ser l'època en què mantenia relacions amb el sotsinspector acusat de penjar fotos eròtiques a la xarxa.

Vull fer constar de manera clara i rotunda en aquest punt que tenir relacions sexuals i/o sentimentals amb diverses persones a la vegada no és cap delicte. Per a alguns pot ser pecat; però delicte, no. I que quedi clar també que, ara per ara, en aquest cas encara no s'ha demostrat res de res.

Continuem, doncs.

L'última declaració d'avui és la de l'Albert López, és a

dir, «el tercer» agent de la Guàrdia Urbana. L'Albert, o Àlbert, amb accent a la a, com li diu ella, és un homenot forçut, culturista i aficionat a les motos (té una BMW 1000) —resulta que el Pedro també és (o era, perquè ara ja podem dir que és mort) un homenot que fa 1,90 i pesa 100 kg, forçut i aficionat a les motos; la Rosa, com hem dit, és una noia morena, guapa, molt guapa (ja ho he dit en començar), i d'aparença dolça.

Bé, per on anàvem? Ah, sí, estava declarant l'Albert. Molt bé: l'Albert diu que té una relació d'amistat amb la Rosa, amb la qual ha mantingut relacions sexuals esporàdiques, i que l'última vegada va ser a l'octubre o novembre del 2016, quan la Rosa va iniciar una relació amb el Pedro. Segons explica, el Pedro era una persona tan gelosa que l'Albert no podia ni saludar-la quan es trobaven per la caserna de la Urbana. I és que, en més d'un moment, devien coincidir a la mateixa caserna la Rosa, l'Albert, el Pedro i el sotsinspector de la pornovenjança.

Però quedem-nos amb la idea que l'Albert insisteix que el Pedro (el mort) era molt gelós. També els confirma que estava al corrent de la mala relació entre el Rubén i la Rosa i el Pedro.

Disculpeu, però com que hi ha molts personatges, crec que és bo que anem recapitulant. La Rosa diu que el Pedro i el Rubén tenen mala relació; el Rubén, l'exmarit, diu que la relació és cordial; i l'Albert, l'amant, també diu que la relació és dolenta. Qui diu la veritat? Ja ho anirem veient.

L'Albert diu que el dimecres dia 3 va anar a dinar a casa de la Rosa i s'hi va quedar a dormir («al sofà», puntualitza); i que l'endemà, el dia 4, van coincidir en un dinar entre companys de la Guàrdia Urbana.

Als investigadors se'ls dispara l'alarma: com és possible que vagi a dinar a casa de la Rosa i s'hi quedi a dormir, si diu que el Pedro era tan gelós? Tan gelós que no la podia ni saludar a l'oficina! I s'hi queda a dormir? Ei, això no quadra! A més, ella no n'ha dit res, d'això, a la seva declaració.

I paral·lelament tenim el Rubén, l'exmarit: l'última conversa entre la Rosa i el Pedro va ser una discussió que girava al voltant d'ell.

Saps què? Posem ordre al que tenim:

El mort és el Pedro Rodríguez, que viu en parella amb la Rosa. El darrer whatsapp del Pedro a la Rosa és del dimarts dia 2 a la nit. Ha marxat de casa, diu que desconnecta i després ja no torna a donar senyals de vida.

L'Albert diu que va dinar a casa de la Rosa el dia 3, dimecres. Per tant, ja sabia que el Pedro no hi seria. Segons la seva declaració, la Rosa li va insistir que s'hi quedés tranquil·lament perquè el Pedro no tornaria; o no tornaria aquell dia. Com n'estava tan segura, si el Pedro no li havia contestat els missatges i per tant no li havia comunicat de cap manera que no tornaria a la casa del carrer dels Llorers?

En fi, de moment no tenim cap element rotund i definitiu. S'està acabant el dia 5, ja no podem investigar res més i calen proves concretes per anar més enllà. De moment, els investigadors demanen que s'intervinguin els telèfons de la Rosa, de l'Albert i del Rubén i que es demani a les companyies telefòniques totes les dades possibles de la geolocalització de tots els telèfons, incloent-hi el del mort, de tota la setmana. No, millor: de tot l'últim més. En aquest punt, els policies demanen a la jutgessa que es posi estricta amb les companyies telefòniques. Textualment, li diuen: «donada la gravetat dels fets objecte d'investigació i els habituals inconvenients mostrats per les companyies de telefonia mòbil...». Em pregunto si quan es tracta d'escoltar independentistes hi posen tants impediments. (És clar que això, ara, no toca.)

Els resultats de l'autòpsia trigaran uns dies a arribar, perquè és un cas molt difícil. Recordeu que el cadàver estava totalment calcinat i s'ha hagut de recollir a trossets i posar-lo en diverses bosses. Haurem de tenir, doncs, una miqueta de paciència, però aviat ho sabrem.

Mentrestant, els investigadors escolten diferents persones properes al cas; entre elles, els pares de la Rosa, que, recordem-ho, era la nòvia del difunt i, fins ara, sembla que l'última persona que el va veure amb vida.

Però atenció al detall que ve ara: el pare de la Rosa diu que el dimarts dia 2 al migdia va ser a casa de la seva filla i que allà va saludar el Pedro. Sí, el pare de la Rosa diu que va saludar el gendre.

La mare, en canvi, assegura que no recorda res. Fa només quatre dies que se suposa que es van trobar a casa de la filla amb el gendre, i el pare diu que sí que el va veure i la mare diu que no se'n recorda. Aquesta declaració dels pares de la Rosa Peral portarà cua. Però paciència, tot arribarà.

Mentre els mossos continuen interrogant gent, la jutgessa autoritza la intervenció dels telèfons de la Rosa, el Rubén i l'Albert i demana que les companyies telefòniques enviïn totes les dades emmagatzemades per comprovar la localització exacta de cada telèfon durant l'últim mes, a veure què en surt.

No us reprodueixo què diu la interlocutòria de la jutgessa perquè és molt llarga, però ho demana absolutament tot: des del nom del titular fins al llistat sencer de trucades «entrants o sortints», la durada, el nom i les dades de l'interlocutor, i la ubicació del telèfon investigat; és a dir, quins repetidors han donat cobertura a cada trucada i en quina franja horària.

Aquestes dades seran determinants.

Quan els arriba la informació que han demanat a les companyies telefòniques, els investigadors comencen a comprovar si el que han declarat les persones investigades coincideix amb el que diuen les dades registrades, que són «fets objectius».

Ara podreu comprovar com, avui dia, per resoldre un crim, el telèfon mòbil és més important que el DNI i gairebé que l'ADN.

Ressituem-ho tot: si es vol resoldre un crim, un bon punt per començar és l'últim moment en què el difunt —en aquest cas el Pedro— va ser vist amb vida. Sempre és un detall molt important; fins i tot hi ha qui diu que l'última persona que va veure la víctima amb vida sol ser-ne l'assassí. Però no sempre és així: no correm.

Cronològicament parlant, l'última activitat del Pedro de la qual es té constància és un whatsapp enviat des del seu telèfon al telèfon de la Rosa a les 21.51 del dia 2, dimarts. Però és només un missatge, la Rosa no el veu en persona. Ella declara que l'última vegada que el va veure viu va ser aquell dimarts, dia 2, abans de dinar. El pare de la Rosa ha dit als mossos que va veure el Pedro al pati de casa de la Rosa cap a les 2 del migdia. Això podria quadrar.

Però ara comencen les sorpreses:

L'Albert, l'altre urbà de Barcelona, que va tenir una relació amb la Rosa abans que el Pedro, va declarar que el Pedro era tan gelós que quan l'Albert i la Rosa es trobaven per la caserna de la Guàrdia Urbana no es podien ni saludar perquè el Pedro s'enfadava. Doncs resulta que les dades de geolocalització del telèfon de l'Albert diuen que el dimarts, dia 2, entre les 13.50 i les 16.20, és a dir, a l'hora de dinar, era a casa de la Rosa.

Si el pare de la Rosa hi era a les dues en punt i diu que va saludar el Pedro, vol dir que van coincidir a la mateixa casa l'Albert i el Pedro? Vol dir que, a la mateixa casa, van coincidir tots tres: la Rosa, el Pedro i l'Albert? Si hi havia tanta gelosia pel mig, era molt estrany, no?

Però les informacions de la localització dels telèfons no enganyen: els aparells del Pedro, la Rosa i l'Albert estaven sota el mateix repetidor aquell migdia del 2 de maig. Amb tot, el pare de la Rosa, el sogre del mort, en cap moment havia dit a la seva declaració que aquell dia també hagués vist l'Albert. O sigui, que les dades diuen que a la casa hi havia la Rosa, el Pedro i l'Albert, però el pare només diu que hi va veure la seva filla i el Pedro, i no esmenta per res l'Albert.

Què fan els mossos? Demanen les dades del telèfon del pare de la Rosa per comprovar si, realment, va ser a casa de la seva filla a l'hora que ell diu. Perquè potser l'home es va confondre i, en lloc del Pedro, qui va veure va ser l'Albert, que sembla que tenien una retirada. Ves a saber.

Els mossos continuen intentant completar el puzle —o sudoku, digueu-ne com vulgueu— per comprovar si les declaracions dels investigats quadren amb les dades. Recordem que de moment sospiten del mosso d'esquadra, el Rubén —exmarit de la Rosa i que estava barallat amb el mort—, i també de la Rosa i de l'Albert.

I per què sospiten de la Rosa i l'Albert? Doncs perquè en les seves declaracions hi ha contradiccions, però, sobretot, perquè hi ha coses que callen que són molt estranyes i les seves declaracions no coincideixen amb els resultats de la geolocalització dels seus telèfons.

L'informe dels mossos és molt exhaustiu. Miraré de fer-ne un resum. A veure si me'n surto. Però abans, deixeu-me comentar un detall molt important: En quin moment es va cremar el cotxe?

Us recordo que l'avís que hi havia un cotxe cremat es va donar el dijous dia 4 al vespre. Però els mossos van estar preguntant i preguntant als veïns de la zona i finalment en van trobar un que passava sempre per aquell camí amb bicicleta i els va assegurar que el dimecres 3 al matí ja havia vist el cotxe cremat i que ja no fumejava. Per tant, els mossos dedueixen que el cotxe va ser cremat la nit del 2 al 3 de maig.

Us faig, ara sí, un resum del que diu la geolocalització dels mòbils. Hi ha un detall importantíssim i que desconcerta els mossos: recordeu que la Rosa i el seu pare van dir que el migdia del dimarts van veure viu el Pedro? Retingueu aquest detall: la Rosa i el seu pare asseguren que el Pedro encara era viu el dimarts 2 al migdia.

Doncs bé: l'Albert, que havia estat molt enamorat de la Rosa, va declarar que havia anat a casa de la Rosa el dia 2 a la tarda, és a dir, quan el Pedro ja hauria marxat, però la geolocalització del seu telèfon indica que els telèfons de l'Albert, la Rosa i el Pedro ja coincideixen tots tres a casa de la Rosa la nit del dia 1 al dia 2, és a dir, la nit del dilluns. Ni l'Albert ni la Rosa no en van dir res, d'això, a les seves respectives declaracions.

Ara veureu per què us deia que el telèfon mòbil també

ajuda a resoldre crims. Les dades diuen que l'Albert, que viu a Badalona, va sortir de Badalona a la 1.57 de la matinada del dilluns al dimarts i va arribar a les tres en punt a casa de la Rosa, a Vilanova i la Geltrú. Què hi fa, l'Albert, a les tres de la matinada, a casa de la Rosa, si hi ha el Pedro, que a més a més és molt gelós, dormint a dins? I el més estrany de tot és que, segons la informació que revela el telèfon mòbil, l'Albert s'hi queda fins passades les deu del matí.

Els investigadors tenen clar que la Rosa i l'Albert amaguen alguna cosa i decideixen que el més assenyat és detenir-los.

Però, i el Rubén? Ja se'l pot descartar? I el pare de la Rosa, que va declarar que havia vist el Pedro? Potser que no correm i no descartem ningú encara, no fos cas que tinguéssim sorpreses. Pensem que l'objectiu és trobar TOTS els implicats en un crim, oi?

Per cert, l'autòpsia no va ajudar gaire. Per començar, va ser impossible determinar la causa de la mort i el temps que feia que l'havien assassinat. Aparentment tenia vèrtebres cervicals trencades, i això podria indicar que l'havien escanyat, però no es podia determinar amb certesa.

Quan les autòpsies presenten tantes dificultats, d'entrada es fa un informe amb les primeres impressions per si ajuda a la investigació; i després ja es fa un treball més minuciós. En aquest cas, si bé el primer informe no va ajudar gaire (tret d'això de la possibilitat d'escanyament), els forenses finalment van poder establir un element molt interessant.

En aquest estadi de la investigació hi ha sospites serioses, però no hi ha res provat. A l'informe en què justifiquen la detenció, els investigadors escriuen això: «El responsable o responsables de la mort criminal del Sr. Pedro

Rodríguez Grande haurien d'ubicar-se en el seu entorn social o familiar més proper, i el mòbil sentimental seria el més probable».

Però això, ara, s'ha de demostrar. Recapitulem, que hi ha moltes dades i noms: recordem que el dijous, 4 de maig de 2017, uns veïns van trobar un cotxe cremat al costat del pantà de Foix, prop de Vilanova i la Geltrú, i que al maleter del cotxe hi havia un cadàver calcinat.

El cotxe era propietat d'un urbà de Barcelona, el Pedro, i el cadàver del maleter té uns claus i una pròtesi a la columna iguals que els que portava el Pedro.

La seva companya sentimental, la Rosa Peral, també és agent de la Guàrdia Urbana. No ha denunciat la desaparició i, quan li diuen que ha aparegut el cotxe amb un cos cremat, reacciona amb un pragmatisme que desconcerta els mossos.

Comencen els interrogatoris, i la primera sospita apunta a l'exmarit de la Rosa, un mosso d'esquadra. De moment, no el descartem. Però de seguida apareix un altre guàrdia urbà, l'Albert Pérez, que havia sigut nòvio de la Rosa.

A les declaracions de la Rosa i l'Albert hi ha hagut contradiccions, però el que més ha cridat l'atenció als investigadors són les coses que tots dos han amagat i les diferències que hi ha entre el que ells declaren i el que indiquen les dades de telefonia mòbil.

Els mossos continuen creuant les declaracions de la Rosa i l'Albert amb les dades que han obtingut de les companyies de telefonia mòbil i ratifiquen que l'Albert o bé els ha enganyat o bé ha tingut un lapsus de memòria molt gran, perquè, a la declaració, no va dir res de la nit de l'1 al 2 de maig (és a dir, de dilluns a dimarts), i, en canvi, la geolocalització confirma que aquella matinada era a casa de la Rosa.

La Rosa, per contra, sí que ha parlat d'aquella nit. Ha dit que l'Albert es va presentar «un moment» a casa seva i va tornar a marxar.

Però el que més sospites suscita en els mossos, de la declaració de la Rosa, és que els hagi dit que el Pedro va marxar de casa el dimarts, dia 2, abans de dinar i que el seu pare, en canvi, digués que el va veure allà a l'hora de dinar. I encara ensopeguen amb una altra dada més sorprenent: les dades de telefonia assenyalen que els telèfons del Pedro i la Rosa es comencen a moure a la mateixa hora i mostren coincidència en repetidors ubicats al mateix lloc, i això, segons els mossos, només pot voler dir dues coses: o bé que la Rosa i el Pedro estaven junts —i això voldria dir que ella va mentir quan va dir que el Pedro havia marxat—, o bé que ella portava al damunt el telèfon del Pedro.

Continuem. Ara situem-nos un altre cop al dimarts 2 de maig. Encara no hem aclarit quan, ni com, ni qui va matar el Pedro, i estem reconstruint les seves últimes hores; o almenys les últimes hores en què hi ha vida al seu telèfon mòbil. Aquell dimarts, poc després de les set de la tarda, els telèfons del Pedro i la Rosa es tornen a situar a la casa que compartien al carrer dels Llorers de Vilanova i la Geltrú. La Rosa, en una segona declaració, va canviar la versió sobre els horaris. La primera vegada va dir que el Pedro havia marxat al migdia, cap a l'hora de dinar i, la segona vegada va dir que havia marxat al vespre.

Quan diu la veritat? Recordeu que us he dit que els missatges de WhatsApp serien importants per resoldre aquest cas?

Doncs els mossos van fer un seguiment de tots els missatges enviats i rebuts pels telèfons intervinguts i... van descobrir cosetes interessants.

En realitat, el que indiquen les dades és quin repetidor ha registrat aquell missatge i l'hora exacta. Així doncs, van veure que els missatges que se suposava que havia enviat el Pedro (el mort) s'havien enviat tots des de la casa que compartia amb la Rosa. Però encara n'hi ha més. Potser recordareu els missatges que heu llegit una mica més amunt, en què el Pedro es referia a la Rosa com a «Cositaaa» i li demanava excuses per la discussió que havien tingut i per haver marxat de casa enfadat d'aquella manera. Després d'això afegia que tancava el telèfon perquè no volia que li vibrés constantment. Tot això l'hi havia dit, suposadament, a les nou del vespre del dimarts dia 2.

Podia ser, doncs, que el Pedro hagués enviat els missatges des del pis de baix al pis de dalt? O hi havia la possibilitat que se'ls hagués enviat la Rosa a ella mateixa utilitzant el telèfon del Pedro? I el missatge per correu electrònic a l'exdona, també el podria haver enviat la Rosa fent-se passar pel Pedro?

Per demostrar això, abans cal demostrar que aquell dimarts dia 2 a les nou del vespre el Pedro ja era mort; i això, ara per ara, no se sap.

Els mossos descobreixen que l'última connexió del telèfon del Pedro a la xarxa es produeix a les 21.51 de la nit del dimarts. D'aquell dimarts dia 2. I sabeu on es detecta aquesta connexió?

En un repetidor de la Bisbal del Penedès, un repetidor que dona cobertura a la casa... del Rubén, l'exmarit de la Rosa. Això voldria dir que el Pedro podria haver anat a visitar el Rubén. I recordem que alguns dels que han declarat han assegurat que el Pedro i el Rubén estaven enfrontats per la Rosa.

Podria ser —es pregunten els investigadors— que el Pedro hagués anat a trobar el Rubén per alguna raó i que la cosa hagués acabat molt malament per al Pedro?

Atenció, perquè, aquella nit del dimarts 2 al dimecres 3 és la nit que es va cremar el cotxe. Aquí hem de tornar enrere per repassar minuciosament la segona declaració de la Rosa i mirar de lligar caps. També mirarem de lligar caps amb els missatges que consten com a enviats a les 21.51 i la connexió del telèfon detectada a les 21.48 h.

La Rosa va dir que la nit del dia 2 al dia 3 l'Albert es va presentar a casa seva perquè l'havia vist molt atabalada. Ella mateixa li havia explicat que el Pedro havia marxat de casa i que tenia por que anés a fer-li alguna cosa al Rubén. Així doncs, l'Albert es presenta a casa de la Rosa i se'n van tots dos junts, l'Albert i la Rosa, a casa del Rubén. Arriben allà, no veuen el cotxe del Pedro per enlloc i es queden tranquils. Tot això, segons la versió de la Rosa.

Molt bé: resulta, doncs, que fa mesos que va començar la relació del Pedro i la Rosa i que l'Albert va desaparèixer del mapa —o de la vida de la Rosa—, i ara l'Albert es presenta a casa de la Rosa de matinada, l'acompanya a casa de l'exmarit a veure si s'han barallat l'exmarit i el nòvio actual, i, com que no veuen el cotxe del nòvio (del Pedro), tornen a casa i ell, l'Albert, dorm al sofà.

Els mossos dubten tant de les declaracions i de les versions de tots que comencen a tenir clar que els han de detenir. I ara, preparеu-vos, perquè el ball s'anima.

Abans de continuar, però, els mossos demanen a la jutgessa de Vilanova que autoritzi —atenció a la parauleta— una diligència d'entrada i «perquisició» a dos domicilis. Vol dir un escorcoll. Doncs això, que els mossos volen escorcollar la casa de la Rosa i el pis de l'Albert, aquest últim a Badalona. I encara demanen permís per entrar a un tercer domicili: el del Rubén!

Qui porta la investigació és el sotsinspector Vives, un home jove però gat vell en investigacions criminals a l'àrea metropolitana sud de Barcelona.

Entre una cosa i l'altra ja som a 13 de maig. Nou dies després que trobessin el cotxe i el cadàver. I ja us he dit que el ball s'anima, oi?

Doncs sí: aquell 13 de maig, a dos quarts de dues del migdia, la Rosa Peral, quan encara no ha sigut detinguda, demana declarar voluntàriament i fa una nova declaració, la tercera en nou dies. Ara diu que, si bé al principi sospitava del seu exmarit, el Rubén, aquests últims dies hi ha estat donant voltes i creu que és l'Albert, qui ho ha fet. I aleshores fa un relat del que va passar els dies 1, 2, 3 i 4 de maig centrat en el comportament de l'Albert.

La Rosa afirma que l'Albert es va presentar a casa seva sense avisar, gairebé com «assetjant-la», segons diu. Ella li va demanar que marxés i que sisplau no li busqués problemes, però l'Albert hi insistia i li va preguntar si el Pedro la maltractava.

La Rosa diu als mossos que, si va ser l'Albert, potser va matar el Pedro fora de la casa. Ella no va veure res, és clar, només dedueix que, dues hores després de marxar el Pedro, l'Albert se li va presentar a casa, a Vilanova i la Geltrú i que bla, bla, bla. La Rosa està dues hores declarant, des de dos quarts de dues fins a dos quarts de quatre, quan els mossos li diuen que està explicant tantes incongruències que l'acusen d'homicidi.

Els investigadors ja no es creuen ni la Rosa ni l'Albert, perquè estan convençuts que menteixen tots dos. Les dades de geolocalització dels telèfons diuen que la nit del dia 1 al dia 2 els telèfons del Pedro, la Rosa i l'Albert eren a la mateixa casa; i el dia 2, també. El cotxe ja estava cremat el 3 al matí; per tant, el van cremar la nit del 2 al 3. I la Rosa i el seu pare diuen que el dia 2 el Pedro encara era viu.

La policia té punxats els telèfons de la Rosa, l'Albert i el Rubén des de l'endemà de trobar-se el cos, i entre les declaracions i les gravacions acaben arribant a la conclusió que alguna cosa hi ha entre l'Albert i la Rosa.

Alguna cosa amaguen, però no saben què és. A més haurien de córrer a fer l'entrada i perquisició dels domicilis perquè han interceptat una conversa on l'Albert diu que ha de passar la Rumba pel pis per netejar-ho tot.

I ara deixeu-me que afegeixi un parell de detalls de procediment. En el moment de la detenció, la Rosa i l'Albert van demanar un *habeas corpus*, és a dir, que els portessin davant de la jutgessa immediatament. Però la jutgessa no ho va trobar pertinent i va disposar que continuessin sota custòdia dels mossos les setanta-dues hores reglamentàries abans de passar a disposició judicial.

Bé, continuem. Som al 14 de maig. Ahir van detenir l'Albert i la Rosa i avui aniran a escorcollar els seus respectius domicilis.

Els mossos sospiten de l'Albert i la Rosa perquè s'han contradit molt, però també perquè van estar junts a casa de la Rosa mentre el Pedro estava desaparegut i perquè el dia 4, el mateix dijous en què va aparèixer el cotxe, van anar junts a un dinar de comiat d'un company agent de la Guàrdia Urbana. Als mossos els fa mala espina que l'Albert i la Rosa estiguessin junts i de celebració quan feia dos dies que el Pedro, l'home que convivia amb la Rosa, havia marxat de casa sense deixar rastre.

A més a més, a mesura que van comprovant les dades dels telèfons mòbils, els queda clar que el Rubén, el pare de les criatures, no ha tingut res a veure en la mort del Pedro, tot i els esforços de la Rosa per implicar-lo amb les seves declaracions. El telèfon del Rubén no s'ha mogut mai de la Bisbal o del Vendrell, i hi ha molts testimonis que li donen coartades molt sòlides.

Els mossos entren a casa de la Rosa, al carrer Llorers, on vivia amb les dues filles i el Pedro, i troben taques de sang per tot arreu.

No són rastres visibles, és evident; algú les ha netejat, però ja sabeu que la policia utilitza uns productes químics que reaccionen amb la sang. I la química, els reactius, diuen que hi ha sang en unes quantes peces de roba i sabates de la Rosa trobades a l'habitació de la primera planta. La realitat és que troben rastres de sang a molts llocs de la casa, fins i tot al sostre, i en unes quantes peces de roba i sabates diferents. Això els fa pensar que el Pedro l'han matat dins de casa.

I ara anem a l'escorcoll del pis de l'Albert, a Badalona. Allí hi troben pòstits, regles i altres objectes amb la inscripció «Albert i Rosa» —elements que deixen clar que hi ha, o almenys hi ha hagut, una relació sentimental entre ells— i també una tovallola i unes botes de motorista que la química demostra que tenen taques de sang.

Tant l'Albert com el Pedro eren fanàtics de les motos de

gran cilindrada, i sembla que l'Albert va anar de Badalona a Vilanova en moto.

Doncs au, ja tenim elements físics, més enllà de les declaracions, que vinculen la Rosa i l'Albert amb sang... En fi, que anem avançant.

Per cert, un detall molt important: els mossos creuen que el Pedro podria haver estat assassinat la nit de l'1 al 2 de maig, però el pare de la Rosa va declarar que l'havia vist viu el migdia del dia 2, dimarts, ho recordeu? Per tant, si el dimarts el sogre va veure viu el gendre, no pot ser que el matessin la nit del dilluns, oi? I les dades de geolocalització que han demanat per saber on era el pare, encara no han arribat.

Però, coses de la vida, el dia 14, quan la Rosa i l'Albert ja estan detinguts i ja s'ha fet l'escorcoll de casa de la Rosa, una patrulla de mossos es presenta a casa del pare de la Rosa per tornar-li les claus de casa de la filla —quan la van detenir se les van quedar els pares—, i el pare de la Rosa se'ls posa a plorar i els diu que vol explicar la veritat. Els mossos li recorden que té dret a no declarar contra la seva filla, però la mentida li deu pesar tant a la consciència que acaba reconeixent que va mentir: aquell dia 2 al migdia no va veure el Pedro. De fet, ni tan sols va anar a casa de la filla; també confessa que sí que hi va anar la nit del 2 al 3 per quedar-se a cuidar les nenes. (Recordem que la Rosa sempre ha dit que era ella qui era a casa cuidant-les.)

Ja hem aconseguit lligar un parell de caps: ningú va veure viu el Pedro el dimarts dia 2. Per tant, els mossos estableixen que el van matar la nit del dia 1. La qüestió de l'hora ja és més delicada; després hi tornarem.

L'altre punt que comença a semblar clar és que la nit

del 2 al 3, quan ja fa un dia que el Pedro és mort, la Rosa, l'Albert i el telèfon del Pedro es mouen junts i van fins a la Bisbal del Penedès, prop de casa de l'ex d'ella, el Rubén, per això es detecta que el telèfon del Pedro es connecta, és a dir, es geolocalitza, per un repetidor d'aquella zona a les 21.48h. Els mossos dedueixen que la Rosa i l'Albert volien que semblés que el Pedro havia anat a discutir amb el Rubén i que el Rubén l'havia matat i l'havia fet desaparèixer cremant el cotxe, però la jugada els surt malament. Un detallet: algú, suposadament la Rosa, va utilitzar el telèfon del Pedro per autoenviar-se els missatges de «cosita», i ho va fer quan el whatsapp marcava les 21.51h, potser quan anava de copilot amb l'Albert i tornaven de la Bisbal.

Els investigadors ja tenen clar que el Pedro va morir el dilluns, i no el dimarts, i ara sospiten que el dimarts la Rosa i l'Albert van voler desfer-se del cotxe i del cadàver.

Aquí caldria tenir en compte que en les segones declaracions tant l'Albert com el Rubén havien dit que la relació entre el Pedro i la Rosa no anava bé. L'Albert va dir que el Pedro havia pegat a la Rosa, i el Rubén va explicar que una de les filles li havia dit que havia vist com el Pedro agafava pel coll la seva mare, la Rosa, i la tirava a terra.

A l'hora de redactar els informes, els mossos hi han de fer constar els motius que creuen que hi ha darrere d'un assassinat (o d'un homicidi); i, a partir de les dades i les declaracions, comencen a treballar en un parell d'hipòtesis.

Han detingut la Rosa i l'Albert, però encara han d'aclarir si van cometre el crim junts i com van matar el Pedro, i aquí és on comença un altre ball de declaracions que supera qualsevol guió de pel·lícula.

Ara permeteu-me que faci un petit parèntesi que gairebé és una nota a peu de pàgina. Es tracta d'un detall que consta al sumari i que no vol dir res: la Rosa Peral va acceptar que li agafessin mostres d'ADN i l'Albert López no. La llei diu que t'hi pots negar, i això no et fa culpable de res. (Als països normals, qui ha de provar que ets culpable són la policia i la fiscalia, i sense inventar-se res. És allò que una persona és innocent fins que es demostra el contrari.) I ara els mossos (i el fiscal i el jutge instructor) han de demostrar que tenen prou elements per mantenir detinguts la Rosa i l'Albert i acusar-los formalment de la mort del Pedro.

Continuem: el que tenim fins ara sembla indicar que la Rosa i l'Albert van matar el Pedro la nit del dia 1 de maig, i que la nit del dia 2 van cremar el cotxe amb el cos al maleter. El 3 al matí, un veí va veure el cotxe cremat a prop del pantà de Foix, però no en va dir res. El migdia del dijous 4, la Rosa i l'Albert dinaven, riallers, amb un grup d'agents de la Guàrdia Urbana. El vespre del dijous 4, un segon veí avisa que hi ha un cotxe cremat i, quan els mossos obren el maleter, es troben amb un cos calcinat. El dia 5 ja se sap que és el cos del Pedro. Els mossos comencen a prendre declaracions, i no és fins nou dies després, el 14, que detenen la Rosa i l'Albert.

El primer mòbil que apunten els investigadors és el sentimental: la Rosa i l'Albert tenien una relació amagada i, quan el Pedro se n'assabenta, el maten. És una hipòtesi que cal demostrar i provar.

Però ara venen els girs argumentals.

La Rosa, que ja sabem que és una dona molt xerraire, declara de nou i acusa directament l'Albert. Primer va assenyalar el seu exmarit, el Rubén, i ara acusa directament l'Albert, l'amant. Però ho fa en diferents declaracions i cada vegada introdueix nous elements. Primer diu que l'Albert potser va matar el Pedro en un interval de dues hores en què tots dos homes eren fora de casa i ella no els veia. Però després, ja davant de la jutgessa, declara:

> Era de madrugada, le vi que saltaba la valla con una mochila y con un palo que sobresalía de la mochila y me enseñó que llevaba el arma reglamentaria. Hizo así [fa un gest amb les mans emmanillades] y me dijo: «Dame el móvil». Le di el móvil, lo tiró al suelo y me fui corriendo para arriba. Y cuando subí arriba cerré la puerta con llave y bajé todas las persianas. Empecé a escuchar muchos golpes. Me gritó, me dijo que me asomara o que bajase o que si no iba a subir a por las niñas.

Segons aquesta nova declaració, doncs, l'Albert es va presentar de matinada a casa de la Rosa, va saltar la tanca, la Rosa ho va veure i l'Albert la va fer pujar a dalt, al primer pis. I, per cert, on era el Pedro? Dormint? Aquests detalls, curiosament, no s'expliquen en la declaració. Ja heu sentit que ella, tancada al pis de dalt, diu que va sentir molts cops.

> Y cuando estaba arriba es cuando empecé a escuchar los golpes. Entonces me asomo y digo: «¿Qué quieres?», y lo veo con una braga tapado hasta aquí [s'assenyala damunt del nas], con ropa oscura y con un hacha en la mano. Con guantes de jardinería y el hacha llena de sangre y con salpicaduras de sangre en la cara.

Ep, una *braga* és un buff; que ningú se'n faci una foto equivocada. Apunteu-vos això de la destral. De fet, la Rosa ha dit abans que l'Albert va saltar la tanca «con el arma reglamentaria», i ara diu que tenia «una hacha llena de sangre» y «salpicaduras en la cara». Això podria explicar que els mossos trobessin esquitxos de sang al sostre, els recordeu?

La declaració continua. Ara la Rosa diu que, quan baixa a baix, al cap d'una estona, l'Albert li diu:

> Limpia o subo a por tus hijas. Más te vale que te pongas a limpiar o subo a por tus hijas. Te doy el teléfono de Pedro y, a partir de ahora, vas a hacer lo que yo te diga. Vas a coger y vas a hacer vida normal. Vas a hacer como si Pedro contestara los mensajes.

Fins aquí, aquesta història dels missatges quadraria amb la hipòtesi que la Rosa es va inventar la conversa de WhatsApp del dia 2. Si és cert que l'Albert la va amenaçar, la Rosa, moguda per la por, s'hauria contestat a ella mateixa com si fos el Pedro i, també com si fos el Pedro, hauria enviat un correu electrònic a l'exdona. (O potser ho va fer l'Albert?)

Però, què en diu, l'Albert, de tot això? Recordem les dades concretes que tenim: la geolocalització dels telèfons mòbils va determinar que la nit del dilluns, cap a la una, l'Albert era a Badalona, i que cap a les tres de la matinada ja era a Vilanova i la Geltrú. La Rosa va declarar —ho acabem de sentir— que l'Albert va saltar la tanca de casa seva. Què en diu, l'Albert López?

> Ella había discutido con su pareja, con Pedro, y estaba muy nerviosa, llorando, que si podía ir, por favor. Sobre la 1, cuando acabo de cenar, me dice: «Vente ahora, que se ha dormido. Pues vale, pues voy».

I aquí es planteja una contradicció que no serà fàcil de resoldre. Ni per a la policia, ni per al jurat popular que jutjarà el cas. Qui diu la veritat?

De fet, podríem dir que serà un relat en tres dimensions. Una dimensió serà la versió de la Rosa; una altra, la versió de l'Albert; i una tercera dimensió i, de llarg la més important, els fets i detalls que es puguin comprovar i siguin irrefutables. Perquè serà en aquests fets i aquestes proves incontestables que s'hauran de fonamentar l'acusació i el veredicte.

Escoltem una mica més les declaracions de l'un i de l'altra i mirem de reconstruir els seus respectius arguments.

La Rosa diu que el culpable és l'Albert, el seu propi amant. I quin motiu podia tenir l'Albert per matar el Pedro?

> A Albert le mataba el hecho de que yo me quisiera casar con Pedro. Pedro me había comprado un anillo de compromiso y me iba a casar con Pedro y quería tener hijos. Eso a Albert le mataba. Él tiene una obsesión conmigo.

«Él tiene una obsesión conmigo». Caram, quina frase. I també ha parlat d'un anell. Doncs bé, en un altre moment, la Rosa també explica —i l'Albert ho reconeix— que un mes abans de la mort del Pedro, mentre ella es prenia una cerveseta amb unes amigues en una terrassa d'un bar de Barcelona, va passar l'Albert amb la moto, va parar i, sense dir res a ningú, li va deixar un paquetet damunt la taula. Era un anell, se suposa que de compromís. L'Albert va marxar tal com havia arribat, sense esperar resposta, i les amigues de la Rosa es van quedar flipant.

Segons va declarar la Rosa als mossos, l'endemà va tornar l'anell a l'Albert com a mostra de fidelitat al Pedro i li va deixar molt clar que no volia saber res d'ell.

Els mossos han trobat molts elements i testimonis que confirmen una relació entre l'Albert i la Rosa, però no queda clar que es pugui parlar d'una obsessió de l'home cap a la dona. Podria ser una relació de comú acord d'amagat del Pedro.

En qualsevol cas, malgrat els dubtes dels investigadors sobre la naturalesa de la relació entre els dos amants, la Rosa assegura que l'Albert era insistent fins a l'obsessió.

> Albert no paraba de enviarme mensajes diciéndome que quería venir, que quería hablar. Y le dije: «Bueno, si quieres espérate que se duerma Pedro y hablamos».

Però l'Albert diu una cosa molt diferent.

> Ella me llama sobre las 8 y le digo: «Ahora no, si quieres, ceno y me paso». «Sí, sí, ahora no, ahora no, que está muy nervioso», responde ella.

Finalment, sense entrar en qui ens creiem, si l'un o l'altra, l'Albert, que viu a Badalona, arriba a Vilanova i la Geltrú cap a les tres de la matinada. Així ho confirmen els posicionaments del seu telèfon.

> Estaba muy desconsolada, estaba como muy ida. Con lagrimones, casi chillidos. Le decía: «Si vas a despertar a las niñas, que están durmiendo». «Es que tú no sabes lo que ha pasado», me responde. La intento consolar como puedo y,

de golpe, me dice: «Vete ya, que se va a despertar». Me echó muy rápido, de tal manera que me dejé el teléfono en la terraza.

Pot ser veritat que es deixés el telèfon, a les 3 de la matinada, a la terrassa de casa de la Rosa? Hi ha un fet concret, contrastat i irrefutable: i és que la geolocalització dels telèfons mòbils mostra que, la nit del dia 1 al dia 2, els telèfons de l'Albert, de la Rosa i del Pedro estan tota la nit a la mateixa casa.

Ens creiem que el mòbil de l'Albert hi era perquè se l'havia deixat? Llegim una mica més del relat de l'Albert. Recordeu que la Rosa va dir que l'havia vist amb una destral i tacat de sang?

L'Albert confirma que va portar una destral al xalet de la Rosa.

Semanas antes compré un hacha, unos guantes y unas tijeras porque ella me dijo que quería cortar leña.

Si sumem declaracions i proves, tenim que, a principis d'abril, l'Albert regala un anell a la Rosa i la Rosa l'hi torna. Tot i això, l'Albert diu que la Rosa li demana que compri una destral per tallar llenya per fer una barbacoa. Aquí no hauríem de perdre de vista que tothom ha declarat que el Pedro era molt gelós. Però l'Albert diu que compra la destral per indicació de la Rosa.

La Rosa diu que l'Albert no parava d'enviar-li missatges i que estava obsessionat amb ella. L'Albert diu que, el dilluns dia 1, és la Rosa qui li truca perquè s'ha discutit amb el Pedro. A la una de la nit, la Rosa diu a l'Albert que el

Pedro ja dorm i que ja pot anar cap allà. L'Albert hi arriba sobre les tres de la matinada i diu que la troba molt alterada i cridant i dient coses com «tú no sabes lo que ha pasado», però que el fa marxar perquè té por que el Pedro es desperti.

La Rosa, en canvi, diu que l'Albert es va presentar sense avisar i que, aquella nit, va entrar a casa seva saltant la tanca i amb una destral a la motxilla.

Segons la Rosa, l'Albert va matar el Pedro la nit de l'1 al 2 i la va amenaçar perquè netegés la sang. Ella no diu mai que presenciés el crim. Diu que estava tancada a l'habitació i que va sentir cops —no parla de crits— i que quan va baixar ja va veure l'Albert amb una destral a la mà i tacat de sang.

L'Albert, per la seva banda, diu que la nit del dia 1 va marxar de casa de la Rosa però s'hi va descuidar el mòbil, i que hi va tornar l'endemà a la tarda, dia 2, a fer una barbacoa, perquè la Rosa li havia dit que el Pedro havia marxat de casa després de la discussió.

> Cuando llego me dice: «¿Puedes cortar leña y tal, que quiero hacer una barbacoa?». Corté muchos trozos, pero al final me baja un trozo de pollo y le digo: «¿Pero no íbamos a hacer una barbacoa? Les he dicho que no a mis amigos para venir aquí...». Y ella, llorando, muy ida, me dice: «Ven un momento». Vi que tenía el coche de Pedro en el garaje, entramos, me abre el maletero y tenía el cuerpo allí dentro.

«¿Vio usted el cuerpo?», pregunta la jutgessa. «Bien, no. Me da mucho asco. Miré así un poco y dije: "¡Cierra! ¡Qué coño has hecho!"».

Centrem-nos per un moment en la destral i la barbacoa. L'Albert diu que la Rosa li va fer comprar una destral setmanes abans. La Rosa diu que l'Albert va saltar la tanca amb una motxilla i una destral a dins (va dir «un palo que sobresalía»). La Rosa diu que l'Albert tenia una destral tacada de sang a la mà. L'Albert diu que ell va tallar llenya amb la destral per fer una barbacoa.

En aquest moment de la investigació encara no sabem com van matar el Pedro; però, ara com ara, tot gira al voltant de la destral. Per cert, més d'un i de dos dels professionals relacionats amb el cas tenien dubtes que la Rosa s'hagués pogut enfrontar físicament al Pedro, un homenot de metro noranta i cent quilos de pes. Fins i tot l'hi van preguntar directament a l'Albert.

> —¿Usted cree posible, por la complexión que ella tiene, que ella fuera capaz de empuñar un hacha y llegar a matar a esa persona, siendo mucho más fuerte él que ella?
>
> —Ella, floja, no es, ¡eh! —diu l'Albert—. Si te pilla desprevenido... Ella y yo hemos hecho dos o tres Espartan Race, y ya le digo que no se quedaba atrás en ningún momento. Además, ella ha hecho kickboxing, ha hecho jiu jitsu... O sea, domina las artes marciales.

Fem un resum de les declaracions de l'un i de l'altra.

L'Albert diu que la nit del dia 1 ell va anar a casa de la Rosa perquè ella l'hi va demanar i que, quan hi va arribar, a les tres de la matinada, ella estava molt esverada perquè havia discutit amb el Pedro. L'Albert assegura que va tornar a marxar però que es va descuidar el mòbil allà. L'endemà, dimarts, a la tarda, hi va tornar, va tallar llenya amb la destral i, cap al tard, la Rosa li va ensenyar el maleter del cotxe, on ja hi havia el cadàver del Pedro i hi havia sang per tot arreu.

La Rosa diu que la nit del dia 1 l'Albert va saltar la tanca amb una motxilla de la qual sobresortia un pal, que podria ser una destral, i, exhibint l'arma reglamentària, la va amenaçar. Ella va córrer a tancar-se al pis de dalt i llavors va sentir molts cops. Quan va tornar a baixar, va veure l'Albert tacat de sang i amb la destral a la mà.

De moment, en cap declaració ningú diu que se sentís cap tret. De moment.

I ara tornem un moment al cotxe i a la manera com el van cremar, que aquí també es juga un partit de tenis.

La nit del dimarts, 2 de maig de 2017, la Rosa va demanar al seu pare que es quedés a casa a cuidar les nenes i va marxar unes quantes hores. Tant la Rosa com l'Albert admeten que aquella nit, la del dia 2, tots dos van contribuir, poc o molt, a cremar el cotxe i el cadàver. Ja veureu per què dic «poc o molt».

Reconeixen que van anar amb dos cotxes fins a la zona del pantà de Foix, però discrepen sobre qui conduïa el cotxe que anava al davant i qui va escollir el punt on abandonar el cotxe amb el cadàver.

> Albert: Ella conducía el coche con el cuerpo y yo voy detrás con mi coche. Y vamos circulando y conducimos dirección Tarragona y luego a la derecha y volvimos por el pantano y me dice: «Aquí en este descampado, espérate aquí».

Rosa: Cogí el coche de Pedro y le seguí y fuimos por la carretera esa del pantano, y le seguí por donde él me dijo y luego él dejó el coche al principio del camino.

Més versions contraposades. Qui va cremar el cotxe?

Rosa: Escuché una explosión, una explosión muy fuerte, y luego lo vi a él que venía y olía a quemado, olía como a quemado.

Albert: Yo estaba delante, pero fue ella. Le echó la gasolina, yo me asomé, le echó la gasolina y empezó a arder.

Una cosa en la qual no hi ha discrepàncies és que la Rosa va demanar a l'Albert que comprés gasolina per cremar el cos, i ell, plenament conscient del que feia, en va comprar. Així ho van reconèixer davant la jutgessa.

Yo incumplí mi obligación. Tenía que haberlo denunciado, pero me pudo el chantaje emocional que me hizo. Rosa insiste mucho, hasta que lo consigue, no para de insistir. Y sabe cómo convencerte.

Si fos així, per què la Rosa hauria matat el seu company? I aquí és on entra un segon mòbil a la taula dels investigadors.

Havíem explicat que una de les filles havia vist com el Pedro pegava a la Rosa; i, encara que ella no ho hagi reconegut, algun testimoni diu que la relació no era gens bona. Podria ser —i aquesta és una de les hipòtesis dels investigadors— que el Pedro maltractés la Rosa i que ella, farta dels maltractaments, el matés? I que un cop mort el Pedro la Rosa demanés ajuda a l'Albert per desfer-se del cos? I que l'Albert, enamorat de la Rosa, es deixés convèncer per la insistència de la dona i l'acabés ajudant?

És una possibilitat. Però els investigadors no ho tenen clar del tot, perquè hi ha detalls que grinyolen. La Rosa és una dona de complexió normal, i el Pedro feia un metre noranta i estava molt fort. L'autòpsia «provisional» suggereix, sense gaire convicció, que el podrien haver matat escanyant-lo, perquè es detecten dos trencaments a les puntes del cartílag tiroides, al coll. Però els mossos no veuen gens clar que la Rosa tingués prou força per escanyar el Pedro.

I la destral? A les minses restes d'ossos de la víctima no s'hi apreciaven marques compatibles amb cops de destral. També és cert que estaven molt cremats. Sí que sembla que li podrien haver amputat les cames, és a dir, els forenses no descarten que, un cop mort, fos esquarterat. Potser per ferlo entrar al maleter, perquè estem parlant d'un Volkswagen Golf i no és tan fàcil ficar un home de metre noranta al maleter d'un Golf. De tota manera, cal insistir que un cos calcinat és molt difícil d'examinar, i es treballa més amb suposicions que amb certeses.

Per cert, la destral no va aparèixer mai.

El que sí que va aparèixer al maleter, entre les restes de la víctima, va ser un petit objecte metàl·lic que, després de mirar-lo i remirar-lo, es va enviar a analitzar al departament de balística. Era un altre cargol d'una pròtesi, o podria ser una bala?

El programa Equipo de investigación de La Sexta va dir que la Rosa havia treballat de gogó en una discoteca de Barcelona i que a la mateixa discoteca hi havia treballat el Rubén. Es van enamorar i es van apuntar a l'Escola de Policia. Ell es va fer mosso; i ella, agent de la Guàrdia Urbana de Barcelona. La Rosa va entrar a la Urbana el 2007 i de seguida va destacar, fins al punt que va ser una de les protagonistes d'un vídeo promocional per captar nous agents. L'any 2008, però, va ser protagonista d'una altra pel·lícula, gens agradable, que ja hem mig explicat al començament.

Recordeu que la Rosa va mantenir una relació amb un sotsinspector i que, segons afirma ella mateixa, quan ella el va voler deixar, ell va enviar un correu electrònic a tots els contactes de la Rosa amb una foto on se la veu a punt de ficar-se a la boca un penis (que no s'assemblava gens al d'en Nacho Vidal)?

Doncs bé, la Rosa, indignada, va denunciar el sotsinspector. Si això passava el 2008, el judici no es va celebrar fins al 2017, nou anys després, perquè, pel que es veu, ella canviava cada dos per tres d'advocat. El més rellevant és que, just quan s'havia de fer el judici, ella va agafar la baixa per depressió. I quan un agent està de baixa ha de deixar l'arma a les dependències de la caserna. I aquells dies que ella estava de baixa i, per tant, no tenia la pistola, va ser quan van matar el Pedro.

Professionalment, la Rosa Peral podia presumir de set felicitacions i d'una medalla de bronze. No sé si això de les felicitacions és fàcil o difícil, a la Guàrdia Urbana.

Parlem ara del Pedro i de l'Albert. Comencem pel Pedro Rodríguez, la víctima. Quan el van matar, el Pedro passava per un mal moment, i per aquest motiu discutia sovint amb la Rosa.

Recordem què li passava: un dia, patrullant per la carretera de l'Arrabassada, va ordenar a un motorista jovenet que s'aturés en un control. El motorista no li va fer cas i el Pedro el va seguir i el va estomacar. Les càmeres de la canera ho van filmar tot i la Guàrdia Urbana li va obrir un expedient i el van castigar sense feina i sense sou. La cosa no va arribar a judici perquè el noi agredit i el Pedro van pactar, però a la Urbana el procediment va continuat endavant i ara estaven a punt de sancionar-lo, cosa que el tenia molt emprenyat. Emprenyat i sense l'arma reglamentària, perquè en principi, segons el protocol, l'hauria d'haver dipositat a l'armeria de la caserna de la Urbana.

Tenim, doncs, que la nit del primer de maig, quan van matar el Pedro a la casa de Vilanova i la Geltrú, ni ell ni la Rosa podien tenir pistola, en principi.

Teniu bona memòria? Algú portava una arma, en aquella casa, la nit del primer de maig de 2017?

Sis mesos després que es cometés el crim, al novembre, el laboratori de balística dels Mossos d'Esquadra va determinar que aquell objecte metàl·lic que havien trobat entre les cendres del cos era una bala. I, a més a més, una bala de 9 mm de calibre, el que utilitzen les pistoles oficials de la Guàrdia Urbana.

Aquesta troballa fa pensar als investigadors que el Pedro va morir d'un tret. Fins i tot creuen que les taques de sang trobades a la casa on vivien la víctima i la Rosa són compatibles amb els esquitxos que podria produir un tret, però això està per demostrar. El que sí que està clar és que entre les cendres del cos calcinat hi havia una bala, i és molt més fàcil matar un home d'un tret que no pas escanyant-lo o a cops de destral, com s'havia especulat fins ara.

Però, qui va disparar aquella bala?

Estem en un escenari on hi ha tres agents de la Guàrdia

Urbana involucrats; és a dir, tres persones que poden tenir una pistola: la víctima i els dos acusats. La jutgessa de Vilanova i la Geltrú ordena, doncs, que s'examinin les pistoles de la Rosa, de l'Albert i del Pedro per tal d'establir si la bala va ser disparada per alguna d'aquestes tres pistoles. Ja sabeu que cada pistola deixa una marca particular, al disparar la bala. Es podrà establir, efectivament? Ho sabrem d'aquí a una estoneta.

Mentrestant, com ja hem fet amb el Pedro i la Rosa, repassarem el currículum de l'Albert.

L'Albert López va entrar a la policia local de Barcelona el 2009 i en menys de sis anys va rebre vint-i-tres felicitacions, que és una mena de condecoració simbòlica o de reconeixement per una feina molt ben feta. Però també va tenir el seu costat fosc: el 2013 va rebre una condemna, lleu, per haver agredit un manter. El vídeo d'una veïna gravat amb el telèfon mòbil va ser determinant per demostrar la duresa amb què tres policies, entre ells l'Albert, es van acarnissar a cops de porra contra el manter. Si hagués sigut un català que volia votar, el condemnat hauria sigut el manter, és clar, per haver incitat els urbans a la violència. Però era un manter i no volia votar, només sobreviure.

La Rosa i l'Albert van patrullar junts uns quants anys i es van enamorar; o almenys ell es va enamorar molt d'ella i, segons va explicar ella en les seves declaracions davant dels investigadors, l'Albert no podia suportar que ningú la toqués. La Rosa va arribar a insinuar que el seu company de binomi havia matat a Montjuïc un indigent que l'havia apunyalat a ella. L'Albert, però, va explicar el següent:

> Rosa fue a pedirle la documentación y este señor la apuñaló en la pierna. Mi compañero y yo sacamos las armas para encararlo al ver que se tiraba a por nosotros, él retrocedió y dijo: «Aquí os quedáis», y saltó por un barranco y se tiró para atrás, como los buzos.

En els fets hi va participar un tercer policia, a més de la Rosa i l'Albert. L'atestat oficial redactat per l'Albert i l'altre company reflecteix la versió que l'indigent va saltar: no es va adonar que el barranc era profund, i va morir a causa de la caiguda. Els fets es van investigar i ningú va qüestionar la versió oficial. Anys després, l'altre policia va morir en un accident.

No és fins ara, al 2017, que la Rosa insinua que aquell dia va passar alguna cosa lletja. Els mossos ho tornen a investigar i no troben res per acusar l'Albert. Donem per bona, doncs, la versió que l'home va saltar d'esquena, com els bussos, i es va matar.

Però la Rosa no es rendeix i relata un altre incident entre l'Albert i un indigent. Segons diu, aquesta vegada ella no hi va ser present, però assegura que l'Albert li va explicar que es va barallar amb un indigent que tenia gossos en una fàbrica abandonada i...

> Y le pregunté qué es lo que había pasado y me dijo que él lo había matado, y quemó al vagabundo junto con los perros.

Ni n'hi ha cap prova, d'això, ni se n'ha obert mai cap investigació. Això no vol dir que no hagués passat, però no s'ha demostrat mai res contra l'Albert. Ho escric perquè vegeu la quantitat d'acusacions que va fer la Rosa contra ell —a part d'assegurar que va ser ell qui va matar el Pedro—. Abans hem dit que aquesta història era un relat en tres dimensions: la versió de l'Albert, que acusa la Rosa; la versió de la Rosa, que acusa l'Albert, i els fets contrastats, que són cosa dels investigadors.

Mentre es feien les anàlisis de balística, es va celebrar el judici contra el sotsinspector acusat de penjar una foto eròtica de la Rosa a internet. *La Vanguardia*, en concret el periodista Toni Muñoz, que ha informat molt d'aquest cas, el va batejar com el cas de la *pornovenjança*.

La Rosa va arribar al tribunal custodiada des de la presó. L'advocat defensor del sotsinspector va basar la defensa en el fet que ella no havia tingut cap trauma pel fet que aquella foto s'hagués fet pública i va negar que l'home en fos el responsable, tot i que es va arribar a dir que la Rosa tenia una gravació d'una conversa telefònica on el sotsinspector reconeixia que havia difós la foto perquè estava molt cabrejat amb ella.

Una de les coses més curioses del judici és que a la foto s'hi veia la Rosa i un penis en erecció. Ningú havia demanat mai que el penis de la foto es comparés amb el del sotsinspector, i el dia del judici, l'acusat, mirant-se la foto, va afirmar: «No me reconozco en este pene». Ni la jutgessa —ni ningú— va demanar que es fes la constatació allí mateix.

El cas és que el dia 9 de gener de 2018 va sortir la sentència i el sotsinspector va ser absolt. La jutgessa no es va creure la versió de la Rosa Peral i va dir que no hi havia proves irrefutables que el correu electrònic del delicte l'hagués enviat ell.

Deixem enrere, doncs, el cas la pornovenjança, i plantem-nos a finals del 2018. La Rosa és acusada d'un altre delicte. Recordeu el Rubén, el primer marit de la Rosa i el pare de les dues filles? Doncs bé: quan la Rosa ja està tancada a la presó, acusada del crim del Pedro, comença a córrer el rumor que la Rosa ofereix sexe gratis a qui mati el Rubén. Per què? Es veu que perquè està enfadada perquè ell no deixa que les nenes vegin els avis.

Al principi ningú hi va donar gaire crèdit. A més, no semblava que ningú hagués fet gaire cas de l'oferta, però un funcionari de la presó va saber que la Rosa oferia 30.000 euros a qui matés el seu exmarit, i aquí sí que els mossos van decidir posar guardaespatlles al Rubén.

Tornem ara als especialistes en armes, a veure si han descobert quina pistola va disparar la bala.

Males notícies: la bala estava molt malmesa i, malauradament, no es pot saber quina pistola la va disparar. Però atenció a la sorpresa: els investigadors han examinat les tres armes. Aquí, deixeu-me recordar en quina situació estava cadascun dels propietaris de les pistoles el primer de maig de 2017.

El Pedro estava sense pistola perquè estava suspès de sou i feina; per tant, la pistola havia de ser a l'armeria de la caserna.

La Rosa estava de baixa per problemes psicològics degut al judici de la *pornovenjança*; per tant, la seva arma també havia de ser a l'armeria de la caserna.

L'Albert, en canvi, estava treballant amb normalitat. I ara vull recordar què va declarar la Rosa de la nit que, segons ella, l'Albert va entrar a casa seva de Vilanova.

> Era de madrugada, le vi que saltaba la valla con una mochila y con un palo que sobresalía de la mochila y me enseña que lleva el arma reglamentaria. Hizo así [fa un gest amb les mans emmanillades] y me dijo: «Dame el móvil». Le di el móvil, lo tiró al suelo y me fui corriendo para arriba. Y cuando subí arriba cerré la puerta con llave y bajé todas las persianas. Empecé a escuchar muchos golpes. Me gritó, me dijo que me asomara o que bajase o que si no iba a subir a por las niñas.

Qui portava una arma el dia del crim? Els mossos revisen les tres pistoles. L'Albert la va entregar el dia que el van detenir, i les del Pedro i la Rosa eren a l'armeria.

La primera que revisen és la de l'Albert: no hi troben res estrany. L'Albert tenia la pistola i les trenta bales, les reglamentàries. Després revisen la del Pedro, i res, tampoc: la pistola i trenta bales. I per acabar revisen la de la Rosa, compten les bales, i els en surten... vint-i-nou! A la pistola de la Rosa hi faltava una bala.

No correu, però! La pistola era a l'armeria, i ara cal demostrar que la Rosa —o qui fos—, el dia 1 de maig de 2017, va agafar aquella pistola.

I sabeu què? Doncs que a l'armeria no hi ha càmeres de seguretat. I que, segons van declarar els màxims responsables de la Urbana, ningú controla qui entra i surt d'aquella habitació. O sigui, que sí: a la pistola de la Rosa hi falta una bala, però estem molt lluny de poder demostrar que fos ella qui realment la va utilitzar.

Els investigadors s'inclinen a pensar que la causa de la mort del Pedro va ser un tret de pistola, però vet aquí que una companya de presó de la Rosa Peral fa una declaració sorprenent: segons ella, la Rosa li va dir, en confiança, que havia enverinat el Pedro i que no comprenia com no se n'havien adonat.

La protagonista de la nostra història, òbviament, ho va negar i va dir que l'altra s'ho havia inventat. I per què una companya de cel·la s'havia d'inventar una cosa així? Doncs, segons la Rosa, perquè la noia s'havia enamorat d'ella i, com que la Rosa l'havia rebutjat, s'havia inventat aquella mentida per fer-li mal. L'enamorada despitada es diu Jennifer.

Que si després d'aquestes revelacions s'ha pogut demostrar que el difunt va ser enverinat?

Entre aquesta denúncia de la Jennifer i els rumors sobre la intenció de la Rosa de matar el seu exmarit, al cap d'uns dies decideixen traslladar-la de Wad Ras a Can Brians.

És llavors que una de les amigues que ha fet a la presó, la Clàudia, que òbviament s'ha quedat a Wad Ras, li escriu una carta dient-li que l'ajudarà i declararà a favor seu, perquè el que li estan fent la Jennifer i les altres preses és una injustícia. I és que, segons la Clàudia, tot és una revenja per gelosia de la Jennifer, que no accepta que la Rosa no vulgui tenir sexe amb dones.

Al cap d'uns dies d'haver enviat la carta, la Clàudia va aparèixer morta a la seva cel·la. Havia mort asfixiada amb una bossa de plàstic al cap. La versió oficial és que es va suïcidar, i la Rosa es va quedar sense un testimoni important.

Després de molts mesos, els investigadors aconsegueixen desbloquejar el mòbil de la Rosa Peral i hi troben alguns elements determinants: el primer, un missatge d'un veí de la Rosa i del Pedro, preguntant-li si la nit del 2 al 3 de maig, és a dir, la nit després de l'assassinat, van fer servir una serra mecànica a casa.

Després tornarem al mòbil i a la serra. Ara, recapitulem versions.

La versió de l'Albert López és que ell i la Rosa havien tingut una relació amorosa molt intensa però que es va acabar quan la Rosa es va embolicar amb el Pedro.

L'Albert diu que la Rosa no parava d'enviar-li missatges i que, si bé tenia una relació amb el Pedro, ell ajudava la Rosa perquè encara se l'estimava. Unes setmanes abans li havia regalat un anell i tot. Segons l'Albert, la nit del primer de maig la Rosa li va demanar que anés a casa seva, i a l'Albert li va fer la sensació que estava molt alterada i hi va anar. Segons ell no va passar res i van quedar per l'endemà, per fer una barbacoa. L'endemà, l'Albert, que vivia a Badalona, va anar fins al xalet de la Rosa —on no va veure el Pedro— i va preparar llenya per fer la barbacoa, però la Rosa va acabar fent pollastre al forn, cosa que li va estranyar.

Després de dinar la Rosa li va dir que entrés al garatge del xalet, i l'Albert diu que allà va veure com regalimava sang del maleter, va obrir la porta, i a dins hi va trobar el cos sense vida del Pedro. Li va recriminar el que havia fet, però la va veure tan desesperada que la va ajudar a desfer-se del cos. Van agafar dos cotxes, el del Pedro i el de l'Albert, i van anar fins al pantà de Foix. Van aturar el cotxe del Pedro en un descampat i, sempre segons l'Albert, la Rosa el va ruixar amb gasolina i hi va calar foc.

En aquesta versió dels fets entraria en joc el que una de les filles de la Rosa va revelar al seu pare, el mosso que no està acusat de res: que el Pedro hauria pegat a la Rosa. La tesi seria, doncs, que la Rosa va matar el Pedro farta dels maltractaments i de la seva gelosia. I un cop mort, la Rosa hauria demanat ajuda a l'Albert, que no es va atrevir a refusar-l'hi.

Anem, ara, a la versió de la Rosa. Esteu preparats? Va: la versió de la Rosa seria que l'Albert estava obsessionat amb ella i, tot i que ella li havia dit mil vegades que estava molt bé amb el Pedro, l'Albert no parava d'assetjar-la i amenaçar-la, fins que hi va haver dos elements d'ignició. D'una banda, que la Rosa va dir que es volia casar amb el Pedro i tenir-hi fills; i, d'una altra, que el Pedro hauria amenaçat de denunciar l'Albert per la mort de l'indigent de Montjuïc.

Davant d'això —sempre segons la Rosa—, el dia 1 de maig de 2017 l'Albert es va presentar al xalet de Vilanova i la Geltrú, va saltar la tanca de la casa amb una motxilla en la qual portava una destral i, amb una pistola a la mà, va amenaçar la Rosa, que es va tancar a l'habitació amb les nenes, i llavors hauria matat el Pedro, l'hauria ficat al maleter del cotxe i hauria amenaçat la Rosa perquè l'ajudés a cremar el cos i el cotxe.

En les últimes versions la Rosa diu que no va saber que el Pedro era al maleter del cotxe fins que l'hi van dir els mossos, i que sempre va actuar moguda per la por a l'Albert i per les múltiples amenaces. És el que va afirmar també en l'única entrevista que ha concedit, al periodista Carlos Quílez.

La Rosa diu que ella va acompanyar l'Albert a cremar el cotxe i que en algun moment fins i tot es va pensar que la cremaria a ella també.

A qui us creieu?

En aquest punt vull fer un parèntesi judicial. Els advocats de la Rosa van presentar un recurs contra el seu empresonament provisional i la sala novena de l'Audiència Provincial va ratificar la presó provisional per dos vots contra un. El president de la sala va considerar que, jurídicament parlant, la Rosa no s'havia pogut defensar prou bé. Però, per dos a un, continua a la presó.

Hem vist durant tota la història que les versions de la Rosa i de l'Albert es contradiuen en molts aspectes, però hi ha una altra versió possible: que ho fessin tots dos junts.

Qui va matar realment el Pedro Rodríguez? No sé si es podrà establir mai, però el jurat popular haurà de decidir i els jutges hauran de sentenciar. Què hi diuen els investigadors, que treballen basant-se en fets? Encara estan investigant i encara hi ha molts dubtes, però faig un repàs de fets irrefutables i que cadascú en tregui les seves conclusions.

Per cert, recordeu que fa poques pàgines he parlat d'una serra mecànica? Recordeu el missatge del veí de la Rosa? Qui pot fer anar una motoserra de matinada? Potser algú que està esquarterant un cos? Algú que li ha de tallar les cames a un home de metre noranta perquè no hi cap al maleter d'un Volkswagen Golf?

Però qui empunyava la serra? La Rosa? L'Albert? Si va ser la nit del dia 2, potser estaven tots dos junts.

L'autòpsia no ha pogut determinar si li van tallar o no les cames. Podria ser, però les restes recollides estaven massa malmeses.

El que sembla clar és que el Pedro va morir la nit del dia 1 de maig. Havia passat el dia amb la Rosa, les filles de la Rosa i els pares de la Rosa; i a les fotos que es van fer surten la mar de feliços i contents. El cas és que, a partir d'aquella nit, ja no el va tornar a veure ningú amb vida.

Hem dit abans que els mossos van aconseguir desbloquejar el telèfon de la Rosa. Doncs bé, resulta que es van trobar amb una segona sorpresa.

Quan els investigadors van fer el registre de la casa de Vilanova i la Geltrú, el 14 de maig, les parets de la planta baixa eren blanques i no hi havia cap sofà. Quan finalment van desbloquejar el telèfon de la Rosa van veure que hi havia una foto del dia 4 de maig —repeteixo, 4 de maig— en què es veia que la planta baixa estava a mig pintar —s'hi veia a trossos un color taronja— i que hi havia un sofà. Per què és tan important la data, el 4 de maig? Doncs perquè aquell dia la Rosa i l'Albert van participar en un dinar amb altres companys de la Guàrdia Urbana i aquell dia van passar dos detalls importants. D'una banda, que la Rosa es va fer una foto traient la llengua, aparentment molt contenta —això tres dies després que la seva parella, el Pedro, hagués mort i dos després d'haver-lo cremat. Ella jura i perjura que va treure la llengua en un gest automàtic, però que en realitat estava molt trista.

I l'altre detall és que aquell mateix dia va demanar una furgoneta a un amic. Els investigadors creuen que la Rosa i l'Albert haurien pogut utilitzar la furgoneta per traslladar el sofà i desfer-se'n. I que després haurien pintat de blanc les parets de la planta baixa. No fa gaire van tornar a escorcollar el xalet de Vilanova i no van poder determinar res sobre la pintura. Es veu que van trobar més taques de sang a terra i en una bombeta, però em temo que la història final encara ha de fer algun altre gir. El testimoni de la serra mecànica, per exemple, segurament serà descartat, perquè el veí va dir que el soroll l'havia desvetllat passades les tres de la matinada, i a aquella hora els telèfons de la Rosa i l'Albert no eren allà, sinó a prop del pantà de Foix.

Per cert: sembla que hi ha algun missatge entre el veí que diu que va sentir la serra mecànica i la Rosa una mica «picantet», fins al punt que se'n podria deduir que hi havia alguna cosa més que bon veïnatge. Estem parlant dels dies que el Pedro estava desaparegut (mort), l'Albert era al xalet on s'havia comès el crim, i el veí intercanviava missatges amb la Rosa.

La realitat, com sempre, és la millor guionista que hi ha.

NOTA: En el moment de tancar l'edició d'aquest text, encara no s'havia fixat la data del judici contra Rosa Peral, la parella de la víctima, i Albert López, l'amant de la Rosa. Finalment, el judici va començar el 31 de gener de 2020, quan la primera edició d'aquest llibre ja era a les llibreries. Va durar un mes i mig i el jurat va haver de deliberar en plena explosió de la pandèmia.

Amb l'equip de *Crims* vam seguir treballant en la versió per a la televisió i, el 7 de setembre de 2021, TV3 va iniciar l'emissió d'una minisèrie de quatre capítols en la qual es proposava als espectadors oblidar tot el que haguessin pogut sentir d'aquest cas i que es posessin a la pell dels membres del jurat popular que el van haver de jutjar, a veure a quina conclusió arribarien.

En el primer capítol vam conèixer els fets; en el segon, vam sentir la versió de la Rosa; en el tercer, la versió de l'Albert. I en el quart vam poder conèixer el veredicte del jurat popular i la sentència, és a dir, la versió que es considera la veritat oficial. Als lectors que heu llegit ara aquest relat us convidem a llegir també, al final del llibre, els guions d'aquests quatre capítols de *Crims*. Descobrireu dues maneres de narrar una mateixa història i veurem si amb tot plegat haurem aconseguit posar llum a la foscor.

CARLES PORTA

El crim de Bangkok

Bangkok és una ciutat de cinc milions d'habitants molt caòtica, amb embussos de trànsit que poden durar dies sencers, bruta, contaminada, molt pobra i plena de corrupció, en tots els sentits. Però hi ha molta gent que se sent atreta per les sensacions que es poden viure en aquell racó de món.

Aquesta ciutat tan gran i exòtica la travessa un riu, el més gran de tot el país, el Chao Phraya. Si la ciutat és un caos i no pot presumir de neteja, imagineu-vos com és el riu. En algun punt sembla senzillament una deixalleria.

Ara fa gairebé tres anys, el cap de setmana del 30 i 31 de gener de 2016, en una de les ribes del riu Chao Phraya, al seu pas per Bangkok, un ciutadà hi va trobar una cosa que va trasbalsar tot el país i part del món: una bossa de plàstic amb un braç d'una persona a dins.

L'home, lògicament, es va quedar glaçat i va avisar la policia, que després de rastrejar la zona va treure del riu més extremitats. De seguida van veure que totes formaven part del mateix cos humà, i no van trigar gaire a arribar a la conclusió que el difunt no era tailandès.

La policia tailandesa envia als forenses les parts trobades perquè puguin fer-ne l'autòpsia, però abans de tenir-ne els resultats ja s'afanya a fer una roda de premsa.

Sense l'autòpsia tot són conjectures, només, però hi ha un element molt important que té sota pressió les autoritats policials. Abans d'entrar-hi en detall, hem de situar-nos en el context:

Tailàndia és un país que depèn molt del turisme, i l'últim que volen és sembrar el pànic i que la gent deixi d'anar-hi. A Bangkok hi viu des de fa anys un periodista espanyol que es diu Luis Garrido-Julve, que fa de corresponsal per a diversos mitjans i segueix atentament les informacions sobre crims, sobretot d'estrangers. Quan el vam entrevistar per al programa Crims de Catalunya Ràdio, ens va dir això:

> Tailandia es un país seguro para los turistas. No suelen haber asesinatos ni secuestros, pero hay muchas muertes de difícil explicación. Aparecen muertas personas extranjeras que, muchas veces, se han suicidado. Gente que cae de balcones de hoteles o condominios (apartamentos de 30 o 40 plantas). La policía tailandesa siempre los ha tratado como suicidios. La policía mide muy bien las estadísticas. Ellos saben muy bien que si hay muertes no explicadas, asesinatos, accidentes, esto influye mucho en sus estadísticas a nivel turístico. Si es un suicidio, no. Por eso pasa que aparece un joven ruso de treinta y pico años con quince puñaladas en su habitación de hotel, y dicen que se las ha propinado él mismo. Hay muchos casos de asesinatos o de posibles asesinatos inconclusos y de muertes en situaciones extravagantes.

És ben extravagant, autoapunyalar-se quinze vegades. En qualsevol cas, és en aquest context que la mateixa policia, mentre els forenses encara estan investigant el cos trobat al riu, decideix dirigir-se a la premsa. Garrido ho va seguir de prop.

> Aparece el cuerpo y la policía tailandesa, en una de sus demostraciones de incapacidad, ve que son de un extranjero; se ponen nerviosos, «la comunidad internacional se nos va a echar encima», quieren solventarlo cuanto antes y ahí dicen que es un ciudadano de origen chino.

Però la policia no només assegura davant dels mitjans de comunicació que el difunt és un ciutadà d'origen xinès, sinó que va encara més enllà i explica que es tracta d'un crim comès, probablement, per una màfia xinesa; perquè el cos, a més d'esquarterat, ha estat torturat. Fins i tot s'afanyen a afirmar que la tortura s'hauria utilitzat per extorsionar la víctima. Els periodistes internacionals comencen a seguir el cas amb molta atenció.

> Y a partir de ahí empieza un sinfín de informaciones. Se convierte en lo más importante en Tailandia durante una semana, abre todos los informativos, se empieza a hablar de descuartizadores, de bandas... la policía no sabe qué hacer y empieza a bombardear con información constantemente a los medios de comunicación.

El periodista Garrido-Julve seguia amb especial atenció el cas perquè, tot i que feia molts anys que vivia allà, no havia vist mai la premsa local tan abocada en un crim. L'interès pel cas de seguida es va estendre als mitjans internacionals i va afectar de ben a prop la comunitat espanyola; i, molt especialment, la catalana.

Quatre dies després que es trobés el cos al riu Chao Phraya, sorgeixen novetats importants.

El 4 de febrer de 2016, entre les denúncies de persones desaparegudes, la policia troba una coincidència d'ADN que permet establir la identitat de la víctima. Resulta que no es tracta d'un ciutadà xinès: la persona assassinada era el David Bernat, de trenta-nou anys, nascut a l'Albi, un poble de vuit-cents habitants de la comarca de les Garrigues.

Quatre o cinc dies abans que es trobés el cos, la família n'havia denunciat la desaparició.

Però... què feia un veí de l'Albi a Bangkok? Hi havia anat de turisme? No és gens freqüent que es matin turistes, i menys que acabin esquarterats.

Qui era el David Bernat?

Els que el coneixien descrivien el David Bernat com un noi tranquil i discret. Era consultor informàtic, un fora de sèrie en la seva especialitat. Havia fet carrera als Estats Units, on durant molts anys havia treballat per a grans empreses, com Roland Berger, Globe Telecom o The Boston Consulting Group.

Després d'haver-se forjat una carrera treballant per a tercers, va decidir fer el que fan molts quan arriben a dalt: començar a treballar per compte propi. En aquest cas, a l'Àsia. Feia més de cinc anys que vivia en països asiàtics, primer a Singapur i en aquest moment a Teheran, a l'Iran.

Quan la policia tailandesa va fer la segona roda de premsa i va donar a conèixer la identitat de la víctima, es va desdir de la informació que havia difós en la roda de premsa anterior. Ja no estaven tan segurs que el crim l'hagués perpetrat una organització criminal xinesa. Ara apuntaven en una altra direcció: un grup d'estrangers amb ajuda local.

El David Bernat era un noi força conegut entre la comunitat espanyola a Bangkok. Són pocs, i més o menys es coneixen tots. Quan es va saber la notícia, els espanyols es van començar a posar nerviosos. La ciutat que sempre els havia semblat tan segura havia deixat de ser-ho.

El Luis Garrido, que coneixia personalment el David Bernat, aporta detalls interessants al relat.

> Era una persona con la que yo había coincidido unas cuantas veces y teníamos amigos en común. Y yo me entero cuando un día me viene una persona que era íntimo amigo de él y me dice que David Bernat había desaparecido, y me dice que lo veía extraño por la situación compleja que se había desarrollado. David y ese amigo vivían en Irán y viajaban a Tailandia con frecuencia. David desapareció en un viaje a Tailandia y no le contestaba mensajes al amigo y, de repente, vuelve a contestar mensajes, pero solo a la familia y con muchos errores ortográficos y con una manera de escribir que no era la suya. Vamos, que se veía que le estaban suplantando la identidad. Escribía en catalán, pero en un catalán muy rudimentario, con muchas faltas.

Aquests missatges «en un catalán muy rudimentario, con muchas faltas» tenien molt preocupada la família del David Bernat, especialment la germana, que es va adonar que no era el David qui escrivia els missatges i en van denunciar la desaparició tant a l'Iran com a Tailàndia. Al cap de pocs dies, el seu germà apareixia mort.

Als espanyols que coneixien el David, aquell paio simpàtic de l'Albi, els va cridar l'atenció que no va desaparèixer sol.

> En mitad de todo esto, los que conocíamos a quienes podían ser una parte responsable de la desaparición de David, o a las personas más cercanas y, a la vez, de orígenes más sospechosos, empezamos a decir: «Vaya, ha desaparecido una persona que se juntaba con David Bernat y han desaparecido los dos a la vez».

Dues desaparicions simultànies de dos ciutadans de la petita comunitat espanyola de Bangkok. L'un havia aparegut mort, però, i l'altre?

Abans de presentar-vos aquest altre noi desaparegut, m'haureu de permetre que viatgem una mica més enrere en el temps i anem a un altre país per contextualitzar millor aquest relat. Sobretot per contextualitzar els personatges importants d'aquest grup d'espanyols que es movien al voltant del David Bernat a Bangkok.

Recordem que el cos del David va ser trobat a finals de gener del 2016. Ara retrocedim fins a la nit del 12 de setembre de 2015, sis mesos abans. Anem concretament a la ciutat de Phnom Penh, la capital de Cambodja, país que fa frontera amb Tailàndia.

Al setembre, a Phnom Penh, hi fa molta calor. Són dos quarts d'onze del vespre i dos estrangers deambulen per la ciutat buscant algun lloc on menjar.

Arriben a un restaurant que es diu Quitapenas, al centre de la ciutat. El propietari és un malagueny que a més de portar el restaurant també és periodista i escriu llibres. Es diu Joaquín Campos.

Quan hi entren els dos suposats turistes, el Joaquín està tancant i té moltes ganes de marxar a casa, però, tot i així, els deixa entrar perquè són espanyols. Un és madrileny; i l'altre, català.

Dels dos turistes n'hi ha un que xerra molt, va vestit com si fos un raper i té el cos ple de tatuatges: el català. Porta la Sagrada Família tatuada al pit, amb les torres del temple, que li arriben al coll, traient el cap per sota de la samarreta.

És una persona que crida l'atenció. El Joaquín Campos està acostumat que el visitin ciutadans espanyols, persones que com que són lluny de casa busquen un accent amic per relaxar-se una estona i parlar en la llengua en què se senten més còmodes. Res fora del normal, de moment.

La conversa és amena. No són turistes, sinó que viuen a Bangkok i han vingut a passar un parell de dies a Cambodja. De fet, estan fent el que fan moltes persones que viuen a Tailàndia: entrar i sortir del país per continuar tenint la documentació en regla.

Explicarem com funciona la cosa: els que no tenen feina, no poden tenir un visat permanent. Com ho solucionen? Pagant cada trimestre un visat de turista que val l'equivalent a uns trenta o quaranta euros. Quan aquest visat expira, han d'abandonar Tailàndia. Normalment viatgen a un país veí, com Cambodja, s'hi estan un parell de dies i tornen a entrar a Tailàndia legalment per quedar-s'hi uns quants mesos més.

El Joaquín Campos no acostuma a asseure's amb els clients a parlar. Li fa mandra, perquè diu que normalment la gent és avorrida. Però aquella nit s'hi va quedar. El català tenia moltes ganes de parlar, i el que explicava li va cridar molt l'atenció.

Aquell català no era un turista qualsevol que s'havia enamorat de la bona —i barata— vida tailandesa, sinó que vivia allà perquè s'hi havia vist obligat.

Aquell 12 de setembre de 2015 el que més li interessava a aquell jove que parlava pels descosits era una cosa: buscava una casa, un lloc on poder viure tranquil i segur, un apartament amb vigilància les vint-i-quatre hores, un lloc on «no el poguessin trobar i matar-lo».

Per què un paio que devia tenir uns trenta-cinc anys buscava un lloc on viure amb tantes mesures de seguretat en un país sense llei? El Joaquín Campos, el propietari del restaurant, ho explica així:

> Él me preguntaba sobre la posibilidad de quedarse, de esconderse en Camboya. Me hizo unas cuantas preguntas, fue profundizando y vi que esa persona estaba indagando, de una manera muy clara, para mantenerse oculto. Entonces le pregunté: «Bueno, ¿de qué te escondes?», y me dijo que era prófugo de la justicia española por unos delitos que había cometido y que estaba en Tailandia desde hacía un tiempo y que no podía volver a España.

El mateix Joaquín Campos explica en un llibre que aquell paio vestit com un raper i ple de tatuatges semblava ser un lladre de «guant blanc» a qui li anaven molt i molt bé les coses robant i estafant a Espanya —i, sobretot, a Catalunya—, fins que el van enxampar.

Diu que era mig famós per haver participat en una important estafa immobiliària a cent cinquanta persones; la majoria, jubilats catalans. Ell, una dona i, sobretot, un advocat i un notari, oferien préstecs hipotecaris. Quan els afectats firmaven davant del notari, en realitat firmaven la venda de casa seva, òbviament enganyats per tothom. No rebien els diners del fals préstec i a més es quedaven sense casa. El cas es va batejar com a «operació Cocoon». Ell va fugir a Tailàndia abans que el detinguessin. Centenars de persones ho van perdre tot.

I no era el primer cop que estafava. Aquell «raper» havia viscut tota la vida a costa d'enganyar la gent.

> Cuando él me habló de lo que había hecho, me habló a grandes rasgos de las estafas estas de las viviendas de ancianos, que yo no tenía conocimiento; y también me habló de estafas a concesionarios de coches, con créditos falsos, con testaferros que parece ser que eran mendigos.

El Joaquín Campos es va passar tot el vespre intentant calibrar si al davant hi tenia un estafador o un fantasma. En aquell moment, no ho tenia clar.

El raper seguia amb el seu relat d'estafes i robatoris diversos. Quan tot plegat va esclatar, deia, va haver d'abandonar Espanya de pressa i corrents, sense temps ni per fer les maletes.

Aquell català amb la Sagrada Família tatuada al pit i al coll va explicar al propietari del restaurant de Cambodja que se li estaven acabant les pàgines del passaport. De tant entrar i sortir de Tailàndia, com que cada vegada li posaven un visat nou, ja li quedaven poques pàgines en blanc. I no podia anar a l'ambaixada espanyola ni tornar a Espanya a renovar-lo, perquè el detindrien.

Això volia dir que, al cap de pocs mesos, es quedaria sense identificació. I aleshores ja no li serviria ni el truc d'entrar i sortir de Tailàndia.

Un cop li va haver explicat la seva suposada història delictiva, el raper va anar directe al gra. Aparentment estava convençut que un espanyol que havia sigut capaç d'obrir un restaurant a Cambotja havia de tenir respostes: volia un passaport nou. Fals.

> —¿Cuánto cuesta un pasaporte en Camboya? ¿Cuánto cuesta cambiar de nacionalidad? —va preguntar el raper.
>
> —Bueno, yo no lo sé —va contestar el periodista restaurador, volent-se espolsar les puces.
>
> —He visto que se pueden cambiar nacionalidades.
>
> —Es cierto, esa es la razón por la que hay muchos exconvictos en estos países, en los que por cien mil euros te cambias de identidad. Pero yo no tengo contactos.

En aquest punt, la conversa, que sembla una fantasmada, al Joaquín Campos li comença a fer mala espina.

Després d'hores de xerrera, el jove català amb la Sagrada Família tatuada al pit, li fa una última confidència, la que més crida l'atenció al Joaquín:

> —¿Por qué quieres huir de Tailandia?
>
> —Pues porque estoy preparando un palo en el que voy a ganar 300.000 euros, y necesito estar escondido y con las espaldas cubiertas porque a lo mejor vienen a matarme.

Una conversa surrealista, sobretot si tenim en compte que el propietari del restaurant i el visitant no es coneixien de res.

Però aquell català que presumia d'haver-se guanyat la

vida robant i estafant no només li diu que «va a dar un palo», sinó que especifica que aquest pal serà diferent de tots els altres.

Aquella conversa nocturna es va acabar i el Joaquín no va tornar a saber res d'aquell noi fins un parell de mesos més tard, quan es van trobar per casualitat a Bangkok.

Bangkok és molt gran, però hi ha discoteques emblemàtiques. A més, els espanyols tenen tendència a fer pinya, com fan totes les comunitats d'estrangers en aquest tipus d'ambients. No és estrany, doncs, que es trobessin.

Entre copa i copa, aquell raper tatuat va demanar al Campos que li portés els llibres que havia publicat, que els hi volia comprar. Finalment van quedar que ja es veurien una mica més endavant.

Setmanes més tard, el Joaquín Campos tornava a viatjar de Cambodja a Bangkok i escrivia un correu electrònic al seu nou amic per quedar-hi i donar-li els llibres.

Però quan el Joaquín Campos va arribar a Bangkok, a finals de gener del 2016, el noi dels tatuatges estava desaparegut.

Bangkok és gran, però passa com a tot arreu, que hi ha uns quants locals de moda i tothom fa cap als mateixos llocs, quan surt de nit. La majoria d'espanyols que surten a divertir-se per la capital tailandesa s'acaben trobant; i, entre copa i copa, acaben fent-se amics.

Per tant, quan el Joaquín arriba a Bangkok, tota la comunitat espanyola està pendent dels dos desapareguts: el David Bernat i un paio català que porta tatuada la Sagrada Família al pit i al coll.

L'un, el David, havia estat assassinat i esquarterat. I l'altre... L'altre acabaria apareixent a tots els diaris i informatius de televisió quan va ser detingut com a principal sospitós de l'assassinat. Es diu Artur Segarra i va néixer a Terrassa.

El 4 de febrer de 2016 es va acabar de fer l'autòpsia. A part de permetre identificar el cadàver, l'informe dels forenses donava alguna informació més: es confirmava que la víctima havia estat torturada i es podia establir la causa de la mort: el David Bernat havia mort per asfíxia.

L'autòpsia també ratificava la hipòtesi que havia defensat des del principi la policia: el crim l'havia comès un grup de persones, potser una banda organitzada en la qual, segurament, hi havia tailandesos involucrats.

La primera incògnita que hem de resoldre, i que ens ajudarà a lligar caps, és què feia el David Bernat a Bangkok, si vivia a Teheran, a més de 7.000 km.

El David Bernat era un consultor informàtic molt reconegut, i aquest reconeixement es materialitzava en un bon sou; un molt bon sou. Treballava a Teheran, però tenia una segona residència a Bangkok, en una de les àrees més luxoses de la ciutat.

Al David li encantava el sou que cobrava a Teheran, però per divertir-se li agradava més Bangkok.

Treballava jornades molt llargues, tenia una feina molt exigent, de molta responsabilitat, i guanyava un sou en conseqüència. No és d'estranyar que, com que s'ho podia permetre, tingués una segona residència a Bangkok, ciutat coneguda com la capital asiàtica de la festa.

Així doncs, vivia entre Bangkok i Teheran i tenia la vida muntada a totes dues ciutats. De la seva vida a l'Iran no n'ha transcendit res, però sí que s'ha parlat molt del que feia a Bangkok. Una de les coses que sembla que feia era xerrar massa. Ens ho explica el periodista Garrido-Julve, que era conegut del David.

> Un ingeniero, aquí [Espanya] se gana cuatro mil euros y la gente le dice «qué gran salario tienes», pero cuando se van allí y están ganando diez, doce mil euros al mes, se acostumbran a que eso es lo normal y pierden un poco la noción de la realidad en la que tú has vivido anteriormente. Entonces es muy normal ver gente que derrocha porque tiene esa capacidad. Hay gente que tiene salarios muy abultados, y esa gente comete el error de hablar de ese salario.

No saps mai qui pot tenir l'orella parada. El mateix Garrido-Julve reconeix que viu amb tres-cents euros al mes i surt cada nit. Moltes vegades, els que cobraven grans salaris, entre ells el David Bernat, els pagaven les copes i altres coses als Garridos que els reien les gràcies, els aplaudien i els entretenien. El David Bernat explicava que tenia un somni: es volia retirar als quaranta anys i viure la vida. Ho explicava al seu cercle, als amics i coneguts de confiança; i potser, també, als de no tanta confiança.

La gent amb qui es movia, especialment a les nits, sabien que guanyava un sou d'uns 1.000 euros diaris. I, d'aquesta gent, alguns eren una mica peculiars.

> David me decía que esos «amigos» eran delincuentes o ex-delincuentes. «Bueno», me decía, «tienen algo con la justicia, pero son buena gente».

I, entre ells, hi havia un noi que portava la Sagrada Família tatuada al pit. Un català nascut a Terrassa. El David Bernat sortia de festa amb aquests «amics delinqüents». De fet, ja feia un temps que es coneixien. Per què el David Bernat es relacionava amb gent així?

> Hay que entender que tenían una serie de aficiones en común, más extravagantes, y eso hacía que les uniera más, y cuando te gusta el mundo de la noche más canalla de Bangkok, quizás todo lo demás queda atrás.

És un delicte, que t'agradi «la noche más canalla de Bangkok»? No, en absolut.

En aquest relat la «fantasmada» hi té un paper important. El que en diríem l'exposició pública, el marcar paquet. El David podia presumir de sou, mentre que els altres membres de la colla presumien d'altres coses; alguns, de ser fugitius de la justícia.

De la justícia espanyola, és clar, perquè la tailandesa no sabia ni que aquesta gent existia. Per això, segurament, quan van trobar el cos del David, el primer que van pensar va ser que era xinès i que els assassins eren una banda de xinesos. I per això, també, quan es va saber que era espanyol, la policia de Bangkok, desconcertada, va trigar uns quants dies a trobar pistes una mica sòlides per encarar la investigació.

I una de les pistes principals va venir dels diners.

Centrem-nos una mica en l'Artur Segarra. A Bangkok era conegut com algú que només sortia de festa i dormia molt. Ell presumia que, quan sortia a divertir-se, només bevia aigua. Segons ell, per mantenir-se serè. Era molt important per a ell tenir el cap clar entre molta gent que no l'hi tenia. El Segarra era un paio conegut per la seva pinta, i per altres coses.

> La gente sabía que Segarra tenía problemas económicos porque andaba por ahí pidiendo dinero. Segarra había protagonizado algún caso esperpéntico de llamar a alguien a altas horas de la madrugada: «Oye, que tengo un problema con la policía».

És el mateix home que demana diners als amics, que presumeix d'haver estafat jubilats a Espanya i que es veu amb freqüència amb el David Bernat, el noi de l'Albi.

El 19 de gener de 2016 el David Bernat va viatjar des de l'Iran a Bangkok per aprofitar uns quants dies lliures. Aquella nit va ser l'últim cop que se'l va veure amb vida. Després va deixar de comunicar-se amb la família i els amics.

Quan feia uns dies que durava aquest silenci, la família va començar a rebre missatges escrits amb faltes d'ortografia i expressions que ell no utilitzava mai. Alertats per això, des de Lleida, van denunciar-ne la desaparició.

Al cap de pocs dies, ja a principis de febrer, una patrulla de mossos d'esquadra es presentava a l'Albi per avisar la família que les autoritats tailandeses els havien informat que havien trobat el David mort.

Una de les primeres coses que va fer la policia tailandesa va ser mirar els comptes corrents del David Bernat. De seguida van veure que, quan el David ja estava desaparegut, algú n'havia tret diners i n'havia fet transferències. I qui era aquest algú? L'Artur Segarra.

Hores després d'identificar el cos i de mirar els comptes corrents, la policia tailandesa llança una ordre de recerca i captura mundial contra l'Artur Segarra. Fan una roda de premsa i ensenyen diferents fotografies on se'l veu retirant diners de diferents caixers automàtics de Tailàndia amb la targeta de crèdit del David Bernat.

Segons la policia, el Segarra havia intentat transferir als seus comptes bancaris trenta-set milions de bahts —la moneda local tailandesa—; és a dir, aproximadament un milió de dòlars.

L'Artur Segarra havia desaparegut de Bangkok amb la seva nòvia tailandesa, de nom Pridsana. L'únic vehicle que tenia el Segarra era una moto, que també havia desaparegut. Una moto vermella.

Al cap d'uns dies, la policia cambodjana va trobar la moto vermella, abandonada en una selva a la frontera entre Tailàndia i Cambodja. Però ni rastre del propietari.

Semblava evident que Artur Segarra i la seva nòvia Pridsana havien fugit a Cambodja.

El dia 7 de febrer, al bar Happy Cherry —literalment «cirera feliç»— del centre de Sihanoukville, la segona ciutat més gran de Cambodja, una parella de turistes es fixa en un altre turista que hi ha al mateix local.

És de dia i fa molta calor. Molta. I aquest turista, que sembla un home, va vestit amb un xandall llarg i una mascareta d'aquelles blanques, estil Michael Jackson. Els turistes de debò es pregunten com pot ser que aquell paio no s'estigui ofegant de calor.

Els crida tant l'atenció que no li treuen la vista de sobre. Estan asseguts prop d'ell, a la terrassa d'un bar que es diu Cirera Feliç. De tant en tant, el paio en qüestió es treu la mascareta per beure, fins que en un moment donat es relaxa i no se la torna a posar.

El turistes curiosos, que devien portar activat el xip de detectiu, s'adonen que aquella cara els és familiar i recorden que, poques hores abans, l'han vist a les notícies o a la portada d'algun diari. És la cara de l'home que la policia tailandesa busca per l'assassinat d'un ciutadà espanyol.

Els turistes detectius truquen a la policia i l'Artur Segarra és detingut.

Era la persona més buscada de tot el sud-est asiàtic i la policia cambodjana l'exhibeix com un trofeu. La imatge de dos policies cambodjans agafant el Segarra per darrere mentre ell mira a càmera es fa viral en poques hores.

Què sabem fins a aquest moment?

Que el David Bernat estava desaparegut des del 20 de gener i que el seu cos va començar a aparèixer deu dies després, el dia 30, al riu Chao Phraya. Dic «va començar» perquè unes parts van ser trobades el 30 i unes altres, el 31.

Què més sabem? Que l'autòpsia diu que durant aquell període de temps va ser torturat, asfixiat fins a la mort i esquarterat. Em guardo un detall de l'autòpsia per a més endavant.

També sabem que, durant aquells dies, es van intentar transferir gran part dels estalvis del David Bernat a diferents comptes bancaris a nom d'Artur Segarra.

I encara una última cosa: segons la policia, per la brutalitat exercida en el crim i pel *modus operandi*, allò ho havien d'haver fet més de dues persones. Arriben a afirmar que «menys de deu». És cert que és una manera ben peculiar d'expressar-se i gens científica, però, venint dels investigadors, s'entén que vol dir que estem parlant d'un grup de persones relativament important.

El que queda claríssim és que, de moment, ni la policia ni ningú no saben què va passar realment, com va passar, ni qui va fer què o si hi ha més d'un qui.

El més complicat, en totes les investigacions, és el procés que vindrà durant els propers mesos, on caldrà demostrar què ha passat i fer-ho amb proves, i no només suposicions.

Ara mateix, l'única persona que podria respondre tots els interrogants està tancada en una comissaria de Cambodja.

El dia que va ser detingut, l'Artur Segarra va passar la nit a la comissaria de Sihanoukville, i al matí següent, abans de ser entregat a les autoritats tailandeses, va concedir una entrevista al Joaquín Campos, aquell periodista que era propietari del bar Quitapenas de Cambodja i a qui el Segarra havia anat a demanar consell sobre com comprar un passaport fals i desaparèixer del mapa.

El Campos va ser l'única persona que el va entrevistar abans que el jutgessin, i no va ser perquè trobés la manera d'esquivar unes grans mesures de seguretat, sinó perquè era a prop i va ser l'únic que va a anar a la comissaria de Sihanoukville. El mateix Campos es va sorprendre de l'enorme facilitat amb què va accedir al presoner. Fins i tot explica que, en algun moment, si el Segarra hagués volgut, s'hauria pogut escapar sense gaires dificultats. Però no ho va fer.

El cas és que li va fer una entrevista i li va preguntar el més obvi.

Él decía que no había hecho nada, que no había matado a nadie, y yo le decía:

—Pero bueno, vamos a ver, ¿cómo no has matado a ese tío si estás huyendo y tienes el dinero en tu cuenta?

—Eso no es verdad, yo no he matado a nadie, han sido los otros.

Y eso es lo que iba repitiendo continuamente. Y yo le dije:

—Pero, vamos a ver, si tú me contaste que ibas a dar un palo, y que era diferente a los palos que habías dado en España a entidades bancarias y concesionarios de coches.

—Ya, ya, pero no tiene nada que ver.

Un poco reconocía que con el dinero sí tenía que ver, pero no con la muerte de Bernat.

Sembla que en aquell moment l'Artur Segarra no era conscient que era la persona més buscada a tot el sud-est asiàtic ni de l'interès mediàtic que havia suscitat.

Él me atendió como cuando le vi en Bangkok.

—¡Hombre!, ¿qué tal?, ven, ven.

—Oye, mira, yo vengo para hacer un reportaje que voy a intentar vender a un medio de comunicación. ¿Qué has hecho? ¿Qué ha pasado?

Me dijo:

—Pregunta lo que quieras y haz las fotos que te dé la gana.

Yo creo que ahí él todavía no era consciente de lo que había ocurrido y de todo lo que había detrás, de medios de comunicación y televisiones.

El Campos va sortir d'aquella entrevista amb més interrogants que abans d'entrar-hi. En un moment donat, el Segarra li va dir que tenia por que el matessin.

> Me llamó la atención que me dijo:
> —Acompáñame con el taxi, que me van a llevar detenido a Tailandia y estos me van a matar como a David.
> Y yo le dije:
> —¿Quiénes son estos?
> Y me dijo:
> —No puedo hablar porque me matan.

Com correspon a l'interès mediàtic que havia despertat aquella detenció, el cap de la Policia Reial Tailandesa, Chakthip Chaijinda, es va desplaçar amb helicòpter fins a la frontera amb Cambodja per traslladar aquell trofeu fins a Bangkok.

La imatge de l'arribada amb l'helicòpter va sortir als informatius de gairebé tot el món. Era una imatge que, segurament, també pretenia dir al món que la policia tailandesa treballava bé i detenia aviat els assassins, sobretot si la víctima era un estranger.

En aquell moment, Segarra encara era «presumpte». La policia tailandesa també transportava en l'helicòpter la seva nòvia, la Pridsana.

La primera a passar per la sala d'interrogatoris va ser ella. El que va dir la Pridsana va sorprendre a molts, sobretot al seu nòvio, l'Artur Segarra.

La Pridsana Seanubon va explicar que treballava com a prostituta i que feia uns mesos que era nòvia de l'Artur Segarra. Segons la premsa local tailandesa, la Pridsana va declarar que ella i l'Artur s'havien conegut el febrer del 2015 en una festa i que al desembre ella se'n va anar a viure amb ell a un edifici conegut com Condominium Rama 9. Els condominis són grans blocs d'apartaments, enormes. Penseu que no parlem a escala europea, sinó asiàtica. El que aquí consideraríem gran, allà és ridícul.

Recordeu aquell acudit que explicaven del Jordi Pujol de visita a la Xina? Que quan ell deia «nosaltres som sis milions», el xinès li preguntava que en quin hotel s'estaven? Doncs això, un condomini pot tenir centenars i centenars d'apartaments.

La Pridsana i l'Artur van viure junts un parell de mesos tranquils, però a finals d'any l'Artur Segarra li va demanar una cosa que en aquell moment a la Pridsana no li va semblar tan estranya: li va demanar que del 17 al 24 de gener marxés i el deixés sol a l'apartament. La noia va ser molt precisa en les dates: «Del 17 al 24 de gener has d'anar a viure a un altre lloc», li va dir l'Artur Segarra.

Per què? L'excusa era que el venia a veure un amic de fora i que no hi cabien tots tres.

Recordem que el David Bernat va desaparèixer el dia 20, segons la informació que tenim fins ara.

Tot i així, l'Artur Segarra la va deixar tornar el dia 23, però li va dir molt seriosament que ell se n'havia d'anar a acabar una feina molt important i que no el molestés ni li truqués per telèfon.

Aquí no s'acaben les coincidències temporals amb la mort del Bernat, segons consta a la declaració de la seva nòvia Pridsana. La declaració va quedar per escrit i quadrava força bé amb el relat temporal que, d'alguna manera, necessitava la policia tailandesa. També pot ser, evidentment, que fos la veritat.

Segons la declaració de la noia, el Segarra va llogar un altre apartament a una altra zona de la ciutat coneguda com Ramkhamhaeng, on la va portar el 30 de gener. Si seguim el calendari, aquest dia es trobaven les primeres restes del cos del David Bernat al riu Chao Phraya.

Però això no és tot. La Pridsana va dir que en aquest apartament hi havia un congelador gran i que el Segarra no l'hi va deixar obrir. A part d'això, hi havia —atenció—, un munt de ganivets que no li deixava tocar.

Us heu fixat en els ganivets, oi? I recordeu que us havia dit que em guardava un detall de l'autòpsia? Doncs es veu que l'esquarterament s'havia fet amb algun tipus de serra.

Dos dies més tard, l'1 de febrer, la Pridsana va marxar cap a la seva província natal, Surin, a unes cinc hores i mitja en cotxe des de Bangkok. Anava sola, sense el Segarra.

El dimecres dia 3, segons el relat de la noia, el Segarra l'hauria anat a buscar amb un camió llogat i haurien tornat a Bangkok. Quan els quedava només una hora de viatge per arribar-hi, van intentar treure diners d'un caixer, però, per algun problema que la Pridsana no va saber especificar, no ho van poder fer. La màquina donava un error.

Els dies següents se'ls van passar viatjant, fins que, el divendres 5, van fer cap al poble natal de la Pridsana a la província de Surin, a la frontera amb Cambodja.

A l'arribar allà van notar alguna cosa estranya en l'ambient. La gent els observava. Els amics de la Pridsana se li van apropar per explicar-li el que estava passant: tota la policia tailandesa buscava el seu nòvio per la mort de l'espanyol assassinat a Bangkok. La Pridsana deia que no en sabia res.

Segons va explicar ella mateixa a la policia, abans que pogués reaccionar l'Artur ja s'havia esfumat.

Diu la veritat la Pridsana? No ho sabem. L'únic que sabem del cert és que la policia se la va creure i que a ella la van deixar lliure sense càrrecs i a ell el van tancar.

Fixeu-vos que, de moment, no hi ha cap prova física que vinculi directament l'Artur Segarra amb la mort del David Bernat. Hi ha una prova que en podríem dir «circumstancial», i molt clara. Bernat tenia un milió d'euros al compte i els moviments bancaris registrats deien que una part d'aquests diners s'havien volgut transferir directament des del compte del noi de l'Albi al compte del seu presumpte assassí. I no és una prova menor.

La declaració de la nòvia tailandesa referma les sospites sobre el Segarra per les coincidències temporals que hi ha amb la desaparició del David Bernat, pel canvi d'apartament del Segarra, per aquell gran congelador i pels ganivets. Però, hi ha alguna prova que el David Bernat hagués estat als apartaments del Segarra?

Aquest és un d'aquells casos que s'acostumen a resoldre gràcies a la reconstrucció dels fets a partir de moltes declaracions, és a dir: sumar el que ha vist l'un i el que ha vist l'altre; el que va dir un o va insinuar un altre. Totes aquestes peces unides conformen un relat que, si la gent diu la veritat, normalment encaixa. I com que en tota investigació fan falta proves físiques, tangibles, avui ens centrarem en les càmeres de seguretat. Però ja veureu que dissiparan tants dubtes com en generaran.

Anem a pams.

La investigació d'aquesta història es remunta als dies en què van començar a passar coses estranyes entorn de la vida del David Bernat. Per això hem de tornar al 19 de gener de 2016, l'últim dia que el David va ser vist amb vida.

L'última persona que el va veure deia ser el millor amic de la víctima. Per a nosaltres serà el James.

El James va ser la darrera persona, a part de l'assassí o assassins, que va veure amb vida el David Bernat. Concretament, el 19 de gener al matí. Es van trobar en un gimnàs de Bangkok on segurament coincidien sovint. El David Bernat va dir al James que aquell vespre havia quedat amb un amic espanyol. Qui era aquest amic?

La declaració d'una altra persona abocarà una mica de llum sobre aquesta incògnita. La germana del David Bernat, la Laura, després de conèixer la desgràcia, va viatjar de l'Albi a l'Iran, va anar al pis que el seu germà tenia a Teheran i allà hi va trobar un iPad. Un iPad amb molta informació a la qual cap de les persones que li volia fer mal havia tingut accés i, per tant, informació molt valuosa que ningú no havia pogut esborrar.

En aquest iPad l'Alba hi va trobar converses del seu germà amb una persona que ella no havia sentit anomenar mai. Les converses havien començat el 18 de gener. Es comunicaven a través d'una aplicació que es diu Line, molt utilitzada a Bangkok entre la comunitat espanyola.

La persona amb qui s'havia comunicat el David era l'Artur Segarra.

En aquells missatges era evident que aquell vespre del dia 19, el David i l'Artur havien quedat per veure's.

I aquí entra un element molt interessant d'aquest cas: les càmeres. No sé si coneixeu Tailàndia, i en especial Bangkok. Hi ha càmeres de seguretat per tot arreu. Les deuen regalar.

Durant el judici es va fer la reconstrucció dels moviments del David Bernat i l'Artur Segarra a través de càmeres de seguretat que, creant un *timeline* d'aquells dies, ens donen una imatge oficial del que va passar. I dic «oficial» perquè és una versió que la policia i els jutges tailandesos han donat per bona sense reserves, però que a mi m'ha generat unes quantes incògnites.

Abans de continuar, un detall: tothom que es queda a viure a Bangkok es compra una moto (una mica com a Barcelona). El trànsit és tan desastrós que és la millor manera de moure's. Ja hem dit que el Segarra tenia una moto vermella. Doncs el David també tenia una moto.

Primer anem al bloc de pisos on el David Bernat vivia a Bangkok. Una zona luxosa. Segons les gravacions que va fer servir la policia tailandesa al judici, el vespre del 19 de gener el David Bernat i l'Artur Segarra van abandonar junts l'apartament amb la moto del Bernat.

Hores més tard, segons aquestes gravacions, el Bernat i el Segarra tornen a l'edifici on el David Bernat tenia l'apartament i canvien de moto.

Deixen la del David Bernat i pugen a la del Segarra. Per què? No se sap. Però almenys la policia afirma tenir una evidència visual que estaven junts.

Canvien de moto, doncs, i on van? A l'edifici Condominium Rama 9. Us sona?

Recordeu que la Pridsana havia declarat que el dia 20 de gener l'Artur l'havia fet fora de casa perquè venia un amic «de fora» a passar uns dies?

Sembla que els relats, de moment, quadren. Tot i que la Pridsana no va dir mai que hagués vist el Bernat a l'apartament del Segarra. També podria ser que, com que era de nit, ella hagués sortit a treballar i no fos a l'apartament (recordem que feia de prostituta). O també pot ser que ja hagués marxat la nit del 19 al 20.

De moment, en totes les imatges que hem vist només hi apareix el Segarra. Ningú més. Encara és possible que hi hagi més gent implicada?

Seguim amb les càmeres de seguretat. Teníem una imatge que mostra com el David i l'Artur marxen, junts i en la moto d'aquest últim, dels apartaments de luxe on vivia el David. Doncs bé, segons el relat que la policia va reconstruir a través de les càmeres de la ciutat i dels edificis privats, el David Bernat i l'Artur Segarra, cap a la mitjanit del 19 al 20 de gener de 2016, van entrar, dalt de la moto del Segarra, a l'aparcament del bloc de pisos on el Segarra tenia llogat un apartament, a la setena planta.

Aquestes imatges les capta una càmera de seguretat en blanc i negre i de baixa qualitat. Són les últimes on es pot veure el David Bernat amb vida. Suposadament capten l'Artur Segarra conduint la moto i el David Bernat al darrere, de paquet.

I dic «suposadament» perquè per a mi, veient la imatge, és difícil identificar clarament els personatges. Amb tot, els experts tailandesos no van dubtar a ratificar que es tractava del Segarra i el Bernat.

Entren al bloc d'apartaments, i aquí és on comencen les incògnites o «efectes poltergeist». En aquell bloc d'apartaments hi havia moltes més càmeres: a l'entrada principal, als ascensors i a tots els passadissos. Fins i tot n'hi havia una a pocs metres de la porta de l'apartament del Segarra, però, curiosament, no funcionava cap càmera més en tot l'edifici. Només funcionava la que controlava la barrera d'entrada i sortida de l'aparcament.

No em direu que no és, com a mínim, estrany.

El dia 19, a la mitjanit, arriben el Segarra i el Bernat. Hi entren, i aquestes són les darreres imatges del David Bernat amb vida.

Què es veu durant els següents dies a l'única càmera de seguretat que funciona a tot l'edifici?

Durant una setmana, res de res. Ni l'Artur Segarra ni el David Bernat ni ningú més que puguem connectar amb el cas es mouen d'allà dins. Cap gravació enregistra ningú relacionat amb la investigació, ni entrant ni sortint de l'edifici.

Fins al 26 de gener de 2016, una setmana més tard, quan, segons les imatges de la càmera i la declaració de la policia, l'Artur Segarra va abandonar l'edifici. Ho va fer sol. I amb moto.

On era el David Bernat? Què li havia passat durant aquells dies?

Detall molt important: els forenses van establir com a possible data de la mort el dia 26. La imatge que capta la sortida del Segarra de l'edifici és de les 21.52 h del 26.

La imatge d'una càmera de seguretat que van difondre els mitjans és precisament un fotograma d'aquesta càmera del 26 de gener.

Què veiem a la imatge? Una moto en moviment sortint de l'edifici, i sabem que surt perquè la càmera la capta per darrere i a punt de creuar la barrera de seguretat. El conductor de la moto porta casc, i això en dificulta molt la identificació, almenys a simple vista. També porta una motxilla gran penjada a l'esquena i, atenció al detall, al davant, damunt del dipòsit de gasolina, a l'espai que queda entre el conductor i el manillar, un paquet gran que podria ser una caixa de cartró o una bossa enorme.

A causa de l'excés de llum no es pot llegir la matrícula de la moto. I, com que a més la fotografia és en blanc i negre, és impossible saber-ne el color.

Segons la policia, el conductor de la moto és l'Artur Segarra, i el gran paquet que porta al davant serien les restes del David Bernat.

Més detalls importants de les càmeres de seguretat: durant el judici els policies van assegurar que la nit del 26, instants després que el Segarra sortís portant un paquet, una càmera situada en una cruïlla propera a l'edifici de Rama 9 el va captar en direcció al riu.

Més coses: el 27 va tornar a l'edifici, amb la moto i sense paquet. I del 27 al 29 se'l veu sortir dues vegades més, amb un paquet petit i sempre amb una motxilla gran a l'esquena. En totes aquestes ocasions va tornar al cap d'una hora sense el paquet.

Em sap greu dir-ho, perquè és un detall delicat, però a la víctima la van tallar en sis parts. Una devia ser el tors. Podria ser el paquet gran? Aquell primer viatge, el Segarra ja portava la motxilla. Entre el paquet i la motxilla en podria haver transportat dos trossos.

Després hi ha dos viatges més amb paquet i motxilla, és a dir, quatre parts més. Sis en total.

Queda demostrat el crim? De moment no, però avancem amb els detalls.

La tesi dels investigadors és que el dia 19 a la mitjanit el Segarra i el Bernat van entrar a l'apartament. El David Bernat va estar segrestat allà dins durant una setmana, i el 26 al vespre el Segarra va tornar a sortir transportant les primeres parts del cos esquarterat en una gran bossa de plàstic i a la motxilla.

Començo amb les preguntes que jo crec que no s'han respost.

La Pridsana, la nòvia del Segarra, va dir que havia tornat a l'apartament el dia 23. Acabem de dir que el Segarra hauria tret el cos el 26. Una de dos: o la Pridsana no va veure el cos ni, òbviament, cap mostra de violència ni de sang —i això, tractant-se d'un apartament tan petit, és difícil de creure—, o bé la Pridsana va ajudar el Segarra. Amb tot, la nòvia tailandesa no va ser acusada mai de res.

Més dubtes: quan la policia va començar a buscar el Segarra van anar al seu apartament i, en un principi, no hi van trobar res! Cap rastre de sang. Si allí s'hi havia esquarterat un cos, tan bé havien netejat l'escenari del crim?

La Pridsana també va declarar que el dia 30 el Segarra l'havia portat a un altre apartament on hi havia un congelador gran i li havia prohibit obrir-lo. I el dia 30 va aparèixer el primer membre esquarterat del pobre David.

Continuem amb les incògnites o dubtes.

Si això que mostren les imatges de les càmeres de seguretat és tan «clar» i apunta tan directament cap a l'Artur Segarra, per què la policia, des del principi, va afirmar tan taxativament que allò ho havia fet un grup de gent? Van arribar a dir que «menys de deu» i també van parlar de gent del país, de tailandesos.

Però, un cop detingut el Segarra i interrogada la Pridsana, tots els esforços es van centrar a tancar el cas acusant únicament i exclusivament l'Artur Segarra.

La pel·lícula dels fets seria la següent: el David, un bon noi de les Garrigues, tenia una mena de vida dual. A l'Iran treballava molt i es guanyava molt bé la vida —cobrava 1.000 euros al dia fent de consultor informàtic—, però li agradava la marxa i, sempre que podia, s'escapava a Bangkok, la capital de Tailàndia.

A Bangkok, el David vivia en un apartament considerat de luxe i es movia, sobretot de nit, amb un grup d'amics espanyols. Era un grup de gent que ell mateix, fent conya, anomenava «els meus amics delinqüents». Entre aquests amics hi havia un altre català, l'Artur Segarra, un paio que portava la Sagrada Família tatuada al coll però que no era precisament catòlic practicant. El Bernat deia que es volia jubilar als quaranta anys. Quan el van matar en tenia trenta-nou.

La sentència ve a explicar que la nit del 19 de gener de 2016 l'Artur Segarra va convèncer el David Bernat per anar al seu apartament del Condominium Rama 9. Una càmera de seguretat els va captar a tots dos entrant a l'edifici. Allà dins el Bernat va ser retingut contra la seva voluntat durant deu dies, fins que el seu cos va començar a aparèixer, a bocins, al riu Chao Phraya.

Els investigadors tailandesos van dir que al David l'havien torturat i li havien fet beure un còctel de drogues, segurament, per estovar-li la voluntat i fer-li dir el codi PIN de la targeta i les claus secretes dels comptes bancaris, perquè el mòbil del crim va ser el robatori.

Una de les primeres pistes de la policia va ser que, fent el seguiment de la targeta de crèdit del David, van localitzar imatges de l'Artur Segarra traient diners (o intentant-ho) en caixers automàtics utilitzant la targeta del difunt.

Tan ruc era el Segarra que no s'adonava que el rastre dels diners seria facilíssim de seguir?

Per respondre aquesta pregunta cal recordar que l'Artur Segarra va fugir de Bangkok i va anar a Cambodja, on mesos abans ja havia estat preguntant on podia comprar un passaport fals. Però va ser detingut tres dies després, potser mentre esperava que es fessin efectives les quantioses transferències que el banc havia bloquejat. I és que per comprar un passaport fals necessitava molts diners, perquè amb 11.000 euros, que era el que li quedava, no en tenia prou.

El banc segurament havia frenat les transferències grans perquè quan trucaven al David Bernat per confirmar els tràmits el pobre David ja no podia respondre.

Tenim clar el mòbil, però intentem entrar al pis per reconstruir què va passar allà dins.

Va actuar sol, l'assassí?

Recordem dates: el David entra al pis —viu— el 19 a la nit i apareix esquarterat al riu el 30. La nòvia de l'Artur Segarra, una noia tailandesa, de nom Pridsana, va declarar a la policia que ella havia estat en aquell pis el dia 23, però en cap moment consta que hi hagués vist el David —ni viu ni mort— ni tampoc cap rastre de sang ni violència de cap mena.

La policia, que al principi va parlar d'un grup de gent, inicialment tampoc no va trobar res al pis del Segarra; però, un cop detingut, va fer saber a tothom que, finalment, hi havia trobat restes de sang del difunt. Als que seguien el cas, com el periodista Garrido —que coneixia el Bernat i el Segarra—, els va cridar molt l'atenció la manera com la policia tailandesa va trobar la sang.

> El piso está tan limpio tan limpio, que dicen que han tenido que destrozar el lavabo, buscar en las tuberías, y que en una de las tuberías encontraron un pequeño rastro de sangre que pertenecía a David Bernat.

Si s'ha esquarterat un cos, costa una mica de creure que no hi hagi més restes de sang per tot arreu. De fet, en alguna informació va sortir que se n'havien trobat taques en una de les habitacions, però ja heu llegit això de la gota de sang en una canonada.

Pot ser que si el Segarra, sis mesos abans, ja buscava un passaport fals, tingués clar que havia de preparar-ho tot bé. Ho va fer tot sol? La Pridsana diu la veritat? Ella no va veure res ni en sabia res?

La policia i els jutges se la van creure.

Què més van trobar a casa de l'Artur Segarra? Doncs es veu que hi van trobar una mena de manual de com esquarterar un cos. A mi em costa de creure que existeixi un manual tan específic, però ja sabeu que a la xarxa s'hi troba de tot. El que no és difícil de trobar són lliçons d'anatomia i consells que, segons les intencions de qui els llegeixi, es converteixen en macabres.

En el cas del crim de Bangkok, deu dies després que aparegués el cos, la policia tailandesa oferia una recompensa de 5.000 bahts (130 euros, que aquí són poca cosa però allà deuen ser una quantitat important) a qui donés pistes sobre una caixa de sabates on, suposadament, hi havia els ganivets que s'haurien fet servir per tallar el cos. La Pridsana, quan va declarar davant la policia, va parlar d'un segon apartament, d'un congelador i de molts ganivets. I va insistir que el seu nòvio espanyol no li va deixar obrir el congelador ni tocar els ganivets.

Això va passar abans que els forenses especifiquessin que el cos havia estat tallat amb algun tipus de serra.

Sabeu què va trobar la policia entre les pertinences de

l'Artur Segarra? Una serra elèctrica. Petita. Una motoserra d'aquelles de llenyataire o jardiner.

Un altre detall és que, segons la policia, a la víctima la van assassinar per asfíxia, posant-li una bossa al cap i lligant-l'hi amb cinta aïllant al coll. I després, segons els tailandesos, el van congelar. Això podria explicar que no s'hagués trobat sang i la necessitat d'una serra mecànica per fer l'esquarterament.

Per intentar demostrar que l'acusat va comprar aquella serra van aportar imatges d'una càmera de seguretat d'una botiga de bricolatge de Bangkok on es veu l'Artur Segarra. Les imatges no mostren que estigui comprant res, només que era a la botiga, però no seria difícil fer l'associació.

Un detall important: es veu que a la serra hi van trobar ADN del David Bernat. Però no de l'Artur Segarra.

Al Segarra el van jutjar el juliol del 2016, i l'abril del 2017 va ser declarat culpable de tot i condemnat a mort per l'assassinat amb premeditació del David Bernat. Segons la sentència, el Segarra va ser l'autor únic dels fets. Se li va imposar el pagament d'indemnització de 750.000 bahts (uns 20.000 euros) en benefici de la família del David Bernat pels diners robats.

Tailàndia és un dels cinquanta-cinc països del món que encara inclouen la pena de mort en el seu ordenament jurídic. Tot i així, des del 2009, quan dos narcotraficants van ser condemnats a morir per injecció letal, el país està aplicant una moratòria indefinida per la qual les condemnes a mort s'han convertit en cadenes perpètues, però és una gràcia que ha de conduir la Casa Reial.

El 20 de novembre de 2019, el Tribunal Suprem de Tailàndia va rebutjar l'apel·lació del Segarra i, per tant, va ratificar la condemna a mort. El condemnat va anunciar la seva voluntat de demanar la mesura de gràcia a la reialesa tailandesa perquè li commuti la mort per cadena perpètua. En cas que l'hi concedeixin, es veu que al cap d'uns anys podrà demanar l'extradició per acabar de complir la pena a Espanya.

NOTA: Al gener de 2020, Arturo Segarra, en la carta que va enviar al rei de Tailàndia demanant la commutació de la pena de mort per cadena perpètua, va reconèixer que havia matat David Bernat. Va dir que havia sigut en una baralla en la qual havia reaccionat de manera violenta. No va dir res més.

El rei de Tailàndia es va confinar en un hotel amb desenes de concubines per amagar-se de la pandèmia i al maig del 2020 encara no havia contestat. Ho pot fer, es veu, quan li doni la gana.

El crim del carrer Sant Ruf

A les dotze del matí del dia 21 de novembre de 2012, una dona es presenta al centre d'assistència primària de la rambla Ferran de Lleida i diu que l'han tingut tres dies segrestada. Es diu Ángeles Sala i té 46 anys. Està alterada, atordida, com en estat de xoc, i, si bé no presenta ferides externes aparents, diu que l'han torturat i que ha aconseguit escapar en un moment que els segrestadors no eren al pis. Que no sap on és ni quin dia és i que té molta por.

Ja sabeu que els metges en veuen de tots colors i senten tota mena d'històries, però no passa cada dia que arribi una dona dient que s'acaba d'escapar dels seus segrestadors. I això no és tot, perquè aquesta mateixa dona que afirma que l'han segrestat explica també que al seu pis hi ha el cadàver d'un home. Està terroritzada.

Els metges del CAP Rambla de Ferran li fan una primera exploració, però poca cosa més poden fer per ajudar-la. I el que explica és tan greu, d'altra banda, que potser valdria més que se la miressin els especialistes.

L'Ángeles ingressa a l'àrea de psiquiatria de l'Hospital de Santa Maria amb símptomes de desorientació, tant física com temporal. Està absolutament perduda, i aquests símptomes encaixen perfectament amb el relat que fa del seu segrest.

Segons ella, fa tres dies, quan entrava a casa seva, dos homes que ja eren dins del pis —«gitanos o sud-americans», diu ella—, la van agafar per sorpresa, li van tapar la boca, la van obligar a entrar en una de les habitacions, on hi havia un home mort, i la van lligar i encaputxar. El pis on se suposa que ha passat tot és el tercer segona del número quatre del carrer Sant Ruf, al centre de Lleida, prop de l'auditori Enric Granados i no gaire lluny de l'estació de trens. Als del centre d'assistència primària Rambla de Ferran els quadra que la dona hagi sortit d'allà, perquè el pis i el CAP són bastant a prop. (Ella diu que ha sortit perduda i desorientada del pis i que, no sap com, ha arribat al CAP.)

Ja a l'hospital psiquiàtric, l'Ángeles dona detalls de l'home mort: és un senyor de vuitanta-tres anys que cuidava des de feia mesos. El difunt es deia Josep Millàs. La dona va repetint tota l'estona que els dos segrestadors l'han torturat i l'han amenaçat que si els denunciava matarien la seva mare i el seu fill.

Els metges decideixen ingressar-la i, evidentment, truquen als Mossos d'Esquadra. Els agents de la Unitat Territorial d'Investigació de Lleida es planten al pis, i allà es troben amb una escena macabra.

Així que obren la porta els assalta una bafarada insuportable i veuen un gran desordre per tot arreu. Un cop dins, en una habitació, troben el cos d'un home en avançat estat de descomposició. El cadàver està completament inflat, estès a terra, despullat, emmordassat, amb un enorme tall a la panxa i la cama dreta tallada per sota del genoll.

Al voltant del cos hi ha cartrons i papers de diari mig cremats. El primer que se'ls acut als investigadors és que algú ha intentat cremar el cos però no se n'ha sortit. Amb tot, l'escena és tan surrealista que fins i tot es pregunten si podria ser que haguessin intentat fer algun ritual.

Mentre els especialistes de la policia científica comencen a fotografiar l'escenari del crim, a l'agent que entra al lavabo se li glaça la sang.

Els budells de la víctima són a la banyera.

Els agents examinen tot el bany a consciència i posen a molts llocs aquella pols que detecta si hi ha empremtes dactilars. N'hi ha una a l'aixeta de la banyera. És molt provable que sigui dels segrestadors. Un cop han acabat amb el lavabo, continuen buscant per tots els punts de la casa que creuen que els segrestadors haurien pogut tocar.

Però tornem a l'habitació on hi ha el cos de la víctima. Al costat del cadàver, a part de molts papers mig cremats i molls de líquids de procedència diversa, entre els quals sang, hi ha la caixa d'una manta elèctrica petitona, d'aquelles que serveixen per escalfar només una part del cos. I, a dins, dos guants de làtex de color blau. Aquests guants seran importants. Per la part exterior estan bruts de sang i altres restes. Sembla evident que els han fet servir per cometre el crim i manipular el cadàver. No és estrany, però, que després se'ls hagin descuidat allà?

Ja hi tornarem més endavant. Una possible explicació seria que pensessin tornar però en veure que la dona s'havia escapat haguessin fugit i amb les presses s'haguessin descuidat la caixa i el que hi havia a dins.

Mentre els agents dels Mossos d'Esquadra continuen recollint proves al pis del carrer Sant Ruf, a l'hospital els metges fan una exploració a la dona que ha denunciat els fets i que ha explicat que l'han tingut segrestada tres dies. Recordem que tot això passava el 21 de novembre de 2012 a Lleida.

Els mossos que s'han desplaçat a l'hospital esperen pacientment que els metges els donin llum verda per parlar amb ella, però la dona està tan desorientada que finalment els recomanen esperar fins l'endemà. Mentrestant s'hauran de conformar a examinar la roba i les sabates que portava, que han quedat endreçades a l'habitació. En una vamba, a la sola, els sembla veure una taca de sang.

La mateixa dona ha explicat que els segrestadors la van portar a l'habitació on hi havia el mort, i per tant tenia explicació que tingués sang a la sola de la sabata.

Al pis del carrer Sant Ruf, els de la científica continuen recollint tot el que els sembla d'interès i buscant empremtes, especialment a les portes. Segur que els segrestadors han tocat alguna porta en algun moment o altre. Però hi ha molta brutícia per tot arreu i costa que apareguin empremtes clares. Així doncs, toca armar-se de paciència. Hem dit abans que en tenim una de molt clara a l'aixeta de la banyera, oi? Després ja es comprovarà de qui és, però és fonamental tenir un sospitós per poder fer la comparació. Tret que siguin d'algú que ja estigui a la base de dades de la policia. Tot arribarà.

L'endemà, la dona continua ingressada a l'àrea de psiquiatria. Els metges encara la veuen massa alterada i recomanen que la policia s'esperi una mica més per parlar amb ella.

Mentrestant, els mossos pregunten als veïns si han vist a la zona, i especialment a l'edifici, algú amb aspecte de gitano o sud-americà que els hagi cridat l'atenció o que no sigui habitual del carrer. Però no tenen sort.

Els veïns diuen que la pudor l'han començat a notar de fa molt poc. Una de les veïnes comenta que el que més li cridava l'atenció no era la pudor, sinó la intensa olor de perfum que feia tot el replà, i especialment aquella porta. Una cosa desmesurada.

Tampoc no hi ha cap veí que hagi sentit sorolls estranys, els últims dies.

Els forenses examinen en detall el cos del difunt i veuen coses que posen els pèls de punta. Té totes les extremitats plenes de talls profunds que arriben fins a l'os. A la cama dreta, per sota del genoll, l'os no està tallat, sinó dislocat. Creuen que l'home podria haver mort dels cops que havia rebut al cap. I com s'explica, que els budells fossin a la banyera?

Recordeu que som a finals de novembre. Doncs bé, els veïns del tercer segona, l'escenari dels fets, s'havien traslladat a viure allà a mitjans de setembre, segons expliquen les veïnes de replà. Al principi, però, només hi vivia ella, l'Ángeles. Justament al setembre van fer-hi obres, i el paleta és un home que fa moltes feines a l'escala. El pis és de lloguer —com la majoria de pisos de l'escala— i sempre se n'ha encarregat la mateixa immobiliària.

Els mossos parlen amb el responsable de la immobiliària, que els confirma que el pis el va llogar l'Ángeles Sala el 3 de setembre. Només ella. I què hi feia, doncs, la víctima en aquell pis? L'Ángeles ha dit que el cuidava. Normalment, la persona cuidada viu a casa seva i és la cuidadora qui s'hi desplaça. Per cert, s'hauria de parlar amb la família de la víctima, no? Algú ha trobat a faltar el senyor Josep? No hi ha cap denúncia enlloc. Després de molt mirar i remirar troben que un fill del difunt viu a Igualada. Se l'haurà d'avisar.

I ara parlem del mòbil del crim. Què pot portar algú a matar un senyor de vuitanta-tres anys d'una manera tan salvatge? El pobre home caminava amb crosses, i tot havia passat a dins del pis. Difícilment s'hauria pogut defensar d'un atac. Els forenses diuen que tenia cops al cap, tot i que encara està per veure si són la causa de la mort; podria ser que sí. Però com s'explica un acarnissament així amb un home de vuitanta-tres anys? Per robar-lo? El pis no fa pas pinta de ser d'un milionari, tot i que no se sap mai. Potser els segrestadors el volien extorsionar i se'ls en va anar de les mans. O potser hi ha alguna cosa amagada que encara no sabem. En fi, ja hi tornarem, al mòbil. Ara, avancem en la investigació.

Ja han passat dos dies i, per fi, els metges deixen que els mossos prenguin declaració a la dona víctima de segrest. L'Ángeles repeteix la història del primer dia, però n'amplia alguns detalls. Insisteix que fa tres o quatre dies la van segrestar —no té clares les dates—. Hi ha algun moment que diu que potser ha passat una setmana i tot, però que el record és molt confús. Que ella diria que els culpables eren gitanos, però també podrien ser sud-americans. Diu que tenia tanta por que no es va fixar en l'accent. A més, només els va veure un moment, perquè de seguida la van encaputxar. També afegeix que li van fer tocar el cadàver i moltes coses, i que per això segur que troben empremtes d'ella per tot arreu.

Ep! Què diu, aquesta senyora, que els segrestadors li van fer tocar el cadàver? I fins i tot avisa que per això hi haurà empremtes seves per tot arreu? Ui, ui, ui!

Els membres de l'àrea territorial d'investigació de Lleida fan una reunió i posen les dades en comú. Cap testimoni ha vist els suposats segrestadors ni ha sentit res. Hi ha empremtes de molta gent, al pis? És aviat encara, però, d'entrada, no se n'han trobat gaires. La més clara és la de l'aixeta de la banyera on hi havia les vísceres. Per cert, també hi havia un pot de dissolvent que s'havia utilitzat per ruixar les vísceres, ves a saber amb quina finalitat.

Important: els investigadors que han parlat amb la denunciant, es creuen la seva versió?

No. Tots coincideixen que aquella dona és una actriu de primera i que durant dos dies ha fet un gran paper davant dels metges, però ella sola s'ha assenyalat com a principal sospitosa. Decideixen que el millor que poden fer, per preservar els seus drets (podrà decidir no declarar o estar acompanyada d'un lletrat) i per investigar sense por que destrueixi proves, és detenir-la, però caldrà fer dues coses: desmuntar la seva versió i demostrar que ho va fer ella. ¿Però sola?

Ara, abans de continuar, permeteu-me un parèntesi. Ja hem dit que som al novembre i a Lleida fa fred. L'Ángeles portava un anorac sempre posat, fins i tot en el moment de passar a disposició judicial, com va retratar el fotoperiodista Òscar Mirón. A la foto, que es publica al diari *Segre*, se la veu emmanillada entre dos mossos. Porta un anorac verd fosc amb caputxa, i la caputxa té aquell ribet de pèl de conill o de no sé què que està tan de moda.

Doncs bé: resulta que el pis del carrer Sant Ruf on va passar tot és a prop del riu Segre i del centre d'assistència primària de la rambla Ferran de Lleida. I també resulta que el tram de riu que passa per la ciutat de Lleida és bonic i fotogènic, sobretot sota el pont més nou, aquell que els que són més de la broma en diuen el pont de la Guitarra.

I que —oh, casualitat!— aquell 21 de novembre al matí una noia que era allà fent fotos de la zona amb un potent teleobjectiu va veure una dona que amagava una maleta entre la vegetació, a sota del pont. Li va cridar l'atenció i li va fer fotos. I aquí tanco el parèntesi.

L'Ángeles havia declarat que havia anat directament del pis on la tenien segrestada al centre d'assistència primària i que no sabia ben bé on era perquè estava desorientada i perduda.

Però el diari *Segre* publica la foto de la detinguda en el moment de passar a disposició judicial, la noia aficionada a la fotografia la veu, es fixa en l'anorac verd fosc de la senyora i diu: «Ep, jo aquesta dona la tinc vista!». Va corrents a mirar les fotos i comprova que és la dona que va fotografiar amagant una maleta a sota del pont de la Guitarra del riu Segre. Evidentment, va anar a explicar-ho als mossos d'esquadra.

Els investigadors van escorcollar la zona on la fotògrafa havia vist l'Ángeles amagant la maleta, però no la van trobar. La veritat és que es tracta d'una zona bastant concorreguda. Per allí hi passa molta gent passejant o corrent i molts indigents. Una maleta sempre és llaminera, i a més es veu que aquesta era bastant gran. Però, què hi havia a dins de la maleta? Ah! No ho sabem.

Els mossos van preguntar als forenses si faltava alguna part del cos del difunt, però no: no n'hi faltava cap. A més, a pesar de l'avançat estat de descomposició en què es trobava el cadàver, els forenses van recompondre i recol·locar totes les parts del cos, incloses les vísceres, i van comprovar... —aquí m'haureu de perdonar per l'expressió, però és la que van fer servir ells—. Van comprovar, deia, que al cos no li faltava «ni un pam de budell».

O sigui, que no sabem què hi havia a la maleta, però almenys hem enxampat la senyora Àngeles dient una mentida, perquè ella jurava que havia anat directa de casa al centre sanitari i en canvi una testimoni havia aportat unes fotos claríssimes on se la veia amagant una maleta al riu.

D'altra banda, no havien trobat cap testimoni que hagués vist cap gitano ni cap sud-americà als voltants del pis. Sí que havien trobat una veïna, però, que assegurava que havia vist l'Àngeles baixant a llençar les escombraries. Vosaltres heu vist algun segrestat que el deixin baixar a llençar les escombraries i després torni a pujar al pis?

Bé, fins aquí el que tenim és només un parell de proves bastant clares que indicarien que la història del segrest i la desorientació eren una fabulació, una excusa. Però, va ser l'Àngeles, qui va matar el senyor Millàs? I per què?

Els mossos van parlar amb el fill del difunt. Recordem que la víctima tenia vuitanta-tres anys i la detinguda quaranta-sis. Una diferència de trenta-set anys. I què van descobrir els mossos parlant amb el fill d'Igualada? Doncs que un bon dia el pare li va trucar i li va dir: «Nen, que me'n vaig a viure a Lleida».

Reconstruint la vida d'aquella «estranya parella» els mossos van descobrir que l'Àngeles i el Josep s'havien conegut a l'estació d'autobusos d'Igualada abans de l'estiu del 2012. Ell devia estar assegut en un banc observant el trànsit de viatgers. I mira, van començar a xerrar i ella li va explicar que tenia la mare ingressada a l'hospital de la capital de l'Anoia. El cas és que al cap de pocs mesos, al setembre, l'Àngeles (de quaranta-sis anys, recordem-ho), ja vivia a casa del Josep (de vuitanta-tres) a Igualada. I resulta que aquell mateix setembre, ves quines coses, lloga el pis del carrer Sant Ruf de Lleida i hi comença a fer obres, com han corroborat l'agent immobiliari i els paletes.

O sigui, que vivia amb el Josep a Igualada, però s'arreglava un pis a Lleida. Els paletes asseguren que sempre van veure el pis buit. A l'octubre, mentre encara li arreglen alguna coseta al pis, es produeix una conversa entre amigues que portarà cua. L'Ángeles diu per telèfon a la seva exparella, la Susana, que està vivint amb un home gran que li ha promès que li deixarà la meitat de l'herència.

Ara ja hem vist que la senyora Ángeles, a més de ser una gran actriu, com a mínim en el paper de segrestada desorientada, té tendència a xerrar molt. Mireu si li agrada xerrar, que a finals d'aquell octubre del 2012 una filla seva va anar a passar uns dies al pis d'Igualada on vivien l'Ángeles i el Josep, i —segons va explicar la mateixa filla— la mare li va explicar que tenia un pla per matar aquell home i desfer-se del cadàver.

És clar que qui se l'ha de creure, una afirmació així? El més normal és pensar que la teva mare està enfadada i desbarra. L'últim que t'imagines és que es plantegi fer-ho de debò. On vas a parar!

La filla, lògicament, no en va dir res a ningú.

I entrem al mes de novembre. El dissabte 3 de novembre de 2012 el Josep Millàs es trasllada a viure a Lleida, al pis del carrer Sant Ruf. El dilluns dia 5 truca al fill per comunicar-li que se n'ha anat a viure a Lleida, i aquell dilluns mateix el Josep i l'Ángeles obren un compte corrent en comú en una oficina de La Caixa situada a la rambla de Ferran, gairebé davant mateix del CAP. A les imatges captades per la càmera de seguretat es veu com ella aguanta la porta perquè hi entri el Josep, que camina amb crosses, i com li torna a aguantar per sortir.

L'endemà, dia 6, la filla de l'Ángeles arriba al pis del carrer Sant Ruf per passar-hi uns dies, fins al 8, amb la seva mare i el senyor de vuitanta-tres anys. I és mentre és allà que la mare li diu: «Lo duro que es matar al viejo este». I li torna a explicar que el vol matar i desfer-se del cadàver. Però, és clar, han anat ja al notari? El Josep ha canviat el testament? No encara. L'home no hi vol anar i no acaba d'estar-hi a gust, amb aquella dona. Tant és així, que el divendres d'aquella mateixa setmana, és a dir, quan encara no fa ni una setmana que viu a Lleida, el Josep truca al seu fill a Igualada i li demana que el vagi a buscar amb un vehicle gran, que se'n torna a viure a Igualada.

Al cap d'una estoneta, però, el Josep se'n desdiu: torna a trucar al fill i li diu que no cal que el vagi a buscar perquè —paraules textuals— «aquesta noia no vol que marxi». La noia en qüestió es posa al telèfon, li diu al fill que es diu Ángeles i li explica que està cuidant el seu pare. Tothom tranquil, doncs.

Fins al 14 de novembre, que el pare torna a trucar al fill i li diu que el vagi a buscar immediatament. El fill, però, no hi va. Ves a saber, potser devia passar allò del conte de Pere i el llop. El cas és que, tres dies després, el 17, l'Ángeles deixa un missatge al telèfon del fill. I sabeu què li diu, en aquest missatge?

Li diu que el seu pare se l'han endut uns colombians.

El fill, fent-se'n creus del merder on s'ha fotut el seu pare, se'n va a parlar amb els mossos, que li recomanen que, abans de denunciar-ho, s'asseguri que no és un altre embolic més.

L'endemà, diumenge, l'Ángeles es troba amb una veïna del replà, la senyora Luisa, que també està sortint a treure la brossa, com ella. I a la senyora Luisa li crida molt l'atenció una cosa: la bafarada de perfum que surt de dins del pis! No era normal, ves.

I tres dies després, l'Ángeles es presenta al CAP dient que l'han segrestat i que al seu pis hi ha un home mort.

Tornem al cadàver i al lloc dels fets. Recordeu que a la banyera, concretament a l'aixeta, hi havia una empremta? Doncs sabeu de qui era l'empremta? De l'Ángeles.

I recordeu que a dins de la banyera hi havia els budells? Per què? La tesi dels investigadors és que, per desfer-se del cos, l'Ángeles el va voler buidar perquè no pesés tant.

Els forenses van establir que els cops al cap podien ser la causa de la mort —l'home estava estès a terra, al costat del llit—, i també que els talls que tenia a les extremitats eren perfectament compatibles amb un intent d'esquarterament molt maldestre. La víctima tenia talls a la carn que arribaven fins a l'os, fets amb un ganivet molt gran. Com que aparentment l'os era massa dur per al ganivet, l'única solució alternativa que se li havia ocorregut a l'assassí havia sigut dislocar el genoll per arrencar-lo de la cama.

Al costat del cos hi havia una caixa amb uns guants de làtex. Us en recordeu? Doncs bé: les proves d'ADN deien que a la part de fora hi havia ADN del difunt i a la de dins de l'acusada.

Què va passar? Doncs sembla que aquell bon home es va negar reiteradament a anar al notari a donar l'herència a la dona que el cuidava i que tampoc no li va voler posar el pis a nom seu. Ella es devia emprenyar i li va començar a clavar cops al cap. Si no fos pel que hem explicat, podríem arribar a pensar que tot plegat va ser un rampell o un moment d'ofuscació. Però tot portava a fiscals i jutges a pensar que havia sigut un pla premeditat. Cal tenir en compte que la pròpia filla va anar a declarar explicant els plans de la mare!

Un cop mort el Josep, segurament va morir el dia 16, l'Ángeles va voler desfer-se del cos tallant-lo a trossos, però no se'n va sortir. Després va intentar cremar-lo, i tampoc se'n va sortir. Entre una cosa i l'altra ja havien passat cinc dies i el cos s'havia començat a inflar, a treure líquids i a fer molta pudor. I aquí és quan, presumiblement, s'inventa la història del segrest.

L'octubre del 2014, un jurat popular la va trobar culpable per unanimitat i l'Audiència de Lleida la va condemnar a vint-i-un anys i cinc mesos de presó —els vint-i-un anys són per l'assassinat i els cinc mesos per profanació de cadàver—. L'Ángeles, però, ho va continuar negant i va recórrer al Tribunal Superior de Justícia de Catalunya i després al Suprem.

Els segrestadors del relat de l'Ángeles Sala no van aparèixer mai, i tots els tribunals van ratificar la condemna. Tot això va passar al carrer Sant Ruf de Lleida, un carrer petitó que durant quatre dies, per culpa d'una mala persona, va fer molt de tuf.

El crim de Can Morgat

Diu la llegenda que el Morgat estava llaurant les terres, a prop de Banyoles, i va sentir una veu potent i sentenciosa que li deia: «Morgat, Morgat, agafa els bous i ves-te'n a casa. Morgat, Morgat, ves-te'n a casa o seràs negat».

El Morgat, sorprès i espantat, va anar a refugiar-se a casa seva i, llavors, tot el pla es va enfonsar com per art d'encantament i van començar a sortir onades gegantines que es cargolaven feréstegament, i van engolir correus i arbredes. L'aigua es va estendre i es va formar el gran bassal que avui és l'estany de Banyoles.

Afegeix la llegenda que l'estany va aparèixer com un càstig diví en una època en què la contrada vivia sotmesa al vici i la disbauxa, i que el Morgat va ser avisat i salvat de desaparèixer sota les aigües com a premi a la seva recta conducta.

250.000 anys després (les llegendes no tenen edat, ja ho sabeu), l'11 de novembre de 1998, allà mateix, a Can Morgat, va morir assassinat d'un tret al pit un noi de trenta-cinc anys que treballava de professor en un institut. L'embolic per trobar el culpable va ser tan fosc que encara dura.

Era un dimecres de novembre. A quarts de dues de la

matinada, després d'haver sopat amb els companys de feina, l'Imma torna a casa. Ella i el seu company, el Bartomeu, de trenta-cinc anys, viuen a la casa dels masovers de Can Morgat.

Can Morgat és un mas molt gran, aïllat, a l'altra banda de l'estany de Banyoles si ens ho mirem des de la ciutat. La finca era propietat dels germans Tarrés, de Girona, que en aquella època hi anaven a passar els caps de setmana. La caseta que antigament ocupaven els masovers l'havien llogat a l'Imma i el Bartomeu, una parella a qui els agradava la pau i la quietud del pla de Banyoles. Hi vivien molt bé, allí.

A quarts de dues de la matinada del dimecres 11 de novembre de 1998, l'Imma ja n'ha tingut prou, de festa, i se'n torna a casa. Fica la clau al pany per obrir la porta, fa voltar la clau un parell de vegades i obre. En aquell moment no hi dona cap importància, és normal. La porta estava ben tancada, com sempre. L'Imma entra mirant de no fer soroll, perquè suposa que el seu company, el Bartomeu, dorm. El gos, un gos d'atura, surt a rebre-la com sempre i de seguida li marca la direcció del menjador, on hi ha el llum encès. L'Imma hi entra i troba el Bartomeu a terra en mig d'un bassal de sang. Encara respira. Nerviosa i espantada, com és lògic, truca a urgències.

Però ni a l'ambulància ni a la clínica de Banyoles no poden fer res per salvar la vida del Bartomeu Cabello Venzala, de trenta-cinc anys.

Què coi ha passat?

La sang li surt del pit; sembla que hi té un forat. S'ha punxat amb alguna cosa? L'han apunyalat?

Aparentment, i per la dimensió del forat del pit, podria ser que l'haguessin apunyalat amb un tornavís, perquè el forat és molt petit; però quan els forenses s'ho miren bé, veuen que és un forat de bala. El Bartomeu ha mort per culpa d'un tret al pit. Té una bala del calibre 22 incrustada al pulmó. El calibre 22 és dels petits, i s'utilitza tant en pistoles com en rifles.

Amb la noia en estat de xoc, els mossos repassen la situació. El cos del noi era a pocs metres d'una finestra oberta. No és normal tenir una finestra oberta, de nit, al novembre. A terra, per les marques de la sang, queda clar que en Bartomeu s'ha arrossegat uns metres. S'ha arrossegat ell sol? Es pot deduir que anava en direcció al telèfon, segurament per demanar ajuda, però ha perdut molta sang i s'ha desmaiat.

Les conclusions de l'autòpsia, pel que fa a la ferida que presentava la víctima, mostraven que la bala havia fet una trajectòria molt i molt curiosa. Li va travessar la part tova de la mà, entre l'índex i el polze, i tot seguit li va perforar el pit i li va quedar allotjada en un pulmó. El Bartomeu Cabello va tenir una agonia llarga. Van calcular que quan el va trobar la seva companya, devia fer unes tres hores que havia rebut l'impacte de bala. Durant aquelles tres hores el Bartomeu va intentar en va arrossegar-se fins al telèfon per demanar ajuda. La seva companya se'l va trobar a terra, encara amb vida, i amb el gos d'atura fent-li companyia.

Quan els investigadors l'hi pregunten, l'Imma recorda que la porta estava ben tancada i que ha hagut de fer dues voltes amb la clau. La casa estava endreçada i no hi havia senyals de lluita ni de robatori.

Una de dues: o bé qui va disparar al Bartomeu va entrar i sortir per la finestra, o bé no va entrar en cap moment a la casa. Però, qui podia voler matar el Bartomeu Cabello? I per què?

El Bartomeu Cabello Venzala tenia trenta-cinc anys i era professor de gimnàstica a l'Institut d'Ensenyament Secundari de la Bisbal d'Empordà. Els mossos pregunten a l'entorn i als amics, i tothom coincideix a dir que portava una vida d'allò més discreta i normal, que era un noi molt senzill i estimat i que fins i tot havia obtingut les millors valoracions dels alumnes en una enquesta que s'havia fet feia poc a l'IES de la Bisbal.

Els forenses fan notar una cosa important als investigadors: el fet que la bala travessés primer la mà, entre el dit polze i l'índex, i després penetrés al pit, podria indicar que el Bartomeu va estendre la mà oberta endavant com demanant que no li disparessin o intentant protegir-se o parar el tret.

La inspecció ocular del lloc dels fets mostra més coses que els investigadors incorporen al cas. A la finestra que van trobar oberta no hi ha cap marca ni cap taca de res, però, just al costat, per la part de fora, han trobat sang en un test. Els mossos s'atreveixen a plantejar una primera hipòtesi: el Bartomeu va sentir un soroll, va obrir la finestra, i algú, des de fora, segurament de baix cap a dalt, li va disparar.

Però qui? I per què?

La consternació per la mort del Bartomeu és immensa; i les circumstàncies, el fet que l'hagin assassinat d'un tret al pit, provoquen desconcert i por. La gent està espantada i els mossos, desconcertats, ja fa un dia i mig que investiguen i no troben cap mòbil per al crim.

L'autòpsia determina alguna cosa més. El tret es devia disparar cap a les deu del vespre —recordem que l'Imma no va arribar fins a quarts de dues de la matinada—. Calculen que devien ser prop de les deu perquè la ferida al pit ja havia començat el procés de cicatrització i perquè la víctima ja havia sopat.

Els mossos recorren totes les masies i cases veïnes per preguntar si algú va veure o sentir alguna cosa estranya aquella nit, però ningú no va veure ni va sentir res. Res de res.

Amb tot, en una observació més minuciosa de l'entorn, els mossos es fixen en un detall nou. Molt a prop de la casa hi ha un fanal trencat i, per la manera com s'ha trencat i com han caigut els vidres, sembla que també li hagin disparat un tret.

Tot i que no s'ha trobat cap beina de bala a prop del fanal, la companya del Bartomeu diu que està convençuda que el dia abans aquell fanal funcionava correctament. Els investigadors s'atreveixen a desenvolupar una mica més la hipòtesi que creuen més probable: el Bartomeu estava tranquil·lament dins de casa seva quan va sentir un tret i el soroll del fanal esmicolant-se. Va obrir la finestra per mirar què coi estava passant i va enxampar algú, segurament amb un rifle, molt a prop de casa seva.

Per cert, disculpeu: m'he descuidat de dir que els forenses creuen que la bala es devia disparar a una distància d'entre deu i quinze metres. Per tant, segurament, el botxí i la víctima es van veure les cares. Sembla, doncs, que queda descartada la hipòtesi anterior que li haurien disparat des de sota la finestra.

Continuem amb la nova hipòtesi: la víctima sent soroll

a fora, obre la finestra, treu el cap i, o bé interpel·la la persona que ha disparat el tret, o se la troba ja apuntant-lo amb el rifle i només té temps de parar la mà per protegir-se, però el tret l'hi travessa i li forada el pulmó.

Per què? Ningú no en té ni idea. Qui? Encara menys.

Les investigacions s'enfoquen cap a la bala i l'arma que l'ha disparat. El calibre 22 és un tipus de projectil que s'utilitza molt en tir olímpic, perquè aconsegueix una gran precisió. El 1998 les bales de calibre 22 eren les més barates.

Els investigadors fan una llista de possibilitats i les van descartant.

El mòbil passional és el primer que es mira i el primer que es descarta. El robatori també es descarta, perquè tot sembla indicar que l'assassí no va entrar a la casa, on, per altra banda, no hi havia res desendreçat. Les investigacions no aporten cap indici que tingués enemics ni males companyies. No poden parlar, doncs, d'una revenja, ni de res relacionat amb drogues.

Els mossos comencen a pensar que podria tractar-se d'un homicidi, en certa manera, accidental. És a dir, algú dispara al fanal, el Bartomeu l'escridassa emprenyat i l'autor del tret el vol espantar disparant-li a prop, la bala encerta la mà i se li acaba incrustant al pulmó. Ves a saber.

El cas és que els mossos decideixen revisar totes les armes de la comarca que disparin calibre 22.

Paral·lelament, han anat rebent trucades de gent que vol assenyalar alguna persona en concret o facilitar alguna informació que, en principi, hauria d'ajudar.

Una d'aquestes persones els diu que a la zona hi acostuma a caçar un furtiu. Després de les primeres investigacions, però, la hipòtesi del furtiu es descarta, perquè caça amb escopeta de cartutxos, i no amb un rifle o una carrabina del calibre 22.

El dissabte 14 de novembre, tres dies després que el matessin, el professor Cabello és enterrat a Porqueres. Al funeral hi assisteixen més de cinc-centes persones, incloent-hi dos autocars d'alumnes de l'institut de la Bisbal. La jutgessa que porta el cas no ha permès que l'incineressin i ha ordenat enterrar-lo, per si calgués analitzar alguna cosa més del cos.

De moment, la policia continua sense trobar el nord. L'absència de mòbil i el fet que la víctima no tingués ni mala vida ni males companyies els té molt desorientats, fins al punt que es veuen obligats a fer cas dels rumors o dels anònims. Per això, quan algú els diu que als voltants de l'estany hi ha grups de persones que juguen a jocs de rol, els investigadors es plantegen si el Bartomeu Cabello podria haver sigut víctima d'un joc de rol i comencen a investigar la gent de la zona que té fama de jugar a aquestes coses, però no troben res de res.

Una altra de les coses que fa ballar el cap als mossos és que, si bé els forenses diuen que la bala es va disparar a una distància d'entre deu i quinze metres, a la zona no s'hi ha trobat cap beina, i això pot voler dir dues coses: o bé que la bala es va disparar amb un revòlver, que no escup la beina, o que l'autor del tret es va preocupar de recollir-la per no deixar cap rastre. En aquest cas, hauria recollit dues beines, la de la bala que va trencar el fanal i la de la que va matar el professor.

Més d'una vegada hem sentit els especialistes en investigacions que un crim, quan no es resol de manera ràpida, entra en una fase molt complicada i necessita temps i paciència. El crim de Can Morgat, l'homicidi del Bartomeu Cabello, havia entrat en una fase en què calia molta paciència. Hi havia una certa pressió mediàtica, perquè els mossos eren una policia novella i havien d'afrontar amb totes les conseqüències un cas d'investigació peculiar, com recorda la periodista Tura Soler d'*El Punt Avui*: «No estàvem parlant que haguessin assassinat una persona entre bandes rivals de narcotraficants, sinó que era una persona honesta, honrada, ben reconeguda entre la societat, un professor de gimnàstica, d'un institut on tothom se l'estimava. Hi va haver mostres de suport fins i tot d'un institut d'Andalusia que havien fet algun intercanvi amb ells. Vull dir que era una persona que no s'entenia per què l'havien assassinat, i hi havia moltes ànsies de resoldre aquell cas. A banda que els mossos s'estaven estrenant com a policia judicial».

Però es van produir dos fets que van sacsejar una mica la investigació. D'una banda, els mossos van rebre una nota anònima on es deia que el crim l'havien comès dos comercials que feien ruta per Banyoles en una furgoneta blanca. Una denúncia interessant, encara que poc concreta i difícil d'investigar, però que, òbviament, es té en compte i tindrà el seu paper més endavant. El segon element va ser un estirabot judicial.

A finals del 1998 els Mossos d'Esquadra de l'àrea de Girona, amb l'inspector Manel Castellví al capdavant, fan una roda de premsa de balanç de l'any i Castellví, interpellat per com van les investigacions del crim de Can Morgat, fa unes declaracions aparentment inofensives: «Hem obert una nova línia d'investigació i creiem que el cas pot quedar resolt ben aviat, abans de l'estiu amb seguretat».

Tothom rep aquestes paraules amb sorpresa i satisfacció. Bé, tothom no; la titular del Jutjat d'Instrucció número 4 de Girona, Loreto Campuzano, que porta el cas, s'enfada molt. Primer renya l'inspector Castellví i després li obre diligències per un possible delicte de revelació de secrets sumarials. Això provoca un gran desconcert al cos de Mossos, especialment entre els caps, que no entenen aquesta duresa amb l'inspector Castellví per unes paraules a les quals ningú havia donat gaire importància. Ves que no hi tingués alguna cosa a veure el fet que aquell any 1998 fos l'any que els Mossos d'Esquadra s'acabaven de desplegar pel territori, és a dir, que s'acabaven d'estrenar, com recordava la Tura Soler, i que la jutgessa Campuzano no volgués donar una «primera» lliçó a l'inspector Castellví per fer-li saber qui manava.

Després sabrem com va acabar l'expedient per revelació de secrets. Ara tornem a la nova línia d'investigació que se suposa que havia de portar a resoldre el crim de Can Morgat «ben aviat, abans de l'estiu».

Seguint el fil de l'arma que podia haver disparat una bala del calibre 22, els mossos ja no investiguen ningú de Porqueres, el municipi on vivia la víctima, ni de la Bisbal, on treballava; estan acumulant detalls sorgits d'interrogatoris i els encreuen amb les dades de propietaris d'armes ja no només de la zona, sinó de tot Catalunya, per establir un llistat d'armes sospitoses.

La investigació del crim de Can Morgat avançava lentament. Mentrestant, els Mossos, en un intent de guanyar-se la població quan tot just acabaven de substituir la Guàrdia Civil, anunciaven la intenció de conèixer cada racó del món rural i de fer que els pagesos els coneguessin. Amb aquest objectiu, van començar a fer un catàleg de tots els masos de la regió policial de Girona i una nova versió dels mapes de camins per poder arribar amb rapidesa a tots els indrets on se'ls pogués requerir.

Els mossos eren joves i acabaven d'arribar, i això, segurament, despertava certes reticències, dubtes, inquietuds o fred de peus entre jutges, jutgesses i, sobretot, altres cossos policials. De seguida sabreu per què dic això.

Amb l'inspector dels mossos investigat per la seva pròpia jutgessa, que l'acusa de revelar secrets per haver dit que tenien una línia nova d'investigació, dos mesos després de la mort del Bartomeu Cabello, a principis de gener del 1999, arriba la notícia d'una operació policial en què es detenen tres persones. Es tracta d'una operació de la Policia Nacional i s'anuncia que un dels detinguts tenia una arma que s'hauria pogut utilitzar al crim de Can Morgat.

Esperarem, doncs, les proves de balística, però expliquem una miqueta més aquella operació. Ja hem dit que l'any 98 va ser l'any del desplegament dels Mossos pel territori; això volia dir que el que s'entén per «seguretat ciutadana» ara era competència de la policia catalana. I fa un moment us he parlat del fred de peus de les altres policies, oi? Doncs bé, la Policia Nacional espanyola, sense dir-ne res als Mossos, la nit del 10 a l'11 de gener, desplega una vintena de GEO, agents d'elit, i alguns més de la UDYCO, (Unida de Drogas y Crimen Organizado) en una perillosa operació que portarà sorpreses.

Rodegen el mas Martí, un casalot del segle XVIII al terme municipal de Corçà, i hi entren de matinada.

En l'operació detenen tres persones, entre elles el Juan Bosch, conegut com el Patata. La policia el buscava perquè es veu que havia participat en un tiroteig al Paral·lel de Barcelona en què havia quedat ferit un agent de policia.

Aquest senyor, el Patata —el malnom li venia de la parada de patates que tenia el seu pare al mercat del Born—, tenia un historial de robatoris i d'enfrontaments amb la policia una mica llarg. Pertanyia a una banda que, en un altre tiroteig, havia ferit de gravetat l'inspector en cap de la brigada d'atracaments. A part d'això, se'l vinculava també amb l'assassinat a sou d'un empresari i amb diversos enfrontaments amb la policia, incloent-hi uns fets a Bèlgica en què un agent havia quedat ferit.

Un peça, vaja! Però, què pot tenir a veure el Patata amb el professor de gimnàstica de l'institut de la Bisbal?

Mentre s'empassen el mal humor perquè la policia espanyola ha desplegat els GEO i ha assaltat una masia del Baix Empordà sense avisar-los, els mossos es trenquen les banyes intentant esbrinar possibles connexions entre un professor d'institut ben vist i estimat per tothom i un delinqüent perillós, acusat de nombrosos robatoris i atracaments amb violència.

Malgrat la detenció d'aquest personatge —gràcies a un confident— i a la troballa d'una pistola del calibre 22, els mossos continuen sense veure-ho clar. No troben res sòlid ni prou seriós, i comencen a pensar en una nova hipòtesi. I si tot plegat va ser una confusió? I si l'homicida pretenia passar comptes amb l'inquilí de Can Morgat però s'havia confós? És a dir, va matar qui no era?

Es veu que Can Morgat havia tingut diversos inquilins. Abans que el Cabello hi havia viscut un home que treballava de pintor. I, abans d'ell, un escultor. Podia ser que algun d'aquells inquilins anteriors tingués comptes pendents amb el Patata?

Tant busquen en les vides del Bartomeu Cabello i del Patata, que troben una primera coincidència: algú diu que tots dos són nascuts a l'Hospitalet. Els mossos continuen remenant i intentant reconstruir la vida del Bartomeu Cabello, però a l'institut de la Bisbal no saben trobar cap taca estranya que pugui enterbolir ni una mica la plàcida vida del professor de gimnàstica. Algú explica que, un parell de cops a la setmana, el Bartomeu Cabello no dinava a l'escola.

Pot ser que durant aquells migdies en què no dinava a l'institut, en l'hora que tenien per dinar, el Bartomeu Cabello hagués establert contacte amb el Patata o algun dels seus socis?

No es pot descartar mai res, perquè ja se sap que la vida dona moltes voltes i ens té preparades moltes sorpreses. I, preguntant, preguntat, resulta que el Patata havia viscut a la Bisbal —que recordem que és el poble on treballava la víctima—. Remirant els arxius, la policia troba que, quan vivia a Barcelona, el Patata havia generat problemes perquè es dedicava a fer pràctiques de tir contra la façana de la seva pròpia casa.

El Patata tenia afició a disparar contra les parets i el Bartomeu Cabello el van matar quan va treure el cap per una finestra per veure qui havia disparat contra un fanal de casa seva?

N'hi ha prou amb tot això, per establir una connexió sòlida entre víctima i botxí? Què diuen les proves científiques?

Tres dies després de la detenció del Patata i de trobar-li una pistola del calibre 22, l'anàlisi comparativa entre la bala que va matar el professor i l'arma del Patata deixava les coses clares: no era l'arma del crim.

I en què va consistir aquesta anàlisi? Doncs la policia va agafar la pistola confiscada i, en una galeria de tir, va disparar uns quants trets. Es van comparar les bales disparades per la pistola del Patata amb la bala que va matar el Bartomeu, i les marques que feia la pistola Astra no coincidien de cap manera amb les marques que tenia la bala assassina.

Al cap d'uns dies també es va saber que la família del Bartomeu Cabello estava molt enfadada perquè s'hagués donat crèdit a una possible vinculació entre el professor de gimnàstica de la Bisbal i uns atracadors violents. A més a més, el Bartomeu Cabello no havia nascut a l'Hospitalet, sinó a Barcelona. O sigui que, dos mesos després del crim, tot quedava, una altra vegada, en paper mullat.

Descartat, doncs, el Patata, l'única via que es manté oberta és la de buscar totes les armes que disparin bales del calibre 22. Es busca a tot Catalunya perquè l'estany de Banyoles és un lloc molt visitat i podria ser que ho hagués fet algú de pas. A més a més, han parlat amb tota mena de testimonis i més d'una persona els ha dit que aquell dia hi havia una furgoneta blanca que no era habitual als voltants de l'estany.

El registre d'armes el té la Guàrdia Civil, i surten centenars de candidats amb permís d'armes que declaren tenir-ne una del calibre 22. Els mossos, havent vist les marques que deixa una pistola en una bala, descarten les armes curtes i elaboren el que creuen que podria ser un «retrat robot» de l'arma homicida. Se centren en les carrabines de tir esportiu del calibre 22 i els surt una llista de gairebé cent candidats.

Primer contacten telefònicament amb el propietari de l'arma i després hi concerten una cita. Els mossos van a casa del tirador, li fan disparar uns quants trets, en recullen els projectils disparats i els comparen amb la bala que va matar el professor de la Bisbal. A finals de gener del 1999 no s'ha trobat cap coincidència. No hi ha cap sospitós. Els investigadors continuen sense tenir ni idea de qui va disparar un tret al pit a l'inquilí de Can Morgat.

I, sense sospitosos de la mort del professor Bartomeu Cabello, ens plantem al maig del 1999. Recordeu que el desembre del 98 els mossos havien organitzat una roda de premsa per fer balanç del seu desplegament al territori? I que l'aleshores inspector Castellví havia dit als periodistes que el cas es resoldria aviat, segurament abans de l'estiu? I que la jutgessa s'havia emprenyat i li havia obert diligències per revelació de secrets sumarials? (Collons, si ho fessin amb tot el que té relació amb el procés, haurien de crear una dotzena de jutjats nous!)

Doncs el dilluns 10 de maig de 1999 l'inspector Castellví, investigat per un delicte de revelació de secrets sumarials, va haver de passar el mal tràngol de declarar davant del titular del jutjat número 3, que aleshores era don Alberto de los Cuetos. En aquell moment Castellví era el coordinador de la regió policial de Girona i s'enfrontava a una imputació que li podia suposar d'un a tres anys de presó i la inhabilitació. Molt content no devia estar, l'home. I, per acabar-ho d'adobar, encara no tenien ni una pista sobre l'assassinat que, indirectament, havia provocat aquella imputació.

El cas és que, mentre van analitzant les carrabines de tir del calibre 22, els mossos continuen sense poder enfocar cap a un objectiu clar la seva investigació; fins que, creuant declaracions de testimonis i altres informacions, apareix la sorpresa: un sospitós clar.

Han detectat un home jove que té una carrabina del calibre 22 —fins aquí res de l'altre món, perquè n'hi ha un centenar, a Catalunya— i que condueix una furgoneta blanca. Això ja el fa particularment interessant per als investigadors. Hi ha alguna cosa més? Sí, aquest noi treballa de comercial i cada dimecres passa per Banyoles.

Són elements que fan que se'l posi el primer a la llista de sospitosos. Era a aquest sospitós, a qui es referia l'inspector Castellví quan, el desembre passat, va declarar que aviat resoldrien el cas? Em temo que no, perquè la coincidència de pistes sobre aquest comercial es va trobar al febrer, i no al desembre.

Però deixem a part l'inspector i centrem-nos en el sospitós: els mossos també han visitat les armeries —no n'hi ha tantes—, i en una els han dit que un noi que tenia una carrabina del 22 hi va comprar una mira làser. Tant els mossos com l'armer coincideixen que les mires làser, generalment, s'utilitzen per disparar de nit. A més a més, l'home diu que està gairebé segur que el sospitós pel qual li pregunten els mossos va comprar la mira làser dies abans del crim de Can Morgat.

La cosa se li comença a complicar molt, al nou sospitós, un comercial que treballa per a una empresa de Girona i que es diu Josep.

Els policies investiguen possibles connexions entre el comercial propietari d'una carrabina del 22 amb mira làser i el professor mort d'un tret al pit amb una bala del 22, i no hi troben vinculacions directes. La hipòtesi més raonable que se'ls acut és la següent: el Josep i un amic es mouen pels voltants de l'estany de Banyoles. Dic «i un amic» perquè algun testimoni va parlar de «dos homes». Can Morgat és al costat d'una carretera, i allí mateix hi ha un camí que porta a una de les rutes de senderisme. S'hi pot aparcar bé. Els dos amics baixen del cotxe i van a caçar de nit; a caçar o a fer el brètol, provar la carrabina i estrenar la mira làser. Passen per Can Morgat i el comercial dispara a un fanal. El Bartomeu Cabello surt a la finestra, pot ser que discuteixin o pot ser que no, i, per espantar-lo, o fins i tot per casualitat, li disparen un tret que li forada primer la mà i després el pulmó.

Els investigadors, amb aquesta hipòtesi damunt la taula i amb dades importants que la poden reforçar, van a visitar el Josep i se centren en un detall: quan va comprar la mira làser? El Josep els assegura que va ser després del crim de Can Morgat. Tenim el venedor d'armes que ha dit als mossos que el sospitós va comprar la mira làser abans del crim, i el sospitós que diu que va ser després. Menteix?

Amb tot, els mossos no ho devien veure clar perquè no es van decidir a detenir el Josep. Això sí, el van investigar molt —tant a ell com al seu entorn— buscant l'altre comercial que, segons l'anònim, viatjaria amb ell.

Mentre els mossos investigaven el sospitós del crim de Can Morgat, van ser detinguts els vertaders segrestadors de la Maria Àngels Feliu, la farmacèutica d'Olot que havia passat 492 dies en captiveri.

La detenció dels segrestadors d'Olot va acaparar tota l'atenció mediàtica. La mort del professor Bartomeu Cabello quedava en un pla molt més llunyà i les investigacions avançaven poc. Tot i així, els mossos continuaven fent seguiments i investigant l'entorn del comercial sospitós, fins que el tal Josep es va enfadar i el 9 de juliol, cinc mesos després que fos considerat sospitós, va adreçar-se a la premsa per queixar-se'n. Per ser més exactes, va anar a veure la Tura Soler: «Un dia em contacta un noi que es diu Josep Riquelme. Aquest noi, el que ve a explicar és que vol queixar-se de l'assetjament a què l'estan sotmetent els Mossos d'Esquadra en relació amb el crim de Can Morgat. Però no és només el Josep Riquelme; també el seu cap a l'empresa, que diu que és insofrible el que se li està fent al Riquelme, la seva família, els seus amics, els companys de feina i la mateixa empresa. Que el noi està a punt de tenir una depressió i que alguns clients han deixat de comprar-li perquè li tenen com por».

El Josep Riquelme també diu que va oferir la carrabina als mossos perquè la sotmetessin a una prova de balística. Els va assegurar que feia un any i mig que aquella arma no es disparava i els la va oferir perquè ho comprovessin. Els mossos no van voler fer cap prova de balística; li van dir que s'estalviés de dir-los com havien de fer la seva feina i van començar el que Riquelme anomena un assetjament a la seva persona. I de retruc a la seva xicota, la seva exdona, el seu exsogre, el seu patró, els seus companys, els seus clients... Tots ells van patir interrogatoris encarrilats a descobrir si Riquelme era una persona agressiva, si acostumava a dur l'arma al cotxe i moltes qüestions de caire personal.

També es queixava que un company seu que la temporada passada havia anat de cacera amb ell al vedat de Foixà, d'on Riquelme era soci, havia hagut de resseguir tota la ruta que havien fet acompanyant els mossos. Riquelme fins i tot havia descobert uns mossos que el fotografiaven d'amagat.

Un mes després que el Josep Riquelme es queixés públicament d'aquesta persecució, els mossos van fer saber, també públicament, que el descartaven com a sospitós i dirigeixen les investigacions cap a un altre home.

A mitjans de setembre, d'altra banda, la imputació de l'inspector Castellví va quedar en no res perquè el jutge que l'investigava per revelació de secrets sumarials va decidir que les declaracions que havia fet el cap dels mossos de Girona no suposaven cap mena d'infracció penal.

Castellví es treia, doncs, un pes de sobre, però no podia dir que estigués content, perquè les declaracions que havia fet assegurant que el cas es resoldria «segurament, abans de l'estiu», no s'havien complert. Deu mesos després del crim de Can Morgat, el cos de Mossos continua sense tenir res important. El cas està agafant la direcció d'un calaix i, el que és pitjor, de l'arxiu.

Però ja sabeu que la vida és plena de sorpreses.

Recordeu que els mossos van rebre una nota anònima que assenyalava «dos comercials que fan ruta per Banyoles en una furgoneta blanca»? Doncs bé: els mossos havien declarat que deixaven d'investigar Riquelme per veure si es relaxava, però al cap d'un temps la jutgessa el va citar a declarar com a investigat. I no només això: també li van fer proves cal·ligràfiques per veure si la lletra de l'anònim era seva. Tant ells com la jutgessa consideraven que potser el mateix sospitós havia escrit l'anònim, especificant que els autors eren dues persones, per despistar.

Però no era la seva lletra. Amb tot, els mossos van continuar investigant —minuciosament— tots els comercials que passaven per la zona i van acabar trobant qui havia escrit l'anònim. I sabeu qui l'havia escrit? Com és la bèstia humana, eh? Doncs l'anònim l'havia escrit un altre comercial, enemistat, potser, amb el Josep Riquelme. Ves a saber: potser no aconseguia guanyar-lo en vendes i se'l volia treure del damunt amb trampes.

En fi, tot plegat va fer que es descartés el comercial Josep Riquelme, que s'havia comprat un visor làser per al seu rifle del calibre 22.

A partir d'allí, la investigació va quedar totalment «encalaixada». Cada any, pels volts de l'11 de novembre, els mitjans de comunicació, sobretot els de la zona, recordaven que el cas continuava sense resoldre, un any més.

El Bartomeu Cabello va morir la nit de l'11 de novembre de 1998. Quatre anys després, la seva mare va escriure una carta al diari adreçada a l'homicida o homicides, perquè ella creia que eren dos.

> Jo em segueixo preguntant com sou capaços de viure sense remordiments. No sabeu el mal que ens heu fet. Segurament vosaltres també teniu pares i germans; pregunteu a les vostres mares què sentirien si a vosaltres us fessin el mateix. Si sabéssiu com us odio, i no sé si ho faig més com a assassins o com a covards i miserables.

L'any 2005 es va arxivar provisionalment el cas i es va deixar d'investigar en espera que aparegués algun detall que, per casualitat o no, permetés encarar una línia d'investigació fiable.

Però l'any 2011, quan ja havien passat tretze anys de la mort del Bartomeu Cabello, els familiars van voler reobrir el cas. La hipòtesi de la família i amics del Bartomeu tenia l'origen en un fet que havia passat exactament un mes abans del crim: l'accident de la barca *L'Oca* en què van morir ofegats a l'estany de Banyoles vint-i-un jubilats francesos.

L'accident va passar el 8 d'octubre de 1998 a la riba de l'estany que toca a la ciutat. El Bartomeu Cabello i la seva nòvia vivien a Can Morgat, exactament a l'altra banda de l'estany. Un dels propietaris de la barca es deia Bartomeu Gayolà. La hipòtesi que plantejaven els familiars per reobrir el cas era que algun familiar d'algun dels jubilats morts a l'estany s'hauria volgut venjar del Bartomeu Gayolà, propietari de la barca *L'Oca*, i hi hauria enviat un sicari. L'assassí a sou hauria arribat buscant el Bartomeu i algú li hauria dit que vivia en una casa al costat de l'estany, a Can Morgat. I com que se suposa que els assassins a sou primer disparen i després pregunten, hauria matat un Bartomeu equivocat.

Que l'homicida fos francès explicaria, segons els denunciants, per què no s'havia trobat mai l'arma homicida. Hauria vingut de França, hauria disparat i hauria tornat a marxar. És clar que també podia tractar-se d'un familiar venjatiu, perquè un rifle del calibre 22 no és, precisament, una arma utilitzada per assassins a sou.

Per tot plegat, un advocat, en nom dels familiars del Bartomeu Cabello, demanava al jutjat que es reobrís el cas i es fes una investigació exhaustiva dels familiars i de l'entorn de tots els jubilats morts a l'accident de *L'Oca*. Demanaven, concretament, que s'investigués si l'any 1998 algun d'ells era titular d'una arma del calibre 22 i si n'hi havia algun amb antecedents policials o que fos caçador, membre de l'exèrcit, de les forces de seguretat o practicant de tir olímpic.

No els van fer cas.

El novembre del 2018 es van complir vint anys del crim de Can Morgat, vint anys de la mort del Bartomeu Cabello Venzala, i això vol dir que el crim ha prescrit. Ni que el mateix que el va matar confessés el crim, ja no se'l podria jutjar.

La mort venia en camió

Aquestes històries comencen quan es troba un cadàver. Trobem, doncs, el cadàver. Ens hem de traslladar al dia 3 de novembre de 2006 i anar cap a les comarques gironines, concretament a Hostalric, una vila d'una mica més de 4.000 habitants a la comarca de la Selva.

A Hostalric s'hi viu bé, és un poble bonic i tranquil, amb un equip de futbol a les categories regionals, l'Atlètic Club Hostalric.

Aquell novembre de l'any 2006, una veïna del poble treu a passejar els seus dos gossos pels voltants del camp de futbol. La zona que es fa servir habitualment d'aparcament és gran i al costat de les graderies hi ha molt terreny perquè els animals puguin córrer i jugar. Però la dona es fixa que els gossos, en lloc de córrer per tot el descampat com altres dies, borden al darrere d'una muntanyeta de runa. Què hi deu haver, allí? Mentre la dona s'hi acosta a mirar què hi ha, van i venen bordant molt fort, com avisant-la d'una descoberta important.

No és una zona gaire apartada del poble, és ben bé a tocar del camp de futbol i molt a prop d'un polígon industrial. També és a prop d'una filera de cases adossades d'aquelles que van proliferar als pobles catalans arran del boom immobiliari. Però el punt concret per on passeja la dona és una zona de poc pas; allí hi has d'anar expressament. Hi ha petits munts de runa de gent que ha fet obres i l'ha llençat allí, al darrere del camp de futbol, i també les branques, amuntegades, dels arbres públics que s'han esporgat.

Avui, els gossets, que normalment no paren de bellugar-se, li marquen un punt concret. Quan la senyora hi arriba, té un ensurt monumental.

A primer cop d'ull es pensa que està adormida, però quan s'hi apropa del tot li queda molt clar que és una dona morta, una noia jove, totalment despullada, bocaterrosa.

A hores d'ara he vist moltes imatges de cadàvers i gent ferida, però la foto de la noia d'Hostalric és una de les més impactants. És com una nina de porcellana, de pell molt blanca, fina, ajaguda bocaterrosa en una posició que sembla una pintura, amb els braços mig oberts a banda i banda, sense cap marca aparent.

Quan hi arriben els mossos, el contrast entre la dolçor que desprèn el cos d'aquella noia i el que descobreixen tan bon punt la giren els deixa esgarrifats.

Abans de donar-li el tomb per mirar-li la cara observen els voltants i no hi troben res significatiu. Està completament despullada, no hi ha roba enlloc; ni roba ni documentació. Qui és? Es veu que és jove, molt jove. La primera cosa que crida l'atenció dels investigadors és que té restes de cabells a les espatlles. Com quan vas a la perruqueria i et tallen els cabells. Doncs ella en tenia molts a la part superior de l'esquena.

Giren el cos i comencen a veure coses que seran importants. La noia té marques d'haver estat escanyada amb una corda; i per la coloració de la pell, no fa gaire estona que és morta.

La policia catalana veu una altra cosa que acabarà sent determinant per a la investigació: «Se observan marcas de neumáticos realizadas posiblemente por un camión con los ejes articulados».

El cos de la noia va ser trobat en un lloc ple d'herba però que estava enganxat a la zona d'aparcament del camp de futbol, que era de terra. I és en aquest espai, a pocs metres del cadàver, on es veuen les roderes del camió i també dos solcs que podrien coincidir perfectament amb les marques d'arrossegament d'un cos. A les cuixes, els genolls i, sobretot, la part superior dels peus del cadàver, s'hi veuen unes rascades que, com diu l'intendent Bascompte, fan pensar que l'han arrossegat.

On acaben o, més ben dit, on comencen les marques d'arrossegament, hi ha les marques d'unes rodes grans, de camió, i es veu perfectament que són d'un tràiler —o del que tècnicament se'n diu un camió articulat. La terra de la zona és blanquinosa, i la marca de les rodes ha quedat clarament impresa a l'asfalt quan el vehicle ha sortit de la zona de sorra i ha entrat a la zona asfaltada.

En aquella època els ajuntaments urbanitzaven terrenys per atraure indústries i empreses, i els carrers d'aquella zona estaven asfaltats de feia poc i l'asfalt era encara molt fosc, de manera que les marques de les rodes del camió es veien molt clarament.

Els mossos decideixen demanar les filmacions de les càmeres de seguretat de les empreses del polígon, a veure si han captat la imatge d'algun camió o alguna cosa que els permeti seguir alguna pista.

Mentrestant, a comissaria intenten esbrinar qui és la noia i embastar la investigació. Així és com ho explica l'intendent dels Mossos d'Esquadra Jordi Bascompte.

> Tenim una noia nua, deixada allà, en principi suposadament morta per escanyament, en espera del que l'autòpsia pugui dir més endavant. És una noia molt prima. Semblava de l'est, pels trets físics, i, a més a més, amb el pubis depilat, cosa que en aquells anys era molt propi de les noies que es dedicaven a la prostitució. I en un lloc, la Nacional II, que estava molt freqüentada per noies que es dedicaven a aquesta feina.

Els mossos envien patrulles a parlar amb tantes prostitutes com sigui possible, a veure si troben alguna cosa. Porten una foto de la noia i la van ensenyant per si algú la coneix.

Paral·lelament, busquen càmeres de seguretat i s'adonen que tindran diversos problemes i molta feina. A la zona hi ha uns quants carrers per on podria haver passat el camió i bastantes càmeres de seguretat. Però de seguida veuen que les càmeres enfoquen sempre a les portes dels edificis que vigilen, i no a la carretera. Se les hauran de mirar una per una per veure si n'hi ha alguna amb un angle de visió que els ajudi. No serà fàcil i serà llarg.

Dos dies després que es trobés el cos, un ciutadà búlgar presenta una denúncia a la comissaria de Figueres. Diu que la seva dona, també búlgara, ha desaparegut. Es diu Miglena Petrova. Li ensenyen les fotos del cadàver i la reconeix. Sí, és ella. Segons explica ell mateix, la Miglena feia de prostituta a la carretera, prop de Sant Julià de Ramis. Els mossos es desplacen a la zona i parlen amb totes les prostitutes que troben, fins que en troben una que els dona una pista crucial.

> Se localiza una señora que ejercía la prostitución cerca de donde ejercía Miglena y esta manifiesta que el día 2 del 11, a las 10 de la mañana, se detuvo un camión cisterna de color blanco con matrícula alemana. El conductor solicitó sus servicios. Quería atarla, no accediendo a sus pretensiones.
>
> Acto seguido manifiesta que su compañera (Miglena) sí subió al camión.

Demanen a la testimoni que els ajudi a fer un retrat robot del conductor i que descrigui tan bé com pugui el camió. La dona diu que era un camió blanc i li sembla recordar que era un camió cisterna, però no en recorda res més.

Els investigadors burxen els encarregats de revisar les gravacions de les càmeres de seguretat: «Va, nois, cal buscar un camió cisterna blanc».

Mentrestant, les patrulles dels Mossos reconstrueixen les possibles rutes des del lloc on la testimoni diu que treballava la Miglena i on va pujar al camió, fins a Hostalric, on la van trobar morta. Confien que en alguna gasolinera o en alguna empresa que tingui càmeres de seguretat s'hagi filmat alguna cosa.

Com més hores d'imatges miren, més decebuts estan, perquè, com ja he dit, les càmeres enfoquen a la porta de les empreses, i no pas a la carretera.

Però, de vegades, a la vida dels investigadors hi ha cops de sort. Mentre uns continuen buscant imatges de càmeres de seguretat, uns altres van a la frontera amb França, tant a l'autopista com a la Nacional II, a veure si localitzen un camió cisterna blanc que marxi. La idea és parar-lo i comprovar si ha estat a la zona del crim. De moment, però, res de res.

A Girona, però, un dels agents que feien treball de camp entra molt esverat a comissaria: «Tenim una gravació!».

Al polígon industrial d'Hostalric, davant d'on s'havia localitzat el cos de la noia, una empresa acabava de canviar les càmeres de seguretat i el vigilant que se n'ocupava, per provar-les, o per assajar, o per jugar amb el joguet nou, es va dedicar una estona a moure una de les càmeres, a fer panoràmiques, zooms... Va veure un camió, va fer zoom i en va fer una foto perfecta.

Quines coses té la vida, oi?

I ara agafeu-vos fort a la cadira, perquè comença un viatge absolutament al·lucinant. Ens trobarem una altra mostra que la vida, la realitat, és una guionista insuperable.

A les imatges de la càmera de seguretat es veu clarament el camió cisterna blanc, però no es veu la matrícula. I això que no era de nit, tot just la mitja tarda passada, i encara hi havia claror. Segur que és aquell camió?

Els mossos miren i remiren les imatges i veuen que a la cisterna hi ha un logo, el logo de l'empresa de transport: Schmidt Ibérica. Ep, ja tenim un fil important per estirar. Busquen per internet i troben que es tracta d'una empresa alemanya amb delegació a Espanya i, òbviament, hi truquen. Si la primera sorpresa ha sigut la càmera de seguretat, ara ve la segona. Els mossos truquen a la companyia, que té oficines a Tarragona.

—Schmidt Ibérica?

—Sí.

—Li truco dels Mossos d'Esquadra de Girona. Vostès tenien un camió a la zona d'Hostalric el dia 2 de novembre?

—Un moment, que l'hi consulto.

Passen uns instants que al mosso se li fan eterns.

—Sí, efectivament. Un camió nostre va fer una descàrrega a Sant Feliu de Buixalleu.

—N'està segur?

—I tant. Controlem els camions per GPS. Sabem on són en tot moment.

—I també saben el conductor?

—Si no hi va haver cap anomalia, sí.

Doncs ja tenim localitzat el camió i l'home que el conduïa. L'empresa ha mirat els seus registres, i aquell dia el camió el conduïa un alemany de nom Volker Eckert. Portava un carregament de plàstic granulat i, poc després del migdia del dia 2 de novembre de 2006, havia descarregat 20.000 quilos d'aquell producte a la factoria de Neoplàstic, a Sant Feliu de Buixalleu.

Recordem un parell de detalls horaris. La testimoni va dir que la Miglena havia pujat al camió a les deu del matí. El camió descarregava a Sant Feliu al migdia i el procés de descàrrega va durar dues hores. On era la noia, mentrestant?

Podria ser que fos a dins de la cabina del camió? A la fàbrica de Buixalleu ningú no va veure res estrany ni es va fixar en el camioner ni si anava acompanyat? Podria ser que la noia fos a dins de la cabina? Viva? Lligada? Morta?

Les fotos captades per la càmera de seguretat del polígon d'Hostalric mostren imatges de mitja tarda. O sigui que l'home va descarregar i se'n va anar cap al polígon d'Hostalric? Això confirmaria que la Miglena era dins del camió! Que hi va ser tot el dia!

Cal interrogar immediatament el camioner alemany. L'empresa de transports vol col·laborar, però els Mossos no tenen jurisdicció a Alemanya i han de demanar al jutge de Santa Coloma de Farners, que és qui porta el cas, que emeti una euroordre de detenció. Qui la supervisa és l'intendent Bascompte.

> El dia 14 de novembre el jutge fa la petició d'ordre de cooperació judicial. En aquest interval de temps (des del 2 de novembre) nosaltres hem identificat la noia, hem identificat el camió, hem identificat el conductor i hem demanat a la policia alemanya que ens enviï fotos del camió i del conductor. Anem a la companya de carretera de Miglena perquè ens digui si l'home de la foto és el mateix que el del camió on va pujar la noia. Ja tenim suficient càrrega de prova per dir-li al jutge: «Faci una ordre de detenció europea d'aquest paio».

I un cop el jutge alemany veu que l'ordre de detenció és coherent i està ben fonamentada, que no hi ha invents ni s'han fabricat delictes, sinó que tot es basa en realitats i en una acurada investigació, accepta que es detingui el Volker Eckert i que els mossos vagin a Alemanya a interrogar-lo. El crim es va cometre el dia 2; el dia 3 es va trobar la noia morta, i el 14 de novembre de 2006 s'aconsegueix detenir el presumpte assassí.

Ningú, absolutament ningú, esperava trobar-se el que

es van trobar els policies a la ciutat de Hof, al land de Baviera, una ciutat de 50.000 habitants on viu el Volker Eckert, un home de quaranta-set anys de qui els veïns d'escala diuen que és molt amable amb els nens perquè sempre els porta regals quan torna de viatge.

L'ordre europea de detenció s'envia el dia 14 de novembre de 2006, i el 17, tres dies després, els policies catalans i alemanys arriben a l'empresa Schmidt Ibérica, a Hof, a detenir el camioner. Els agents estan neguitosos i encuriosits. Estan a punt de detenir el principal sospitós d'haver escanyat una dona, d'haver-la arrossegat despullada per terra i d'haver-la llençat en un descampat. Una de les coses que es pregunten tots és per què el cadàver devia tenir aquells trossets de cabells a les espatlles.

Enxampen el paio a l'aparcament de la companyia, entre molts altres camions i camioners. En cap moment hi oposa resistència.

> —Tinc una mica de mal el cap. Puc anar a la cabina del camió, que hi tinc un medicament? —va dir el Volker.
>
> —D'acord —va respondre el policia alemany que liderava l'operació—, però venim tots amb tu.

Els investigadors van creure oportú pujar a la cabina abans que ell, no fos cas que hi tingués una arma. Al cap d'un moment se'ls glaçava la sang.

A la guantera hi havia un calaixet amb un plec de fotografies Polaroid de dones escanyades i del camioner practicant sexe amb els cadàvers. I no eren poques dones. Una d'elles era la Miglena. Al compartiment de la llitera hi havia un armariet, i, a dins, un munt de bosses de plàstic transparent amb cabelleres de dona. Cada bossa de plàstic, una cabellera. Els mossos de seguida van entendre per què la Miglena tenia trossets de cabells a les espatlles. Allà dins hi havia fotos d'unes quantes dones, cabelleres d'unes quantes dones i roba interior d'unes quantes dones.

Havien anat a buscar l'assassí d'una noia i havien descobert un assassí en sèrie. I sabeu què va dir als policies just després que li trobessin tot allò a la cabina?: «Ja era hora que vinguéssiu. Heu tardat molt. No podia parar».

Repassem què més van trobar els agents dins de la cabina del camió: a més de les fotos i de les bosses amb cabells, hi havia diferents peces de roba de les pobres dones que havien passat per aquell camió de la mort. Aquella cabina era un autèntic museu dels horrors.

Un cop detingut, el porten a comissaria i, com si fos el protagonista d'una pel·lícula —perquè aquestes coses només passen a les pel·lícules—, comença a confessar barbaritats.

> Quan comencem a parlar amb el Volker, confessa una sèrie d'homicidis. Un l'any 74, al seu poble natal. Un altre a Bordeus, entre el 1999 i el 2000. Un altre homicidi que ens afecta als Mossos, el de Beatriz Díaz, una noia que no sabíem què li havia passat exactament. N'havíem trobat les restes, una mà, un braç i alguna cosa més, en un descampat. També era prostituta. Ell confessa que la va matar el 17 d'agost de 2001, quan ella practicava la prostitució a la N-II prop de Maçanet de la Selva. El cos va ser trobat el 9 d'octubre de 2001.

Però les confessions no es van acabar aquí. També era l'assassí d'una noia trobada morta a l'Eix Transversal, a

Sant Sadurní d'Osormort. L'intendent Bascompte ha de repassar els papers per recordar tants homicidis.

> El Volker confessa que el febrer del 2005 mata una altra noia que recull a la carretera i que abandona el cadàver a l'Eix Transversal. Havia nevat i, gràcies al fred, el cos de la noia es va conservar bé. Havia desaparegut el febrer del 2005 i el cos es va trobar al març.

Després que el detingut confessés tres crims a Catalunya, un a França i un altre a Alemanya, els policies van veure que l'abast d'aquella investigació era europeu. Sense esperar-s'ho s'havien trobat davant un assassí en sèrie internacional. Aquell paio havia actuat per tot Europa!

La policia va demanar a l'empresa de transport més informació sobre el Volker. Treballava de camioner des del 2000 i era un dels que més viatges havia fet per tot Europa. Quan van estudiar les rutes que havia seguit, es van esgarrifar. Feia gairebé sis anys que es movia per tot Europa, especialment per Itàlia, França, Gran Bretanya i Catalunya.

I llavors va començar la burocràcia.

A Europa hi ha un organisme que es diu Eurojustice i que, més enllà de la Interpol, —o, millor dit, per sobre de la Interpol, amb més jerarquia que la Interpol—, agrupa els aparells judicials dels països membres de la Unió Europea.

> Es va fer una reunió a Eurojustice i allà es va acordar que, tenint en compte que la legislació alemanya ho permetia, ells poden jutjar un nacional per crims comesos fora del seu territori. Tenint en compte això, tots els estats implicats, que en aquell moment eren França i Espanya, van

> acordar transferir tota la investigació a Alemanya perquè ells acabessin la instrucció i el jutgessin per tots els crims. Llavors els alemanys van fer una feina molt llarga de veure tots els recorreguts que aquesta persona havia pogut fer des que havia començat a moure's en camió. Havia estat a Itàlia, França, Gran Bretanya, a països de l'Est... I es va demanar a tots aquests països, via Interpol, si tenien noies desaparegudes o cadàvers de dones trobats en carreteres o situacions similars i que no estiguessin resolts.

En van sortir quaranta, de casos sense resoldre.

Les policies de França, Itàlia, Gran Bretanya, Espanya, Alemanya i algun altre país del nord d'Europa van comptabilitzar que tenien un total de, almenys, quaranta casos sense resoldre de dones assassinades i trobades en carreteres. El Volker Eckert n'havia reconegut sis, però no havia dit res de les altres. Els alemanys es van posar a investigar-ho i el detingut va col·laborar-hi del tot. L'Eckert va explicar a un psiquiatre de Munic, el doctor Norbert Nedopil, que, quan era un nen i vivia en una petita ciutat de l'Alemanya de l'Est anomenada Plauen, li agradava jugar amb una nina de la seva germana petita, la Sabine. Li encantava acariciar aquells cabells tan llargs de la nina. Un dia, quan tenia nou o deu anys, es va agenollar al costat del seu llit acariciant els cabells de la nina mentre es fregava contra el matalàs, i va tenir un orgasme.

Li va agradar tant que va començar a fer-ho sovint.

Al cap de poc, a les golfes de casa, va trobar una perruca de la seva mare. També li agradava. Com més feia servir la nina i la perruca, més s'obsessionava amb els cabells com a objecte de desig. Als dotze o tretze anys va començar a cansar-se del pèl artificial. Com va dir al doctor Nedopil, per a ell seure a classe mirant els cabells de les companyes, cabells reals, cabells llargs, era un turment. Volia acariciar-los de la mateixa manera que havia acariciat els de la nina i la perruca de la mare. Segons va explicar al psiquiatre, es va arribar a convertir en una obsessió tan aclaparadora que hi va haver moments en què fins i tot va deixar de menjar. A poc a poc, la idea de la violència va anar germinant en la seva ment: si alguna vegada pogués dur a terme el seu somni, ho hauria de fer sotmetent la noia. Durant mesos va jugar amb aquella fantasia mentre practicava estrangulant la nina abans de tocar-li els cabells.

El psiquiatre va destacar al seu informe que quan el Volker tenia tretze anys, el 1973, els seus pares es van separar. Ell va entrar en còlera, li va robar el cotxe a la mare i va desaparèixer durant setmanes, fugint de la policia en una llarga persecució, fins que el van agafar i el van tancar una temporadeta a la presó.

El 7 de maig de 1974, dos mesos abans de fer els quinze anys, va pujar a la terrassa comunitària, al pis de dalt de casa seva, va travessar-la fins a l'altre extrem i, amb una escala de galliner, va baixar cap al passadís que hi havia davant del pis d'una de les veïnes, la Silvia Unterdorfel, una companya de classe que s'asseia davant seu i que tenia els cabells llargs, com la seva mare.

La noia va obrir la porta i el va deixar entrar perquè ell li demanava que l'ajudés en un treball de classe. Quan va veure que no hi havia ningú més a casa, l'Eckert va decidir posar en pràctica la fantasia que tantes vegades havia assajat. La va agafar pel coll amb totes dues mans i l'hi va prémer fins que la noia va caure inconscient i ell va poder enfonsar les mans als seus cabells. En aquell moment la Silvia encara respirava, però el Volker va suposar que allò li portaria problemes i va seguir la seva lògica. Va agafar el cordill d'un estenedor, en va lligar l'extrem al pom d'una porta per intentar que semblés un suïcidi, i la va matar. Va tornar al pis, es va masturbar recordant el que acabava de fer i es va menjar tot el que va trobar a la nevera.

Tot i que el padrastre de la Silvia era un oficial de policia que estava segur que la noia no s'havia suïcidat; tot i que durant l'agressió, en algun moment, una canonada d'una estufa s'havia desenganxat de la paret; tot i que era pràcticament impossible d'entendre com aquella nena podia haver-se penjat del pom d'una porta, el cas es va tancar.

Tot plegat havia passat a l'antiga Alemanya de l'Est, i els policies que van acabar investigant els crims de l'Eckert van concloure que potser les autoritats del moment havien preferit no burxar en aquell cas de la fillastra d'un oficial de la Volkspolizei, no fos cas que es convertís en un escàndol.

Aquest va ser el començament d'un patró de fracàs total de les autoritats, ja que, durant més de tres dècades, tots els recursos de l'Europa moderna no van servir per aturar l'Eckert. Ningú es va adonar del rastre de dones, algunes inconscients, algunes mortes, que anava deixant per tot el continent.

Es coneix la majoria de la seva activitat dels últims sis o set anys. El 1999, als quaranta anys, l'Eckert es va convertir en conductor de camions de llarg recorregut, una feina que, segons ell mateix va admetre, va triar expressament per les oportunitats que se li presentaven per complaure les seves fantasies. Planejava els viatges i atacs «com un nen que espera el Nadal», va escriure el psiquiatre Nedopil. A principis dels dos mil l'Eckert no era només addicte als cabells de les dones, sinó també a l'acte de l'estrangulació en si.

Va confessar que el 21 de juny de 2001, quan viatjava per França, va deixar el camió en un carrer de prop de l'estació de ferrocarril de Bordeus, al sud-oest de França, i va contractar una prostituta nigeriana anomenada Sandra Osifo. Tenia vint-i-un anys. La va triar perquè tenia uns cabells llarguíssims, que al final va resultar que eren una perruca. La va portar al camió i, al cap d'una hora, la va matar. Quatre dies més tard, el seu cos va ser trobat en una cuneta a la mateixa carretera, noranta quilòmetres al nord. La policia de Poitiers la va identificar, però no s'hi va escarrassar gaire, per trobar-ne l'assassí.

Dos mesos més tard, l'agost del 2001, a Catalunya, l'Eckert va recollir la Isabel Beatriz Díaz a Lloret de Mar. Més tard va confessar a la policia que, quan va començar a estrangular-la a la cabina del camió, la noia va lluitar amb força, però la va sotmetre i la van violar mentre la matava.

Va llençar el cos a fora de la cabina, a prop de l'autopista de Maçanet de la Selva. No el van trobar fins passats dos mesos. Ningú no havia denunciat la desaparició de la noia. Els mossos no van aconseguir fer cap progrés en la recerca de l'assassí.

Com tampoc no van arribar enlloc les investigacions policials a França després de l'assassinat de la Benedicta Edwards, de vint-i-tres anys, de Sierra Leone, que treballava com a prostituta a Troyes i que va ser estrangulada i abandonada despullada en un camí l'agost del 2002. L'Eckert no va confessar mai aquest crim, però en aquella època estava treballant per aquella zona i va retirar diners amb la seva targeta de crèdit a Troyes just abans que un camió, el seu, recollís la noia. De la mateixa manera, la policia de la República Txeca no va poder identificar el cos d'una dona estrangulada que van trobar despullada a l'autopista prop de Pilsen el juny del 2003. L'Eckert tampoc no va confessar aquest crim, però de nou es va poder comprovar que en aquell moment es movia per aquella zona.

En algun moment va començar a utilitzar una càmera Polaroid per fer fotos dels cadàvers, als quals tallava els cabells, i a conservar-ne «trofeus», com ara roba, bosses o maquillatge. I com que ningú no l'aturava, els assassinats van continuar: una dona ghanesa, l'Ahhiobe Gali, al nord-est d'Itàlia el setembre del 2004; una altra de russa, la Mariy Veselova, a Sant Sadurní d'Osormort, a l'Eix Transversal, el febrer del 2005; una polonesa, l'Agneska Bos, al nord-est de França l'octubre del 2006; i, el novembre del 2006, la Miglena Petrova Rahim, de vint anys, de Bulgària, a Hostalric. Aquesta va ser la víctima final, el dia que una càmera de seguretat va fotografiar el camió de l'Eckert.

Més enllà d'aquests nou assassinats —sis dels quals reconeguts per ell mateix i els altres tres demostrats per la policia—, els investigadors que es van fer càrrec del cas van trobar evidències de tres assassinats més. Les notes trobades al camió de l'Eckert indicaven que havia matat una dona desconeguda a França el febrer del 2005 i dues més a mitjans anys noranta a la República Txeca.

En l'escorcoll de casa seva la policia va trobar-hi més fotos. Algunes eren imatges de dones retallades de revistes; però altres eren fotos de veritables víctimes, amb els nusos al voltant del coll i notes sobre el que els havia fet. Volker Eckert escrivia una mena de diari.

> Avui fa dues setmanes vaig tenir la possibilitat d'estrangular una puta jove, cabells llargs de color castany. Estava sola a la carretera i li vaig somriure. Quan va entrar al camió i vaig veure aquell cos tan bonic, aquells cabells llargs i suaus, aquella cara guapa i aquells pits tan bonics, em vaig excitar com mai.
>
> Lligar-la despullada costava setanta euros. Quan ja la tenia despullada i la volia lligar, de sobte li va agafar por i va voler baixar del camió. Es va aixecar per vestir-se i jo vaig agafar la corda per posar-l'hi al coll i estrangular-la, però se'n va adonar i va començar a cridar. La vaig agafar per darrere, amb totes dues mans al coll, i li vaig prémer la gola. Es va defensar poc, però al cap d'un minut va poder obrir la porta, va saltar a fora i es va posar a córrer. Vaig sortir molt ràpid darrere seu i el meu odi cap a les putes va ser més fort que mai. Però avui, just dues setmanes més tard, per fi he escanyat una altra puta guapa de cabells suaus.

Algunes d'aquestes dones no han estat identificades mai. Sota el llit li van trobar una nina de cautxú decorada amb pèl i altres trofeus que havia recollit de les seves víctimes.

Buscant en el passat de l'Eckert, la policia va trobar un rastre de violència que començava amb el primer assassinat, el 1974, i arribava fins a l'etapa en què havia començat a conduir camions. I mentre que les autoritats europees de l'oest ni tan sols s'havien adonat que hi havia un patró d'homicidis que calia investigar, les antigues autoritats alemanyes de l'Est havien aconseguit, com a mínim, arrestar-lo tres vegades, tot i que no van saber reconèixer l'amenaça que suposava.

Un cop detingut, van sotmetre l'assassí a múltiples exàmens psiquiàtrics —ell es va prestar a tot—, i va resultar que tenia un quocient intel·lectual de 109, que es veu que està per sobre de la mitjana. És a dir, que era un paio intel·ligent. També van arribar a la conclusió que sentia menyspreu per les dones i que es mostrava molt tímid a l'hora de relacionar-s'hi.

L'Eckert semblava entusiasmat d'explicar-ho tot al psiquiatre Nedopil. Segons ell, quan era petit, a casa seva, la dolçor la posava el pare; la mare no li havia fet mai ni carícies ni petons, i a més era una dona molt agressiva. Quan els seus pares es van separar, a principis dels setanta, ell en va culpar la mare perquè havia fet el pare fora de casa, i es va jurar a ell mateix que no es deixaria menysprear mai per una dona. Odiava aquella mare que no l'havia acariciat ni petonejat mai, i que ara, a més, feia fora de casa el pare, l'únic que aportava una mica de dolçor a la família.

Els especialistes també li van fer proves físiques, perquè no s'acabaven de creure que aquells traumes d'infantesa —si és que se'n pot dir traumes— haguessin creat aquell monstre, i es plantejaven la possibilitat que hi hagués alguna cosa física, alguna alteració particular al cervell.

A principis del 2007 li van fer una ressonància magnètica del cervell i es veu que van sortir unes taques brillants a la regió del cervell, en el punt on es controlen les emocions. Un neuròleg va arribar a dir que podria ser que, de petit, hagués tingut una vasculitis que ningú hagués detectat i que aquella inflamació dels vasos sanguinis li hagués atrofiat la regió del cervell on es genera l'empatia cap als altres.

L'havien arrestat per primer cop el 1974, quan després de la separació dels seus pares va robar el cotxe de la seva mare. Aleshores va ser sentenciat a divuit mesos de presó. En va sortir el 1975. Mentre treballava amb el seu pare com a pintor de parets, va començar a passejar-se a les nits pels carrers de Plauen buscant «dones idònies».

No se sap quantes dones va atacar en aquella època, però el 1978, quan tenia dinou anys, la policia de l'Alemanya de l'Est el va arrestar per segona vegada, després d'enxampar-lo estrangulant una dona al carrer de nit. Va ser condemnat a dos anys i vuit mesos per assalt sexual. Va sortir l'any següent en llibertat condicional.

L'Eckert va explicar al doctor Nedopil que, durant un temps, sabent que la policia tenia el seu ADN, va intentar reprimir la seva inclinació. Quan els seus pares van morir, amb pocs dies de diferència, va intentar distreure's tenint cura dels seus germans més petits, un noi i una noia, però aviat els va portar a viure amb la tia; i, un cop sol i lliure de responsabilitats, se li va acabar l'autocontrol. Durant els següents vuit anys va atacar unes trenta dones diferents pels foscos carrers de Plauen i les va deixar inconscients. Va intentar establir alguna relació de parella, però sempre acabava estrangulant-les. Aparentment, durant aquesta prolongada orgia d'agressions, no el van denunciar ni arrestar mai.

L'abril del 1987, quan l'Eckert tenia vint-i-set anys, la Heike Wunderlich, una noia de divuit anys, va ser estrangulada mentre anava de la feina a la universitat i abandonada, nua, als boscos dels voltant de Plauen. Vint anys més tard, la policia va arribar a la conclusió que havia estat obra de l'Eckert, que era a la zona, no tenia cap coartada i havia agafat el costum d'atacar les dones d'aquella manera. No obstant això, la policia local, que en el moment dels fets ja el va investigar, continuava insistint que l'Eckert no havia tingut res a veure amb els fets. Curiosament, a mitjans dels anys vuitanta corria per Plauen un altre home que es dedicava a estrangular dones. Es dona la circumstància, però, que quan la Heike Wunderlich va ser assassinada aquest home ja era a la presó. Per tant, si no va ser l'Eckert, hi havia tres homes que es dedicaven a estrangular dones, en aquell poble tan petit?

Més tard, aquell mateix any, l'Eckert, va ser arrestat per tercera vegada, després d'atacar a Plauen dues dones joves que van poder identificar-lo. Ell es pensava que les havia matat, però es van refer i van poder fer una descripció de l'agressor i la roba que portava tan precisa, que al cap de pocs dies, quan l'Eckert va entrar en una comissaria per renovar-se el passaport, un agent el va reconèixer i el van arrestar.

En aquesta ocasió li va caure una condemna de dotze anys per intent d'assassinat. Però només va complir una part de la sentència. Després d'unes quantes sessions de tractament, el psicòleg, tot i estar al cas de les fantasies sexuals d'aquell reclús, va concloure que se'l podia alliberar perquè no era cap perill. Així doncs, el 1994, després de només sis anys de presó, va sortir en llibertat.

Aleshores el mur de Berlín ja havia caigut i l'Eckert es va traslladar a Hof, a l'antiga Alemanya Occidental. En mig del caos burocràtic de l'Alemanya Oriental postcomunista, es va perdre la paperassa que hauria d'haver passat a la policia de Hof, i el Volker Eckert va quedar net d'antecedents penals.

Fins i tot després, quan ja havia confessat sis assassinats, el novembre del 2006, la burocràcia i la incompetència «oficials» van continuar treballant a favor seu.

Quan el cas va arribar a mans de la policia de Hof (Alemanya), tenien tanta feina investigant tres assassinats més a la ciutat que l'expedient va passar al departament del crim organitzat, l'OKD, tot i que l'Eckert no tenia connexió amb cap tipus de grup del crim organitzat.

L'OKD va crear un equip de quaranta agents dirigits per un dels investigadors de més prestigi, Ralf Behrent, que es va proposar reconstruir els seus moviments de totes les formes possibles concebudes: a través de les targetes de crèdit, dels rebuts de la gasolina, del registre de les empreses de transports, del seu diari i altres notes que havia apuntat darrere les fotos, pagaments a les autopistes i seguiment per satèl·lit dels moviments de trànsit. Van enviar detalls de l'ADN de l'Eckert a trenta-dos països diferents convidant-los a fer-los arribar detalls d'assassinats de dones sense resoldre, de manera que es poguessin comparar amb la reconstrucció dels moviments del camioner.

Així van poder destapar set presumptes assassinats més, a afegir als sis que havia confessat, així com quaranta agressions greus. Finalment van identificar el cos de Mariy Veselova quan ja feia vint-i-sis mesos que era a la tomba sense identificar.

Un excel·lent article al *The Guardian* explica que molts dels investigadors que van treballar en el cas es lamentaven de la profunda frustració que sentien per la manca de cooperació de molts dels serveis policials europeus als quals van demanar ajuda. Només els Mossos, van dir, es van mostrar entusiastes i van enviar agents a Alemanya per ajudar-los en la detenció i l'interrogatori de l'Eckert. Per part dels francesos, belgues, holandesos, txecs o britànics, van obtenir o gens o poc suport. «Cooperació zero del Regne

Unit», va dir una font, «no ens van enviar els seus assassinats sense resoldre, excepte un cas. Ho vam analitzar i vam trobar que l'Eckert estava en un altre lloc en aquell moment». També hi va haver friccions entre l'OKD i la policia de la ciutat natal de l'Eckert, Plauen, que sempre va negar que l'OKD finalment hagués resolt l'assassinat de la Heike Wunderlich el 1987.

Sense connexions adequades, les forces fragmentades d'Europa simplement no es van adonar que tenien un assassí en sèrie voltant per uns quants països. I a més a més l'Eckert jugava amb un altre avantatge: les seves víctimes eren invisibles. Venien de l'Àfrica, de Rússia i de l'Europa de l'Est en general i havien deixat enrere la família i els amics. Ningú les trobava a faltar i ningú en denunciava la desaparició. Algunes havien entrat il·legalment. Totes vivien al marge de la llei, amb proxenetes. I ja se sap que, mentre que si la morta és una princesa, deu anys després el cas encara s'investiga oficialment, una prostituta morta no desperta cap interès.

Els investigadors de l'oficina alemanya contra el crim organitzat, l'OKD, i els seus col·legues de la BKA, la policia federal alemanya, van arribar a la conclusió que més de trenta dones assassinades a tot Europa podrien formar part de la història criminal del Volker Eckert. Només a l'E45, una carretera que va des d'Innsbruck fins al nord d'Itàlia, hi havia quaranta-cinc assassinats de prostitutes sense resoldre. La vulnerabilitat de les prostitutes queda palesa en els testimonis recollits pels mossos i en les pròpies declaracions de l'assassí, que explica que les dones que recollia acceptaven deixar-se lligar per només vint euros més. La necessitat les obligava.

El periodista Nick Davies, del diari *The Guardian*, escrivia això:

> El resultat d'aquesta llarga història de fracàs de les autoritats no és simplement que l'Eckert va poder matar durant més de trenta anys, sinó que fins i tot ara es desconeix l'escala real de la seva violència. Hi ha llacunes en el relat, forats en l'evidència i indicis clars en les seves fotografies Polaroid i les seves notes, obsessivament detallades, que les tretze mortes i les quaranta supervivents són només una part insignificant del que sembla ser la història real.

Com tothom, el Volker Eckert també tenia advocat, Alexander Schmidtgall.

> Quan descriu un atac, ell parla sobre ell mateix en tercera persona. Tenia aquella pulsió a dins i no hi podia fer res. Ell era una víctima d'ell mateix. Sembla que, quan el van localitzar i va convidar la policia a buscar medicaments al camió, ho va fer per assegurar-se que ho descobririen tot i es veuria obligat a aturar els atacs.

Els mitjans de comunicació alemanys el presentaven com un monstre i, ves per on, això, a ell, no li agradava. L'1 de juliol de 2007, mentre estava tancat a la presó de Bayreuth pendent de judici, un dia es va quedar esperant que l'anés a visitar la seva germana petita, la Sabine, la de les nines, per celebrar junts que feia quaranta-vuit anys. Però la germana no s'hi va presentar i li va fer saber que no el visitaria mai més, perquè ella també el considerava un monstre.

L'endemà al matí el van trobar penjat amb la cinta d'una persiana i tots els crims pendents de resoldre van quedar arxivats. Als arxius de les policies europees hi ha casos de com a mínim trenta dones de qui no se'n sap ni la identitat.

Alguna va tenir una mica més de sort, si és que se'n pot dir sort.

Recordeu que es va trobar morta una noia a Sant Sadurní d'Osormort, a l'Eix Transversal, i que vam dir que el seu cos s'havia conservat molt bé perquè havia nevat? El Volker Eckert va confessar que l'havia matat ell, però no en sabia el nom. Ningú n'havia denunciat la desaparició. Doncs bé, dos anys després, els Mossos van desarticular, a la Jonquera, un grup de proxenetes dirigit per russos i europeus de l'est i, de rebot, van desemmascarar un grup de policies i funcionaris que acceptaven diners i favors sexuals a canvi de permetre l'entrada il·legal de dones a Espanya. En el marc d'aquella operació van fer una ràtzia en un puticlub i van detenir les noies i van decomissar els passaports que guardaven els proxenetes que les tenien segrestades i esclavitzades.

Quan van fer el recompte els van sortir més passaports que noies. El que sobrava era el passaport de la dona morta sota la neu. Ningú, ni el seu proxeneta, l'havia reclamat.

Una última cosa: en el moment d'investigar aquest cas vaig posar-me en contacte amb el Ralf Behrent. Està jubilat i viu entre Hof (Alemanya) i Austràlia. Em va confessar que estava trist i decebut perquè, amb el suïcidi del Volker, les autoritats van decidir arxivar el cas quan encara quedaven dinou països per investigar. L'equip de quaranta policies que ell dirigia havia trobat cinquanta-vuit víctimes en cinc països i, repeteixo, quedaven i queden per investigar dinou països europeus per on el Volker Eckert va circular durant sis anys.

El policia jubilat em va ajudar a accedir a l'arxiu estatal on es guarda l'expedient, i allí hi ha els documents amb totes les rutes que va seguir el camioner. Un dia, si puc, intentarem completar la investigació. No tindrà valor judicial, però, com diu el Ralf Behrent, potser ajudarà moltes famílies a saber què se'n va fer de les seves filles. Noies que van marxar de casa buscant una oportunitat i van trobar només la prostitució, l'esclavatge i la mort.

Apèndix

Els guions d'«El crim de la Guàrdia Urbana» (una sèrie produïda per Goroka i True Crime Factory i emesa per TV3 el setembre del 2021)

Capítol I

Els fets

Hola a tothom. Soc Carles Porta, gràcies per acompanyar-nos. Avui comencem una minisèrie de quatre capítols sobre l'anomenat crim de la Guàrdia Urbana de Barcelona. El 4 de maig de 2017 es va trobar un cotxe calcinat en un camí al costat del pantà de Foix, a la línia de l'Alt Penedès i el Garraf. Al maleter del vehicle hi havia les restes, també calcinades, del cadàver d'un home. En l'episodi d'avui coneixerem el que podríem anomenar els fets objectius: què van trobar els investigadors? Si ens voleu acompanyar, us proposem que oblideu tot el que hàgiu pogut sentir d'aquest cas i us poseu a la pell dels membres del jurat popular que el van haver de jutjar, a veure a quina conclusió arribaríeu. En aquesta història, tots els protagonistes són policies, els vius i el mort, i ja sabeu que els morts no poden dir mentides, però els vius sí. Intentarem posar llum a la foscor.

Comencem...

Les bústies del correu electrònic de desenes d'agents de la Guàrdia Urbana de Barcelona reben aquest missatge:

HOLA, SOY ROSA. DESDE QUE SALÍ DE LA ESCUELA ECHABA DE MENOS SEGUIR COMIÉNDOME POLLAS DE POLICÍAS, ASÍ Q'JE AHORA EN LA GUARDIA URBANA YA ME HE COMIDO LA DE UN CAPORAL Y LA DE UN PAR DE GUARDIAS. FOLLO SIN CONDÓN. ASÍ QUE MÁS PLACER PARA TODOS. MIRA LA FOTO QUE TE ADJUNTO.

A la foto s'hi veu una dona guapa, morena, amb una cabellera llisa i llarga, a punt de fer una fel·lació a un home en erecció. A ell no se li veu la cara. És qui fa la foto, a mode de *selfie*. Ella es diu Rosa Peral. És agent de la Policia Local de Barcelona.

No és ella, qui ha enviat la foto. Ella només en pateix les conseqüències. Des del dia que s'ha enviat massivament el correu, tothom la mira de reüll i, irònicament, l'anomenen «la noia de la foto». Ha quedat estigmatitzada per un acte íntim que algú ha volgut fer públic per fer-li mal. La víctima és la dolenta.

12 D'ABRIL DE 2017, MESOS DESPRÉS DE L'INCIDENT DE LA FOTO (DINOU DIES ABANS DEL CRIM)

L'edifici del grup Godó és a la plaça Francesc Macià de Barcelona. Té vint-i-un pisos d'alçada. La redacció de *La Vanguardia* és a la setena planta. Allí, el periodista Toni Muñoz rep la Rosa i l'home que l'acompanya:

> Ens vam citar a *La Vanguardia* i va aparèixer la Rosa Peral acompanyada de la seva parella, vaig entendre. La Rosa portava el cabell planxat, molt negre, i el seu company, el Pedro Rodríguez, em va impactar que se li veien molt els

músculs; era una persona d'una gran envergadura i que era molt, molt fort.

A la Rosa Peral el que li havia passat és que feia pocs mesos que havia entrat a la Guàrdia Urbana, amb vint-i-tres anys, i va ser destinada a una comissaria de Ciutat Vella, on va començar a tenir una relació sentimental amb el que era el seu superior. Aquesta relació va durar uns quants mesos, van mantenir diverses trobades, i quan la Rosa Peral va voler posar punt final a aquesta relació, sembla que, suposadament, aquest sotsinspector no s'ho va prendre gaire bé, va entrar al correu electrònic de la Rosa Peral, sembla que tenia la contrasenya perquè ella l'hi havia confiat, i va enviar una fotografia mentre hi mantenia relacions sexuals a tots els seus contactes, a tot el seu entorn: a familiars, a amics, a tota la gent de la Guàrdia Urbana i també al marit de la Rosa Peral.

A ella li havia passat factura mentre tots els seus companys l'assenyalaven i li deien «la noia de la fotografia», i, en canvi, a l'altra persona no li havia passat factura. Jo volia saber com s'havia sentit com a dona que un superior arribés a fer-li tot allò, no? I al final de l'entrevista sí que va començar a plorar, desconsolada, i va ser en aquell moment quan el Pedro Rodríguez la va envoltar amb el braç i li va dir: «No te preocupes cariño, estoy aquí contigo».

El Pedro és un homenot de metre noranta, cent quilos de pes. En aquest moment de la història, 12 d'abril de 2017, la Rosa Peral i el Pedro Rodríguez fa tres mesos que viuen junts. Tots dos són agents de la Guàrdia Urbana. Es van conèixer a la comissaria de la Zona Franca de Barcelona. La Rosa té dues filles del matrimoni amb el Rubén, un mosso d'esquadra, i el Pedro té un nen del matrimoni amb la

Patricia, també mossa d'esquadra. Tant la Rosa com el Pedro estan en procés de divorci de les seves parelles.

La Vanguardia posa de moda el terme «pornovenjança» i la resta de mitjans s'hi afegeixen. Destaca la notícia que aviat hi haurà judici contra el sotsinspector, de nom Óscar, que se suposa que és qui va penjar la foto.

Telenotícies

«La setmana vinent jutjaran un subinspector de la Guàrdia Urbana de Barcelona que va difondre massivament una foto sexual de la seva exparella com a revenja quan ella el va deixar».

Toni Muñoz (periodista) per a *Crims*

Una de les proves principals amb què compta la Rosa contra aquest membre de la Guàrdia Urbana és una conversa privada entre tots dos que ella, un cop passats els fets, va gravar.

Gravació telefònica

Rosa: A ver, me llamas se supone para que quite la denuncia y sigues sin decirme de dónde ha salido.
Óscar: Vale, ese correo lo envié yo.
Rosa: ¿Lo enviaste tú?
Óscar: Sí.
Rosa: ¿Tú solo?
Óscar: Sí, yo solo.
Rosa: Y por qué me has hecho pensar durante un año y pico... Me has hecho volverme loca. Es que no eres consciente del daño que me has hecho en la Guardia.

TONI MUÑOZ (PERIODISTA) PER A *CRIMS*

Va arribar el dia del judici. També hi havia moltíssima expectació mediàtica.

Sí que va haver-hi una imatge que a mi em va impactar moltíssim, i és que la Rosa Peral, que era la víctima d'aquest delicte de pornovenjança per la filtració d'una fotografia sexual, no va rebre el suport de gairebé ningú del cos policial.

FRANCISCO RUIZ (ADVOCAT DE LA ROSA I AMIC DEL PEDRO) PER A *CRIMS*

Y en esa sala había veinte o treinta policías que venían todos a apoyar al subinspector. Era un día en el que había una presión ambiental muy importante, sobretodo también para Pedro, porque era policía local y en esa sala, en ese pasillo, evidentemente había compañeros de Pedro, superiores de Pedro. Me sorprendió cómo Pedro realmente pasaba con Rosa cogida del brazo y pasando por ese pasillo de policías dándole un soporte emocional que para él debía ser complicado. De hecho, recuerdo que él se hizo el fuerte. Dijo: «No, yo estoy bien, aquí el problema es más bien de Rosa». Y, claro, efectivamente, hasta ese punto te dabas cuenta de que Pedro estaba absolutamente volcado con Rosa en el soporte emocional, como fue esa presión ambiental que hubo el día del juicio.

El judici s'ajorna per un problema amb el procediment.

Xat entre el Pedro i la Rosa

Pedro
Te quiero princesa!!!
Por hacerme feliz
Por enamorarte de mí
Eres lo mejor que me ha pasado en la vida
¿Quieres casarte conmigo?

Rosa
Claro tonto
Sabes que sí

Pantà de Foix
4 de maig de 2017 (tres dies després del crim)

Un ciclista troba un cotxe calcinat en una pista forestal de la zona del pantà de Foix i avisa els Mossos d'Esquadra.

Declaració d'un agent dels Mossos d'Esquadra

Sobre media tarde, sobre cinco y media y seis, encontramos el vehículo completamente calcinado. Aparentaba ser un Volkswagen Golf. En esta inspección, en la parte posterior, en el suelo, yo encontré la matrícula, la cual estaba quemada, pero se veían los números claramente. Ya justo nos íbamos a marchar, y estando de pie en la parte posterior, mi compañero dijo señalando al maletero: «¡Ostras, parece un hueso!».

Félix Martín (fiscal) per a *Crims*

El cuerpo se encontraba enteramente carbonizado. Gran parte del cuerpo estaba incrustado en el maletero del vehículo.

Los médicos forenses tuvieron que hacer una operación muy complicada de intentar extraer lo que pudieron. Sí que se encontraron fragmentos de huesos, que se separaron. Entre otros, pues los de la columna, también de la zona del hioides y algunos fragmentos concretos; pero el cuerpo estaba enteramente carbonizado, lo cual complicó el poder saber en qué forma había muerto.

TONI MUÑOZ (PERIODISTA) PER A *CRIMS*

Però sí que troben una cosa que els permetrà estirar el fil. És una pròtesi de la columna vertebral que porta un número de sèrie.

SERGENT DOMÈNECH (DIVISIÓ D'INVESTIGACIÓ CRIMINAL) PER A *CRIMS*

A l'interior del maleter es va trobar un fragment metàl·lic. Semblava que podia ser compatible amb un projectil. Tenia un aliatge similar al que podria tenir un projectil, un projectil de bala.

FÉLIX MARTÍN (FISCAL) PER A *CRIMS*

El hecho de aparecer un cadáver carbonizado en el maletero de un vehículo te llevaba a pensar en un ajuste de cuentas.

TONI MUÑOZ (PERIODISTA) PER A *CRIMS*

La primera idea que els ve a la ment és que potser es tracta d'una revenja entre bandes llatinoamericanes; en aquell moment, a Barcelona, s'havien produït una sèrie de crims que s'estaven cometent sobretot a la zona del Baix Llobregat i de l'Hospitalet.

Titulars del *Telenotícies*

«Execucions a sang freda i apuntant directament al cap per assegurar el tret».

«Guerra de clans per control del tràfic de drogues a la zona de Barcelona».

«És una banda molt violenta coneguda com "Los Menores"».

«Han deixat sis morts per la guerra interna entre clans que lluiten pel control del tràfic de drogues».

La revenja entre bandes és el primer que els passa pel cap als investigadors, però la informació va de pressa, i de seguida saben que el vehicle no consta com a robat i que està a nom de Pedro Rodríguez.

Sergent Domènech (Divisió d'Investigació Criminal) per a *Crims*

Se t'obren molts ventalls. És a dir, no saps si el vehicle està sostret i no està denunciat; si el titular del vehicle és la persona que està a dintre; si el titular del vehicle pot ser qui seria l'autor... Llavors és important localitzar aquesta persona.

Toni Muñoz (periodista) per a *Crims*

També s'adonen que la dona del Pedro Rodríguez és una agent dels Mossos d'Esquadra de nom Patricia. Quan truquen a la Patricia, els diu que no sap res del Pedro des de fa uns dies, que estan separats i que el Pedro Rodríguez viu en una casa amb una dona que es diu Rosa Peral que també és agent de la Guàrdia Urbana.

Els investigadors van a la casa de la urbanització de Cubelles —no gaire lluny d'on s'ha trobat el cotxe cremat— on els han informat que viuen el Pedro i la Rosa.

És una casa unifamiliar als quatre vents. Quan hi arriben ja és de nit. Els obre la porta una noia de cabells llargs i negres.

Sergent Domènech (Divisió d'Investigació Criminal) per a *Crims*

Som dos agents, un caporal i jo. Baixa la Rosa i pregunto pel Pedro, i ens diu: «Ostres, el Pedro no hi és. Fa dos o tres dies que ha marxat, que es va enfadar i no sé on és». Ens va dir concretament que el dia 2, el dimarts, va agafar i va marxar. «Ens agradaria parlar amb tu, sisplau. Vine a comissaria, que t'hem de comentar alguna cosa». I ens va dir que no podia marxar, que tenia les nenes a dalt a casa, que estaven dormint, perquè eren cap a les onze, dotze de la nit i no podia abandonar el domicili. I llavors li vaig dir: «Bé, doncs anem a un lloc més tranquil, entrem a dintre. Perquè necessitem comentar-te una cosa que és important». I ens va dir que no. I llavors vaig optar per dir-l'hi allà mateix, al carrer: «Mira, al pantà de Foix s'ha trobat el vehicle del Pedro, i a dintre del maleter hi hauria el cos d'una persona i no sabem si és el Pedro o no». Vaig veure que ella estava molt freda, molt neutra, i vaig pensar: «Ostres, potser no se n'ha adonat, que li hem dit que dintre del maleter del vehicle del Pedro hi ha un cadàver».

Titulars del *Telenotícies*

«Els Mossos investiguen la troballa d'un cadàver al costat del pantà de Foix».

«Un cotxe totalment calcinat i, dins, un cadàver del qual només queden els ossos».

«La troballa macabra sobre la qual encara hi ha moltes incògnites. La més important, la de qui és la víctima, encara no s'ha resolt».

5 de maig de 2017 (quatre dies després del crim)

La reacció freda de la parella de la víctima crida l'atenció dels Mossos. L'endemà, quan va a declarar a la comissaria de Vilanova i la Geltrú, la Rosa confirma que el Pedro portava una pròtesi a l'esquena i explica més coses.

Sergent Domènech (Divisió d'Investigació Criminal) per a *Crims*

La Rosa ens diu que el dia 2 de maig, dimarts, després d'anar a Hisenda i abans de dinar, van tenir una discussió de parella sense importància i el Pedro va marxar. I des de llavors no l'havia vist més.

Declaració de la Rosa Peral

Pedro se ha enfadado y Pedro se ha ido. Teníamos nuestras discusiones de pareja, como cualquiera, porque teníamos una relación...

Sergent Domènech (Divisió d'Investigació Criminal) per a *Crims*

Va agafar el cotxe i va marxar, i des de llavors ella no el veu més.

La Rosa ensenya el mòbil als Mossos que li estan prenent declaració.

Sergent Domènech (Divisió d'Investigació Criminal) per a *Crims*

I diu: «Mira, veus? L'última notícia que he tingut d'ell és aquest missatge, que l'envia el dia 2 de maig...».

Missatge de whatsapp del Pedro a la Rosa

Pedro
Cosita
No te enfades
No te quiero contar para no implicarte en mis cosas
Apago que no quiero que me esté vibrando el móvil

Sergent Domènech (Divisió d'Investigació Criminal) per a *Crims*

I ella ens explica que el Pedro tenia problemes amb la seva exmuller amb el tema del fill que tenien en comú; que el Pedro estava bastant abatut o tenia... Estava com depressiu, perquè estava expedientat pel problema que havia tingut a la carretera de la Rabassada.

El periodista Toni Muñoz ens explica a quin problema es refereix el sergent Domènech.

15 d'agost de 2016 (nou mesos abans del crim)

Toni Muñoz (periodista) per a *Crims*

El Pedro Rodríguez ja portava uns mesos suspès de sou i feina per haver apallissat un motorista a la carretera de la Rabassada mentre estava de servei. Aquell dia es trobava fent un control de trànsit a la carretera de la Rabassada. És una zona molt concorreguda pels motoristes. Hi va anar acompanyat del seu company de patrulla i van tenir un incident en què un motorista molt jove, de divuit anys, que portava la moto trucada i, a més, no portava les rodes reglamentàries, quan va veure que la policia el volia aturar, els va esquivar i va seguir endavant. Això va molestar el Pedro Rodríguez, perquè va considerar que havien estat a punt d'atropellar-lo, i aleshores, ràpidament, tant ell com el seu company de patrulla van agafar les motos i el van començar a perseguir fins que finalment el van poder aturar a l'altura de la gossera municipal. El Pedro Rodríguez, fora de si, s'abraona sobre aquest motorista. I allà és on es produeix aquesta agressió.

2 de maig (l'endemà del crim)

Tornem a la declaració de la Rosa. Diu que el Pedro està passant un mal moment per culpa d'aquest incident amb un motorista i perquè no es posa d'acord amb la seva dona per la custòdia del fill. A més, explica la Rosa, també té una relació molt complicada amb el Rubén.

Declaració de la Rosa Peral

La mala relación que tiene con Rubén, sus enfados, es verdad que se ponen denuncias cruzadas y están entre los dos...

Sergent Domènech (Divisió d'Investigació Criminal) per a *Crims*

La Rosa ens va explicar que el Pedro tenia problemes amb l'exmarit de la Rosa, amb el Rubén, perquè tenien denúncies creuades.

Toni Muñoz (periodista) per a *Crims*

Segons explicava la Rosa, el Pedro estava molt gelós del Rubén; li tenia molta mania.

Notes d'àudio del Pedro i la Rosa

Pedro: Por cierto, cielo, ¿este cómo ha ido a ver a la niña hoy? ¿De paisano o de uniforme?
Rosa: De paisano. Dice que se ha traído un punto de libro y eso.
Pedro: Vaya miserable hijo de la gran puta, qué asco de tío.

Toni Muñoz (periodista) per a *Crims*

La Rosa Peral va explicar que el Pedro en alguna ocasió havia anat i li havia punxat les rodes del cotxe al seu exmarit.

Sergent Domènech (Divisió d'Investigació Criminal) per a *Crims*

La Rosa creu que el Pedro havia anat a buscar el Rubén, aquella nit.

Sí, yo pensava que iba a ir a por Rubén.

Els Mossos, esclar, es pregunten com pot ser que la Rosa no hagi fet res per buscar el Pedro des que va marxar enfadat.

SERGENT DOMÈNECH (DIVISIÓ D'INVESTIGACIÓ CRIMINAL) PER A *CRIMS*

Nosaltres li preguntem: «Ostres, com és que no ho denuncies», no? I diu que és normal; que això ja ho havia fet altres vegades. Potser no hi havia estat tant temps, però havia agafat la moto, havia marxat i quan li havia semblat tornava.

FÉLIX MARTÍN (FISCAL) PER A *CRIMS*

La señora Rosa nos explicaba que en ningún momento pensaba que el señor Pedro no fuera a volver, porque era una discusión que había necesitado un tiempo, pero que, tomado su tiempo, regresaría a casa, por ello la señora Rosa explicaba a los Mossos que no tenia una preocupación excesiva que el señor Pedro no estuviera.

Recordem que la Rosa Peral ha ensenyat als investigadors un missatge de whatsapp del Pedro en què li diu que apaga el mòbil perquè no vol que li estigui vibrant.

SERGENT DOMÈNECH (DIVISIÓ D'INVESTIGACIÓ CRIMINAL) PER A *CRIMS*

I després, a les cinc de la tarda, li agafem declaració també al Rubén. Va explicar la relació que tenia amb el Pedro, que realment no era bona, i ens va explicar detalladament què havia fet la nit del 2 de maig.

DECLARACIÓ DEL RUBÉN

RUBÉN: Yo, si no recuerdo mal, me fui para el trabajo...

TONI MUÑOZ (PERIODISTA) PER A *CRIMS*

Quan pregunten al Rubén on estava el dia en què el Pedro Rodríguez podria haver anat a buscar-lo a casa seva, el Rubén explica que aquell dia no era a casa.

FÉLIX MARTÍN (FISCAL) PER A *CRIMS*

Nos encontramos que se inician las últimas conversaciones entre Pedro y Rosa mientras la ubicación del teléfono de Pedro le sitúa en las inmediaciones de donde vive el exmarido de Rosa. Después de estos mensajes, el teléfono de Pedro ya desaparece.

TONI MUÑOZ (PERIODISTA) PER A *CRIMS*

Si s'ha desconnectat aquell telèfon davant de casa del Rubén, potser tenien alguna mena de topada, alguna mena d'enfrontament, que aquest l'acabés matant i després conduís el seu cos fins al pantà de Foix, que era una zona que coneixia perquè hi vivia molt a prop, quan vivia amb la Rosa Peral.

SERGENT DOMÈNECH (DIVISIÓ D'INVESTIGACIÓ CRIMINAL) PER A *CRIMS*

Dos agents es van desplaçar a la pista forestal [on havia aparegut el cotxe calcinat del Pedro], es van ficar allà a partir de les sis del matí, i tota la gent que passava per aquella pista paraven i parlaven amb ells a veure si havien vist el vehicle. I llavors van ensopegar amb una persona que feia bicicleta, que cada dia hi passava sobre les nou del matí, i ens diu que el dia 2 de maig ell passa per allà i el vehicle no hi és; i el dia 3 de maig passa per allà a les nou i mitja del matí i va veure el vehicle. Nosaltres ja vam deduir que el vehicle està allà a partir del dia 3 de maig al matí. Per tant, els fets havien d'haver passat amb anterioritat. Paral·lelament també vam fer la consulta a l'hospital, i l'hospital ens va confirmar que dues persones a tot Catalunya portaven unes pròtesis amb aquesta numeració, i una d'aquestes persones era el Pedro. Les proves que nosaltres donem per vàlides policialment i judicialment, si hi ha l'opció, és l'ADN i les empremtes. En aquest cas, d'empremtes del Pedro no n'hi havia, perquè el cos havia quedat completament calcinat, i llavors una de les opcions que hi ha és anar a recollir objectes personals d'ús exclusiu de la víctima. I vam anar a casa la Rosa. Vam recollir uns raspalls de dents i material per afaitar-se per poder extreure'n ADN i confrontar-lo amb el que ja s'havia extret del cadàver del vehicle. El Pedro prenia una medicació molt forta i se li va demanar, i ella la va buscar i no la va trobar.

Telenotícies

«Els Mossos investiguen el cas del guàrdia urbà trobat calcinat en un cotxe prop del pantà de Foix».

«El cadàver estava absolutament calcinat. L'han pogut identificar perquè el vehicle estava registrat al seu nom i per la pròtesi que duia a l'esquena».

«La investigació haurà de determinar en quines circumstàncies es va produir la mort».

De moment, els Mossos saben que el cotxe va aparèixer cremat el matí del dia 3. Per tant, consideren que el devien cremar la nit del 2 al 3, i el 2 és el dia que la Rosa va dir que havia marxat enfadat, suposadament per anar a buscar el Rubén. El Rubén, en la seva declaració, posa sobre la taula el nom d'una persona que la Rosa no ha mencionat en cap moment, l'Albert López.

TONI MUÑOZ (PERIODISTA) PER A *CRIMS*

Recorda el Rubén que els mesos previs la Rosa també havia mantingut una relació amb l'Albert López.

DECLARACIÓ DEL RUBÉN

RUBÉN: Ella me lo presentó como su binomio, es decir, como su pareja laboral habitual.

FÉLIX MARTÍN (FISCAL) PER A *CRIMS*

Rosa y Albert eran miembros de la misma unidad y habían patrullado juntos, y esto había establecido un vínculo muy grande entre ellos que desembocó en el inicio de una relación sentimental.

SERGENT DOMÈNECH (DIVISIÓ D'INVESTIGACIÓ CRIMINAL) PER A *CRIMS*

I llavors nosaltres li preguntem: «Escolta, Rosa, i l'Albert?». Es va quedar una mica sorpresa, va dir: «Ostres!». I ella ens va dir: «Sí, bé, amb l'Albert havíem tingut una relació sentimental i tal», però això s'havia acabat cap a l'octubre del 2016.

Els investigadors situen quatre homes al voltant de la Rosa Peral (el Rubén, el Pedro, l'Albert i l'Óscar, el subinspector del cas de la pornovenjança). D'aquests, n'hi ha tres amb qui va mantenir una relació simultàniament durant el 2016: amb el Rubén —amb qui està casada i té dues filles—, el Pedro, la seva parella actual, i l'Albert, el seu amant. L'Albert és un armari, com el Pedro. No està casat ni té fills.

FÉLIX MARTÍN (FISCAL) PER A *CRIMS*

Albert López es un guardia urbano de Barcelona que tiene muy buena fama entre sus compañeros como una persona muy seria, muy responsable, muy leal.

24 D'AGOST DE 2012 (CINC ANYS ABANS DEL CRIM)

Els investigadors repassen el seu expedient i apareixen capítols foscos. L'agost del 2012 l'Albert havia estat condemnat per una falta de lesions per haver colpejat un manter. Dos anys després, l'agost del 2014, tornava a ser protagonista d'un altre incident a la muntanya de Montjuïc. En aquell moment estava de patrulla amb la Rosa.

9 D'AGOST DE 2014 (TRES ANYS ABANS DEL CRIM)

TONI MUÑOZ (PERIODISTA) PER A *CRIMS*

L'Albert i la Rosa treballaven per Montjuïc i van veure com una persona feia uns moviments sospitosos que els van cridar l'atenció. L'Albert López va anar ràpidament a intentar identificar-lo.

Olga Arderiu (advocada de la Rosa) per a *Crims*

En aquell moment va treure una navalla i l'hi clava a la cama a la Rosa. La Rosa perd una mica la consciència, es desmaia, cau a terra, i l'Albert surt corrents darrere d'aquest noi.

Toni Muñoz (periodista) per a *Crims*

Fins que al final el va atrapar i van quedar molt a prop d'un precipici. L'Albert López sembla que li volia posar les manilles, i aquest senyor, segons expliquen a l'atestat policial, va decidir saltar pel precipici com la manera per fugir. Va acabar morint a les poques hores. I la primera cosa que va sobtar molt és que aquella persona estava estesa a terra, inconscient, gairebé morta, amb les manilles posades. I aquí s'obria el gran interrogant de saber què és el que havia passat. Quan li havien posat aquelles manilles? Pot ser que aquesta persona estigués emmanillada quan va saltar pel terraplè? Pot ser que l'haguessin empès?

Amb tota aquesta informació, els Mossos citen a declarar l'Albert López.

Declaració de l'agent dels Mossos d'Esquadra

Nos empieza a explicar la relación que tiene con Rosa. Él minimiza la relación, dice que habían tenido relaciones esporádicas durante unos años, pero que no eran pareja.

Declaració de l'Albert López

Novios, pero no al cien por cien; o sea, cada uno vivía en su casa pero hacíamos cosas juntos...

Declaració de l'agent dels Mossos d'Esquadra

Y nos explica que era conocedor de que Rosa tenía una pareja nueva que se llama Pedro, que es muy celoso y que es compañero de la Guardia Urbana.

Declaració de l'Albert López

Empieza a decir que no quiere venir conmigo de patrulla porque Pedro es muy celoso y no se lo permite y...

Declaració de l'agent dels Mossos d'Esquadra

Dice que Rosa le ha pedido que no le dirija la palabra en comisaría porque Pedro se enfada. Que Rosa le había explicado que llevaba un mes que no estaban bien y que incluso unos días antes, concretamente cuatro días antes, esto es el 1 de mayo, Pedro había cogido a Rosa del cuello delante de su hija.

Declaració de l'Albert López

Sí, tenía rojo. Tenía marcas. Y, claro, eso no lo podía tolerar.

Declaració de l'agent dels Mossos d'Esquadra

Lo primero que refiere es que el responsable podría ser Rubén, el exmarido de Rosa, porque en alguna ocasión había escuchado que Pedro quería ir a buscar a Rubén a su casa con un bate de béisbol.

Declaració de l'agent dels Mossos d'Esquadra

Y luego, acto seguido, sin nosotros preguntárselo, nos dice que el día 3 había estado cenando en casa de Rosa, y, claro, nosotros nos extrañamos y dijimos: «A ver, ¿el día 3 estuviste cenando en casa de Rosa? Si me estás diciendo que no la puedes saludar en comisaría, ¿te vas a cenar a casa de Rosa?

Declaració de l'Albert López

Fui, pedí unas pizzas para que comieran las niñas y nosotros hablar, y las niñas se pusieron a jugar conmigo, como siempre. Entonces ella se fue a la cama con las niñas a explicarles un cuento y yo me quedé dormido viendo la tele. Al día siguiente me levanté y me fui.

Sergent Domènech (Divisió d'Investigació Criminal) per a *Crims*

Ens crida l'atenció que l'Albert es quedi el dia 3 de maig a dormir a casa de la Rosa, perquè nosaltres havíem parlat amb la Rosa aquell matí i ens va deixar clar que el Pedro havia de tornar. Esclar, si s'hagués presentat en algun moment el Pedro, donada l'enemistat que tenien el Pedro i l'Albert allà... Si l'Albert s'ha quedat a dormir allà és perquè l'Albert sap que el Pedro no tornarà. Aquí es quan vam veure que ens estaven mentint. A partir d'aquí, com a línies d'investigació n'establim dues: una, que és la de la Rosa i l'Albert, pel fet que ens han mentit a la declaració; i l'altra és la del Rubén, pel fet que podria estar implicat en la desaparició del Pedro.

Per aprofundir en aquestes dues línies d'investigació, els Mossos demanen les tarifacions i el posicionament dels mòbils dels sospitosos i els punxen els telèfons. Comencen les sorpreses.

9 de maig de 2017 (vuit dies després del crim)

Intervenció d'una conversa telefònica entre la Rosa i l'Albert

Albert: ¿Qué, cómo va?

Rosa: Bien.

Albert: Bien, bien... ¡La Tonta del Bote!

Rosa: No quiero hacer nada. No tengo ganes de hacer nada. Es un asco.

Albert: ¡¡¡Eh!!! ¿Ahora salen tus rubias?

Rosa: Sí, estoy rallada porque el jueves se tienen que ir con su padre y yo no sé si van a estar bien o no van a estar bien con él.

Albert: No te agobies, van a estar bien.

Rosa: Yo qué sé... después de lo que ha pasado, yo qué sé.

Albert: ¿Qué tiene que ver? Yo no creo que haya sido Rube. O sea, no te preocupes por eso. Igualmente, aunque hubiera sido Rubén, a sus hijas no les haría nada.

Rosa: ¿Tú crees?

Albert: Lo creo segurísimo. Los locos estos que matan a sus hijas son porque primero se han cargado a su mujer o a su pareja o cosas de esas. Y esto que le ha pasado a este para mí que era un tema de drogas o algo así, porque a mí no me cuadra, pero bueno...

Rosa: Yo qué sé, es que no lo sé.

Els Mossos reben la geolocalització dels telèfons mòbils. Comproven que la coartada del Rubén és certa i que no va coincidir amb el Pedro, i queda descartat com a sospitós. Un detall: en la informació telefònica els apareix una trucada feta des d'un Lycamobile, però les dades d'aquest telèfon trigaran a arribar. Serà important, però en aquest punt de la història no els serveix de res. Ara es fixen en els telèfons del Pedro, la Rosa i l'Albert i reconstrueixen les vint-i-quatre hores abans de l'últim missatge del Pedro. L'1 de maig els telèfons del Pedro i la Rosa, durant el dia, estan localitzats a Roda de Berà.

1 DE MAIG DE 2017 (DIA DEL CRIM)

FÉLIX MARTÍN (FISCAL) PER A *CRIMS*

El 1 de mayo por la mañana, Rosa y el señor Pedro, junto con sus hijas, van a una casa familiar donde pasan el día en familia, y al final de la tarde vuelven a su domicilio la señora Rosa, el señor Pedro y sus hijas. A las 21.23 hay unas conversaciones de whatsapp con fotografías donde se ven a las hijas menores de la señora Rosa en la parte de atrás de un vehículo, con lo cual podemos denotar que todavía se está haciendo el desplazamiento.

CONVERSA DE WHATSAPP

ROSA
Mirad cómo vuelven las
rubias. Están reventadas

FÉLIX MARTÍN (FISCAL) PER A *CRIMS*

A las 21.37 el geoposicionamento GPS del teléfono de Rosa

ubica que ese teléfono ya está situado en una zona compatible con el domicilio de Rosa y del señor Pedro. A las 21.41 Rosa manda un whatsapp a Pedro donde le dice: «Hay ratoncito?». Porque tenían problemas con ratones y de vez en cuando Pedro iba a inspeccionar a ver si localizaba ratones o había caído algún ratón en alguna trampa. Lo cual nos permite señalar que el señor Pedro ya está en la parte de debajo de la vivienda. Ahora vamos con la rapidísima dinámica de lo que pasa esa noche: A las 21.51 la señora Rosa hace una llamada a Albert que Albert no coge. A las 21.53 hace una segunda llamada al señor Albert que tiene una duración de cuatro minutos. El teléfono de Albert la noche del 1 le sitúa en su domicilio, en la localidad de Badalona, hasta alrededor de las dos de la madrugada, donde el teléfono del señor Albert se desplaza hacia la localidad de Cubelles en un lugar compatible con el domicilio de la señora Rosa hasta la mañana del día siguiente.

SERGENT DOMÈNECH (DIVISIÓ D'INVESTIGACIÓ CRIMINAL)
PER A *CRIMS*

Veiem que el telèfon del Pedro, de l'Albert i de la Rosa coincideixen a Cubelles la nit del 1 al 2 de maig.

Amb aquesta informació, els Mossos comencen a dubtar que el crim es cometés la nit del 2 al 3 de maig, nit dels últims missatges del Pedro i la Rosa i en què es va cremar el cotxe. Però si el Pedro era mort el dia 2, qui va escriure aquells missatges? Ja hi arribarem. Ara creuen que el crim pot haver tingut lloc la nit de l'1 de maig, però hi ha persones que asseguren que el dia 2 van parlar amb el Pedro.

SERGENT DOMÈNECH (DIVISIÓ D'INVESTIGACIÓ CRIMINAL) PER A *CRIMS*

Quan parlem amb els testimonis, ens diuen que el Pedro, el dia 2, havia fet algunes coses estranyes, i precisament és el dia 2 quan nosaltres intentem buscar persones que hagin vist el Pedro viu el dia 2. Hi ha un mecànic que li diu que li devia 40 euros al Pedro i li va enviar un whatsapp diu: «Escolta, m'has de pagar 40 euros».

CONVERSA DE WHATSAPP ENTRE EL XAVIER (MECÀNIC) I EL PEDRO

XAVIER
Buenos días. Te faltan
por pagar 40 euros

SERGENT DOMÈNECH (DIVISIÓ D'INVESTIGACIÓ CRIMINAL) PER A *CRIMS*

Des del mòbil del Pedro li envien un whatsapp a aquest mecànic i li diuen: «Mira, després de sopar et deixo els 40 euros a la bústia».

CONVERSA DE WHATSAPP ENTRE EL XAVIER (MECÀNIC) I EL PEDRO

PEDRO
Cuando acabemos de
cenar te lo dejo en el buzón

SERGENT DOMÈNECH (DIVISIÓ D'INVESTIGACIÓ CRIMINAL)

Hòstia, i el mecànic va pensar: «No és normal, el normal és

que m'hagués trucat a la porta i m'hagués donat els 40 euros. No me'ls ha de deixar a la bústia».

Conversa de whatsapp entre el Xavier (mecànic) i el Pedro

Xavier
Pedro, no viene de un día!

Sergent Domènech (Divisió d'Investigació Criminal) per a *Crims*

El dia 2 també hi ha un amic del Pedro que li truca dos o tres cops, no li agafen el telèfon i a la tercera vegada que truca li agafa el telèfon la Rosa i li diu: «Mira, que el Pedro està al lavabo i no pot posar-s'hi».

Conversa de whatsapp entre el Pedro i el seu amic Oliver

Pedro
Melooon. Haces que la jefa
me traiga el teléfono al lavabo

Oliver
Así aprovechas y le
pegas un rapidito tontorrón!!!

Pedro
Eso siempre

Félix Martín (fiscal) per a *Crims*

Pedro también mandó un correo electrónico a su exmujer en relación a la recogida del niño.

Correu electrònic del Pedro a la seva exdona

De: Pedro Rodríguez
Per: Patricia S.
Data: 2/5/17 19.26

Mañana me ha surgido un imprevisto, ¿te importaría cambiar mañana por el jueves?

Toni Muñoz (periodista)

Aquesta manera de comunicar-se del Pedro Rodríguez és una mica sospitosa, perquè ningú el veu, ningú pot contactar amb ell, però, en canvi, ell sí que respon correus electrònics, via whatsapp...

De les persones que interroguen els Mossos, a més a més de la Rosa, que diu que el Pedro va marxar el dia 2, enfadat, només n'hi ha una que afirma que el va veure: el pare de la Rosa.

Sergent Domènech (Divisió d'Investigació Criminal) per a *Crims*

Se'ls va citar a comissaria, i allà ens diuen que havien vist el Pedro el dia 2 de maig.

Declaració de la mare de la Rosa Peral

Yo sé que yo voy allí. Yo creo que no nos vimos, no me acuerdo. Es que no... es que no sé si decirle si sí o no. Porque es que nosotros hemos ido cada día con las niñas.

A comissaria, la mare diu que no recorda si va veure el Pedro aquell dia en concret, i diu als investigadors que millor que parlin amb el seu marit, el pare de la Rosa.

Declaració del pare de la Rosa Peral

Yo la llamé por la mañana, a ver las niñas qué iban a hacer y entonces quedó que iba a ir al parque y quedamos en ir al parque. Alrededor del mediodía fuimos a casa de mi hija.

Sergent Domènech (Divisió d'Investigació Criminal) per a *Crims*

El pare de la Rosa ens diu que l'havia vist, que l'havia vist per casa a l'hora de dinar i que li havia donat la mà i tal. Que ell havia estat allà un moment a la casa i després havia anat a buscar les nenes i que després havia marxat. Les úniques persones que veuen amb vida el Pedro el dia 2 són el pare i la Rosa. Nosaltres ja comencem a no creure'ns la declaració del pare. I dintre de la investigació agafa força el fet que el Pedro el dia 2 està mort.

Titular a *La Vanguardia* del periodista Toni Muñoz

«Un centenar d'urbans homenatgen el seu company a l'escena del crim».

Toni Muñoz (periodista) per a *Crims*

I una de les coses que crida molt l'atenció i que sorprèn molt els amics de la Rosa Peral és que, quan la van a veure per donar-li suport en aquells moments tan durs, en què acabava de perdre la seva parella i d'una manera tan crua, realment l'actitud que manté la Rosa no és l'esperada. No la descriuen com una persona enfonsada o especialment afectada. La veuen com una persona molt freda, que segueix fent el seu dia a dia i que fins i tot els convida a sopar: «No, quedeu-vos a sopar, que menjarem pizza, ara potser ve algú més i podem sopar tots junts».

Olga Arderiu (advocada de la Rosa) per a *Crims*

Sí, hi havia testimonis que la Rosa la veien freda, poc afectada... Alguns deien «en estat de xoc». De cara externa bloqueja o fa un paper. I també, jo crec que també hi ha una part important d'encara no fer-se'n a la idea. Com que és tan gros i tan fort, tot el que ha passat, doncs com de negació, de no acceptar el que ha succeït. Perd set o vuit quilos, durant aquells dies, perquè ni menja ni dorm ni res. Per tant això, a la cara, sí que es nota. Però bé... té aquest mecanisme de protecció, de bloquejar sentiments.

A la Rosa se li barreja la mort de la seva parella amb el judici de la pornovenjança, que, com recordareu, va ser ajornat i s'ha de celebrar al cap de pocs dies. Qui havia de ser el seu advocat, molt amic del Pedro, decideix fer ara un moviment.

10 de maig de 2017 (nou dies després del crim)

Francisco Ruiz (advocat de la Rosa i amic del Pedro) per a *Crims*

Desde el momento que llegamos a la conclusión de que Rosa tiene algún tipo de implicación, obviamente no queremos tener ningún tipo de contacto con Rosa. Por lo cual acudo al juzgado para suspender la vista de la pornovenganza, y hay una norma deontológica que nos obliga a los letrados a comunicar personalmente cuando renunciamos a un asunto de un cliente. Lo que hicimos lógicamente es llamar a Rosa con la convicción de que Rosa tenía algún tipo de implicación en el asesinato de Pedro, con lo cual ya era una llamada desagradable, incómoda.

Trucada telefònica entre el Francisco Ruiz (advocat) i la Rosa Peral

Rosa: Hola. ¿Hola?
Francisco: Hola.
Rosa: Hola, Francisco.
Francisco: Hola, Rosa. Me han dicho, obviamente, que si quería llevar la acusación posible que se pudiera generar en el tema de Pedro.
Rosa: Sí.
Francisco: Y ahora me han recomendado que renuncie al tema de Óscar.
Rosa: ¿Ah, sí?
Francisco: Sí, ¿vale? Por las posibles confluencias que pudiera tener.

Francisco Ruiz (advocat de la Rosa i amic del Pedro) per a *Crims*

Evidentemente, no está conforme con este argumento. Ya sabe que yo estoy renunciando porque sospecho de ella.

Félix Martín (fiscal) per a *Crims*

Rosa interioriza que su situación no es fácil y cambia de estrategia. Las llamadas con Albert, que son numerosas hasta ese día, desaparecen, por parte de ella. Elude quedar con Albert a todas luces. Se puede denotar de los mensajes que tiene de Albert a ella. Ella da mil excusas para no quedar.

Conversa de whatsapp entre l'Albert i la Rosa

Albert
Estás sola?

ROSA
Ha venido mi padre a
darle de comer a los perros

ALBERT
Si quieres después café

ROSA
Nos vamos a casa del Leal

ALBERT
Por cierto salimos en moto si te animas

ROSA
Ya me lo pensaré

ALBERT
Me llamas?

ROSA
Estoy con mi hermano

ALBERT
Y??

FÉLIX MARTÍN (FISCAL) PER A *CRIMS*

Ella empieza a difundir sospechas sobre Albert.

TRUCADA DE LA ROSA PERAL A LA COMISSARIA DELS MOSSOS D'ESQUADRA

ROSA: Hola. ¿Juan Carlos?
JUAN CARLOS: Sí, yo mismo.
ROSA: Soy Rosa.
JUAN CARLOS: Hola, Rosa, dime.
ROSA: Mira, es que llevo días que estoy con miedo y estoy dándole vueltas a la cabeza y digo: «¿Yo qué sé?», ¿sabes? No sé... a lo mejor son tonterías; a lo mejor no, pero...
JUAN CARLOS: Dime.
ROSA: ¿Podría ir mañana y explicar todo lo que pienso?
JUAN CARLOS: Sí, sí, sí. Por supuesto.

ROSA: Voy dándole vueltas a cosas que antes no le daba vueltas.

JUAN CARLOS: Vale.

ROSA: Que a lo mejor me decís que no, ¿eh? Luego os lo explico y me dices: «Eres una paranoica». O a lo mejor os lo explico y me dices: «Pues mira, tienes razón». No sé....

JUAN CARLOS: Eh, a ver... Nosotros siempre hemos estado dispuestos a hablar contigo.

ROSA: Claro, yo no sé... Yo es que ahora veo que hay alguien que está demasiado encima mío y no le había dado importancia. Hasta el punto de que me está llegando a asustar. Porque lo conozco y no quiero que vaya a ir a por mí o vaya a ir a por mis hijas o vaya a ir a por lo que sea, y no sé...

JUAN CARLOS: ¿Me puedes decir el nombre de la persona que tú crees que está encima tuyo, crees que...?

ROSA: Albert López.

13 DE MAIG DE 2017 (DOTZE DIES DESPRÉS DEL CRIM)

SERGENT DOMÈNECH (DIVISIÓ D'INVESTIGACIÓ CRIMINAL) PER A *CRIMS*

Aquell dia es presenta a comissaria i es presenta sola. Llavors, quan entra, ella es pensava que li agafaven declaració com a testimoni, però no li podíem agafar declaració com a testimoni perquè estava essent investigada, i llavors li vam dir: «T'hem d'agafar declaració com a investigada. I per a això et fa falta un lletrat». I llavors allà és quan: «Ostres, és veritat, m'agafaran declaració com a investigada!». Comença a parlar que sospita de l'Albert «perquè l'Albert m'ha fet això... L'altre dia vaig veure que em vigilava...».

Declaració de la Rosa Peral

No sé, no sé, tengo miedo, es que... Esas miradas de psicópata tan, tan, tan tan, loco... He visto miradas...

Sergent Domènech (Divisió d'Investigació Criminal) per a *Crims*

Bueno, dona una sèrie d'informació de l'Albert que l'apunta com a possible autor per la seva enemistat amb el Pedro, perquè l'Albert vesteix igual que ell, s'ha comprat una moto com la seva... Però no diu res. L'única cosa rellevant que va dir és que realment l'Albert el dia 1 de maig havia anat allà. Diu que toca el timbre a les dues, les tres de la matinada, la Rosa diu que baixa, que parla amb ell durant dos minuts i li diu: «Marxa. Què hi fas, aquí? No quiero verte, no puedes estar aquí, y tienes que irte». I l'Albert marxa. Ella es ficava a tots els escenaris, però amb un motiu que no tenia sentit, no tenia cap sentit. No ens la crèiem, i en aquell moment vam aturar la declaració i la vam detenir com a presumpta autora de l'homicidi del Pedro.

Els investigadors detenen la Rosa nou dies després de trobar el cadàver del Pedro Rodríguez. Llavors van anar a buscar l'Albert a la Comissaria de la Zona Franca on estava treballant.

Declaració de l'agent dels Mossos d'Esquadra

A Albert se le dice por parte de su superior que tiene que cambiarse y que deje el arma para ir a su despacho. Se encuentra con nosotros, le comunico que está detenido, su expresión es de sorpresa y a la vez de... Sus palabras, lo que dice, es: «Supongo que hay más gente detenida».

Els Mossos han arribat a la conclusió que la Rosa i l'Albert amaguen coses. S'han contradit massa. Els investigadors estan convençuts que tots dos estan implicats en el crim i els detenen. Però la Rosa s'avança a la investigació i diu que l'autor de la mort del Pedro és l'Albert. Haurem d'escoltar amb detall la versió de la Rosa, que veurem en el capítol següent. En aquesta història encara hi ha moltes pàgines per escriure, i són pàgines fosques.

Capítol II

La versió de la Rosa

En el capítol anterior

El 4 de maig de 2017 troben un cotxe calcinat al pantà de Foix. Al maleter hi ha un mort. És el Pedro Rodríguez, agent de la Guàrdia Urbana de Barcelona i parella d'una altra agent del mateix cos, la Rosa Peral. En un primer moment els Mossos sospiten del Rubén, l'exmarit de la Rosa, perquè està enemistat amb el Pedro i perquè la mateixa Rosa els diu que sospita d'ell. Però el Rubén té coartada.

Els Mossos investiguen la Rosa i el seu amant, l'Albert López, també agent de la Guàrdia Urbana, i troben que la matinada de l'1 de maig els telèfons de la Rosa, l'Albert i el Pedro estaven al mateix lloc, la casa de Cubelles on suposen que s'ha comès el crim. La Rosa, que primer havia assenyalat el seu exmarit, ara canvia de versió i assenyala el seu amant, l'Albert. Els Mossos detenen l'Albert López i la Rosa Peral com a sospitosos del crim.

Hola a tothom, soc Carles Porta, gràcies per acompanyar-nos.

En el capítol anterior vam veure els fets que van descobrir els investigadors del crim de la Guàrdia Urbana de Barcelona i que els van portar a detenir la Rosa i l'Albert. Després de dies de silenci, la Rosa decideix acusar directament el seu amant, l'Albert. I diu que és ell qui va matar el Pedro. Avui coneixerem amb detall la versió de la Rosa, la dona que vivia amb l'home assassinat. Com si fóssim membres d'un jurat popular, escoltem-la sense prejudicis. Serà creïble la seva versió? Intentarem posar llum a la foscor.

Comencem.

Missatge de la Rosa a un amic

> Niño, cada vez me da más miedo Albert. Está demasiado insistente en quedar, venir, saber. Cada vez tengo más claro que fue él.

La Rosa, que ja està detinguda, declara davant la jutgessa d'instrucció.

Declaració de la Rosa Peral

Jutgessa: Rosa, ¿conoce los hechos por los que se encuentra hoy detenida?

Rosa: Sí.

Jutgessa: Bien. ¿Quiere usted prestar declaración a los mismos?

Rosa: Sí.

Els Mossos d'Esquadra practiquen un escorcoll a casa de la Rosa Peral, en presència de la detinguda. Les càmeres de TV3 difonen les imatges de Peral entrant-hi emmanillada i amb el cap cobert amb una caputxa.

Telenotícies

«Els investigadors dels Mossos han considerat que l'escorcoll de l'habitatge que compartien la detinguda i la seva parella sentimental, ara mort, podria ser fonamental per obtenir respostes».

Sergi Domènech (Divisió d'Investigació Criminal) per a *Crims*

Va ser un registre bastant llarg perquè és molt minuciós, perquè era una casa bastant gran. És una casa que té una planta baixa, un primer pis i després té un pati, té un pati bastant gran, llavors, esclar, es mira tot.

Telenotícies

«Des de mig matí els investigadors han estat buscant indicis d'agressió, per si aquest va ser l'escenari principal del crim».

Toni Muñoz (periodista) per a *Crims*

Troben una casa completament desendreçada. Hi ha roba per tot arreu... I va ser una operació molt complicada, perquè hi havia molta, molta roba; moltes bosses, molts objectes, molt desendreçat. Troben bastants jocs de bales, de municions de la Rosa Peral, perquè ella havia format part de l'equip de tir de la Guàrdia Urbana. I després troben un element que serà cabdal, que és el mòbil del Pedro Rodríguez.

L'arxiu de fotos del Pedro és ple de vídeos i *selfies* amb la Rosa, en què se'ls veu molt enamorats.

Missatges de whatsapp entre la Rosa i el Pedro

Pedro
Cositaaa

Rosa
Aún me quieres?

Pedro (*àudio*)
No sé ni por qué me lo preguntas,
si deberías de estar tranquilísima.
Te quiero más que a mi vida.

Rosa
Cositaa, ya voy para casa. Bueno,
pero me gusta porque las cosas se
van encauzando y... No sé, me gusta

Declaració de la Rosa Peral (quinze dies després del crim)

Jutgessa: ¿Pedro y usted eran pareja sentimental?
Rosa: Sí.
Jutgessa: ¿Desde cuándo?
Rosa: Empezamos a tener una relación de amistad en agosto y la acabamos formalizando a partir de Navidades, que ya es cuando hice la presentación formal a mis padres; que vino a comer en Reyes y a partir de entonces pues estuvimos hasta ahora.

Olga Arderiu (advocada de la Rosa) per a *Crims*

El Pedro era tot el que la Rosa buscava en una parella. Des del moment que comencen a sortir i després, quan se'n van a viure junts, ella hi posa moltíssimes il·lusions, tant per com ella se sent com per com tracta les seves filles, com les cuida... Veu que poden tenir una relació llarga i ja estable, i, de fet, tot això no només ho explica ella, sinó que es veu constatat després en els milers i milers de missatges de whatsapp que hi ha en el mòbil del Pedro.

Missatges de whatsapp entre el Pedro i la Rosa

Pedro
Me llenas de vida

Rosa
Soy más feliz que nunca

Pedro
Me levantas el ánimo

Rosa
Tengo la vida que siempre he soñado

Declaració de la Rosa Peral

Jutgessa: Vamos a centrarnos a la fecha de los hechos, el día 1 de mayo. ¿Qué hicieron ustedes?

Rosa: Sí, el día 1 de mayo nos fuimos a la torre de Pedro en Roda de Berà.

1 de maig (dia del crim)

Nota de veu del Pedro

Sí, lechuguín, era por si os veníais a la torre, que íbamos a comprar unos pollitos y a echar allí el día.

Declaració de la Rosa

Fuimos con mis padres y con mis hijas. Bueno, un día de familia. Las niñas se estuvieron bañando en la piscina, estuvimos limpiando la torre, cortando la yerba... un día normal, sin ningún problema.

La Rosa, en la seva declaració, no pararà de repetir que ella i el Pedro estaven molt enamorats. Les fotos del dia que el Pedro va ser assassinat mostren una jornada familiar plena de rialles i petons. Aprofitem aquí per explicar les relacions que va tenir la Rosa fins que es va posar a viure amb el Pedro.

Any 2000 (disset anys abans del crim)

Disset anys abans del crim, la Rosa comença una relació amb el Rubén, l'home que serà el pare de les seves filles. Es coneixen en una discoteca de Sabadell on ella fa de gogó i ell de porter, però no serà per gaire temps, perquè tots dos volen fer-se policies.

Toni Muñoz (periodista) per a *Crims*

> Tots dos fan les proves. El Rubén no l'aprova, però en canvi la Rosa sí que l'aprova. S'acaba graduant molt abans que el Rubén. El Rubén es graduaria un o dos anys més tard i s'acabaria convertint en agent dels Mossos d'Esquadra. Ràpidament es compren una casa a Cubelles amb un pati molt gran, perquè els agraden molt els gossos i poden tenir-hi gossos, tenen dues nenes petites, i es casen després ja d'uns quants anys de relació.

2008 (nou anys abans del crim)

L'any 2008, la Rosa entra a la comissaria de Ciutat Vella. Allà coneix el caporal, ara sotsinspector, que, en un atac de banyes, suposadament va enviar un correu a tots els contactes de la Rosa amb una fotografia d'ella fent-li una fel·lació.

Arran d'aquest incident, el dia a dia de la Rosa es fa insuportable i demana que la canviïn a la comissaria de la Zona Franca.

2012 (cinc anys abans del crim)

Allà coneix un dels personatges protagonistes d'aquesta història: l'Albert López.

José Luís Bravo (advocat de l'Albert) per a *Crims*

Albert y Rosa empiezan la relación en 2012 siendo compañeros de la Guardia Urbana. Formaban un binomio, patrullaban juntos.

Toni Muñoz (periodista) per a *Crims*

A mesura que van passant els anys, s'acaba convertint primer en el seu amic i després en el seu nòvio a la Guàrdia Urbana. De fet, allà tothom sabia que era el seu nòvio a la Guàrdia Urbana. No s'amagaven, eren parella a ulls de tothom, però el que ningú sabia era que en aquell moment la Rosa Peral seguia casada amb el seu marit, que no sabia res de tot allò. L'Albert se sent còmode amb aquesta relació. Ell és l'amant de la Rosa, perquè el que no vol fer és implicar-se en la vida familiar. Ell sap que si li demana a la Rosa que es divorciï del Rubén, ell haurà d'ocupar el paper del Rubén, haurà de fer el paper de pare d'aquelles dues nenes que tenen en comú amb el Rubén, i sembla que l'Albert en aquell moment de la seva vida no està disposat a acceptar això.

Carlos Quílez (periodista i escriptor) per a *Crims*

La Rosa sempre ha dit que mai va quallar; primer, per la distància que ell marcava respecte a les nenes, i després perquè ell tenia un caràcter molt «agrio».

José Luís Bravo (advocat de l'Albert) per a *Crims*

Albert es una persona muy individualista. Albert no quiso ni mucho menos casarse, ni pensaba en tener una familia, pensaba simplemente en disfrutar de la vida.

Olga Arderiu (advocada de la Rosa) per a *Crims*

Ell mai havia volgut formar una família, no tenia cap mínim interès en les nenes. De fet, la Rosa explica algun episodi en què s'havia quedat sol un moment amb una de les petites i l'havia perdut i que li era bastant igual, com que li feien molta nosa. «Si vols venir amb mi, li dones les nenes al Rubén i la custodia al Rubén». I, esclar, la Rosa mai havia volgut deixar les seves filles. I ja veia que ell no podria ser mai un pare, perquè no volia formar una família ni tenir fills ni fer-se càrrec de les seves filles, això encara menys.

Toni Muñoz (periodista) per a *Crims*

La Rosa ho sap i tampoc li demana mai que assumeixi aquest paper, i així van passant els anys. Passen fins a quatre anys junts, en aquesta situació.

José Luís Bravo (advocat de l'Albert) per a *Crims*

Mantuvo esta relación con Albert hasta el mes de octubre del año 2016. Lo que ocurre es que en julio de 2016 Rosa ya había empezado una relación con Pedro.

La Rosa comença la seva relació amb el Pedro el juny del 2016; amb l'Albert, la cosa es refreda a l'octubre. I del Rubén, el seu marit, se'n separa després de setze anys de relació al mes de desembre. Durant sis mesos, la Rosa va mantenir tres relacions a la vegada.

Juny del 2016 (un any abans del crim)

Tornem al juny del 2016, quan la Rosa i el Pedro es coneixen.

Conversa de whatsapp entre la Rosa i el Pedro

Rosa
Te echo de menos

Pedro
Y yo a ti. Y si pensamos en algo?

Rosa
Q se te ocurre?

Pedro
Nose... algo para poder estar juntos

Rosa
finde? O cuándo?

Pedro
Finde... y siempre

Francisco Ruiz (amic del Pedro) per a *Crims*

Yo a Pedro lo vi enamorado de Rosa desde el primer día que me habló de ella. Comenta que acaba de conocer una compañera del cuerpo que está muy bien, que está muy ilusionado, que coincide en todo con ella, que le gustan las mismas cosas... las motocicletas...

Declaració d'un amic del Pedro

Lo supe una vez que quedamos para ir en moto; vinieron los dos y se dieron un beso y entonces ya me dijo que estaban juntos.

Francisco Ruiz (amic del Pedro) per a *Crims*

Tenía el conflicto de esa relación intensa que nació con Rosa desde el primer día y teniendo, lógicamente, su familia, su mujer y su hijo. Más o menos en el plazo de tres semanas tenía una complicada y arriesgada operación de espalda en la cual le iban a implantar una prótesis en la columna, con todo lo que ello acarreaba. Aún con esa angustia, sí que me manifestó su firme intención de continuar la relación con Rosa Peral. Esto sí que es algo que me sorprendió.

Cubelles
Desembre del 2016 (cinc mesos abans del crim)

Toni Muñoz (periodista) per a *Crims*

Tot això avança fins al desembre, quan el Rubén, cansat de les infidelitats de la seva dona, i també perquè ha conegut una nova dona, decideix posar punt final a la relació amb la Rosa i divorciar-se'n. A partir d'aquí el Pedro Rodríguez passa a ocupar el paper del Rubén, es converteix en el nòvio de la Rosa Peral.

Olga Arderiu (advocada de la Rosa) per a *Crims*

És al voltant de les festes de Nadal quan la Rosa ja el comença a introduir tant a la seva família com a la resta de companys i companyes, etc. I pels voltants del gener o així comencen a conviure.

El Pedro guanya protagonisme en la vida de la Rosa, mentre que l'Albert en va perdent i el Rubén marxa definitivament de casa. Durant els mesos en què la Rosa està amb tots tres, cap d'ells és plenament conscient de l'existència dels altres.

Declaració de la Rosa

Cuando estaba con Rubén tenía mis relaciones con Pedro, y cuando Rubén se fue, entonces seguí con Pedro. Y Albert, iba con él de patrulla, seguíamos teniendo alguna relación, pero dejé de tener contacto. En Navidades, ya rompí la relación por completo.

Whatsapp de la Rosa a un company

Rosa
Con Albert no funcionaba

Declaració d'un company de la Guàrdia Urbana

Yo le dije a Rosa: «¡Si tú llevas cuatro años con Albert!». Y me dijo: «¿Pero sabes qué pasa? Que Pedro me da todo lo que no me da Albert». Que Pedro la trataba superbién, comparado a cómo la trataba Albert.

Whatsapp de la Rosa a un company

Rosa
Pedro me trata como una reina

Toni Muñoz (periodista) per a *Crims*

El que no sap l'Albert és que el seu nou nòvio és el Pedro. La Rosa no li ha dit res, i arriba un dia que l'Albert s'ha comprat una moto i vol ensenyar-l'hi a la que és, o a la que ell es pensa que encara és, la seva nòvia, la Rosa Peral.

Whatsapp de la Rosa a un company

Rosa
Con él no tenia ningún futuro

Declaració d'un company de la Guàrdia Urbana

Como amigo, lo único que hice fue escuchar. Eso se tenía que acabar. O sea: o con Pedro o con Albert, con los dos no. Y me dijo: «Ya, ya, ya lo sé. ¿Y cómo dejo a Albert? Se va a poner hecho una fiera». Con los dos no podía estar, porque era una locura. Eso iba a petar, porque era una misma comisaría, dos personas con un carácter... Y yo pensé: «Dos gallos en un mismo corral, esto acabará mal».

Sentim què passa quan l'Albert arriba a Cubelles amb la seva moto nova pensant-se que és l'únic gall del corral.

Toni Muñoz (periodista) per a *Crims*

Quan arriba a aquell xalet es troba amb una situació inesperada. Veu que allà hi ha algú altre i s'adona que la Rosa i el Pedro estan junts, i aleshores és quan ell explota.

Whatsapp de l'Albert a la Rosa

Albert
Puta. Eres una puta y
una mentirosa

Declaració de la Rosa

Él me amenazó y me decía que era una puta, que estaba muerta, que si algún día dejaba de ser policía que iba a ir a por mí, que iba a matar a Pedro, pero que todavía no lo mataba porque creía que yo no valía tanto como para matarlo.

Fèlix Martín (fiscal)

Él, cuando va allí, ya visualiza que, claro, están compartiendo una intimidad, y se siente traicionado y actúa como una persona herida y traicionada para hacer el mayor daño posible.

Whatsapp de l'Albert a la Rosa

Albert
Para mí estás muerta

Declaració de la Rosa

Y a raíz de allí fue cuando luego desapareció durante meses.

Missatge

De: Albert López
A: Rosa Peral
Si algún día dejo de ser policía y me importa una mierda esta vida, recuerda! Esto no quedará así!!!

L'Albert decideix trencar tot tipus de contacte amb la Rosa, marxa de vacances a la Riviera Maya amb un amic i gaudeix de la seva vida de solter. Sembla que hagi passat pàgina. Mentrestant, la relació de la Rosa i el Pedro agafa força i velocitat i el Pedro li regala un anell de compromís.

CONVERSA DE WHATSAPP ENTRE EL PEDRO I LA ROSA

PEDRO
Toda una vida juntos?

ROSA
Lo tengo clarísimo

PEDRO
Vivir juntos hasta la muerte

DECLARACIÓ DE LA ROSA

Teníamos una relación de veinticuatro horas al día juntos y estábamos genial y teníamos muchísimos planes. A Albert le mataba el hecho de que yo me quisiera casar con Pedro. Que Pedro me había comprado un anillo de compromiso y que quería casarme con Pedro y que quería tener hijos.

OLGA ARDERIU (ADVOCADA DE LA ROSA) PER A *CRIMS*

Estan planificant tenir un bebè i fins i tot acaben anant a un centre per veure si hi ha algun problema perquè puguin tenir un fill conjuntament.

WHATSAPP DEL PEDRO A LA ROSA

ROSA
Tienes ganes de ir a eso de la fertilidad?

PEDRO
Me apetece mucho. Quiero que
llegue el día ya y de que te quedes 🤰
Y poder poner esta cara 😊

Declaració de la Rosa

Yo, con Albert, nunca he tenido una relación estable. Con Albert he estado muchos años haciendo el tonto, teniendo relaciones sexuales y yéndonos a cenar, pero nunca lo he incluido en mi entorno, y eso a él le mataba. No tuve contacto con él durante meses. Eso fue más o menos a finales de enero, y hasta abril no volví a tener contacto, que me preguntó por el juicio mío que tenía yo con Óscar.

Abril del 2017 (un mes abans del crim)

Missatge de l'Albert a la Rosa

Oye, has tenido ya el juicio de Óscar?

Declaració de la Rosa

Me envió muchísimos, muchísimos mensajes...

Missatge de l'Albert a la Rosa

Xq me has bloqueado en whatsapp? Tanto te cuesta contestar?

Declaració de la Rosa

Que yo había sido su mejor amiga y que no entendía por qué ahora no le podía contestar, que me echaba de menos, echaba de menos el tener una amistad conmigo...

Missatge de l'Albert a la Rosa

No te cargues eso porfa

Declaració de la Rosa

Que por favor le contestara, que quería saber si yo estaba bien, que quería saber de mí...

Missatge de l'Albert a la Rosa

Confía por favor, soy yo nena

Declaració de la Rosa

Me preguntaba que si tan celoso era Pedro como para no contestar...

Missatge de l'Albert a la Rosa

Tan celoso es el echao. T suena?

Declaració de la Rosa

Y llevaba cuatro años tonteando con él y nunca he tenido nada serio, no lo iba a tener ahora. A mí me ha explicado demasiadas cosas que no me han gustado.

Recordem que el 2012 l'Albert va ser condemnat per una falta de lesions per haver colpejat un manter i dos anys després, l'agost del 2014, es va veure involucrat en un altre incident a la muntanya de Montjuïc que va acabar amb la mort suposadament accidental d'un manter que havia ferit la Rosa a la cuixa amb una navalla.

Olga Arderiu (advocada de la Rosa) per a *Crims*

La Rosa explica que ella no ha parlat fins a aquell moment

per la por que li té a l'Albert, perquè ella sap com és l'Albert d'agressiu, perquè durant els anys que han patrullat ha vist episodis violents d'ell.

Declaració de la Rosa

Tiempo atrás me explicó que hace años cogió a un vagabundo y que cada vez que pasaban por allí los perros le ladraban. Y como le molestaba que le ladraran, que quemó al vagabundo y lo metió dentro de una fábrica y quemó al vagabundo junto con los perros. Me lo contó como riéndose, como si eso fuera algo normal. Tuvimos también una actuación que me hizo desconfiar de él. Tuvimos una actuación en Montjuïc en que hubo un hombre me vino con una navaja y me dio en la pierna. Cuando yo llegué abajo, que tenía sangre en la pierna, yo iba andando, el hombre estaba muerto. Pregunté que qué es lo que había pasado y me dijo que es que él lo había matado. Y que no quería que nadie me tocara y que nadie se acercara a mí. Son muchas cosas que a mí me han dado mucho miedo y sigo teniéndole miedo, y temo que si se acerca a mí será capaz de cualquier cosa, ¿no? No le da miedo nada, no tiene... Él me lo ha dicho muchas veces: «No tengo nada que perder».

Missatge de l'Albert a la Rosa

Hasta ayer no era capaz de pensar en ti sin llorar. Me avergüenza como fui. He llorado tanto.

Declaració de la Rosa

Él tiene una obsesión conmigo, está muy, muy obsesionado. Me enviaba mensajes con fotos desde su casa que se ve que tiene un cuadro en que salgo yo; como queriéndome decir: «Sigo teniéndote presente, sigo queriendo contigo esta vida».

Missatge de l'Albert a la Rosa

Debí esforzarme más en amarte como mereces.

Segons la Rosa, des del mes d'abril l'Albert li truca i li envia missatges a totes hores. Diu que és tan insistent perquè vol recuperar-la, que fins i tot es presenta per sorpresa a un dinar on hi ha la Rosa i les seves amigues, amb un regal que recorden totes les noies; pel regal en si i per la manera d'entregar-lo.

8 d'abril de 2017 (un mes abans del crim)

Declaració d'una amiga de la Rosa

Estábamos en una terraza esperando para entrar a comer y de pronto aparece el señor Albert vestido de uniforme y le entrega una cajita y le comenta: «Toma, por si te lo piensas».

Declaració de la Rosa

Me lo medio tiró, así como «Toma, piénsatelo», que estaban mis amigas delante y dijeron: «¿Y este así te trae un anillo? Vaya manera más fea de traer un anillo de compromiso».

Olga Arderiu (advocada de la Rosa) per a *Crims*

El gest d'entregar aquest anell és perquè, com que s'ha as-

> sabentat per alguna via que el Pedro li ha donat un anell, doncs ell també vol intentar recuperar-la per aquesta via.

DECLARACIÓ DE LA ROSA

> Y se lo devolví, y le sentó fatal, cuando le devolví el anillo. No quería problemas con Pedro. Y digo: «¿Y si llego a casa con el anillo y Pedro me pregunta de dónde he sacado un anillo?». Dije: «No quiero problemas». Y se lo devolví. Se enfadó muchísimo, con eso, también.

Però el comportament estrany de l'Albert encara va més enllà: dues setmanes abans del crim té una conversa amb el seu company de patrulla, una conversa que portarà cua.

16 D'ABRIL DE 2017 (QUINZE DIES ABANS DEL CRIM)

DECLARACIÓ D'UN COMPANY DE L'ALBERT

> Pues ese día estábamos trabajando en la zona de Glòries. Ese día me pregunta que cómo me podía deshacer de un cuerpo. Me sorprende la pregunta. No pregunto ni por qué me pregunta eso ni nada por el estilo, solamente me baso en decir lo que vemos por la tele o lo que vemos en los programas que echan, y le dije: «Pues si se dejan algún tipo de marcas en el cuerpo o algo por el estilo, lo importante es que no se vea ningún tipo de huella. Cogería el cuerpo, lo pondría dentro de un coche, le prendería fuego, lo dejaría en una zona de bastante difícil acceso para los bomberos, para que no pudieran apagarlo. Para que no se sepa nada».

23 d'abril de 2017, Sant Jordi (vuit dies abans del crim)

Félix Martín (fiscal) per a *Crims*

El día de Sant Jordi, el 23 de abril, dedicatorias de la señora Rosa al señor Pedro absolutamente románticas a más no poder... de denotar que hay un proyecto sentimental muy sólido entre ellos y de... «Eres el hombre de mi vida»... un mensaje extremadamente romántico y de una unión sentimental muy sólida.

Toni Muñoz (periodista) per a *Crims*

El Pedro Rodríguez li regala un exemplar de *Cincuenta sombras de Grey*, en què li fa una dedicatòria on li diu: «Jo t'he entregat la meva vida, jo t'he lliurat a tu la meva vida; per tant, aprofita-la i esperem que surti bé».

Pedro (dedicatòria)

Solo sé una cosa, eres mi vida y yo te entrego la mía, aprovéchala y disfrútala al máximo. Hoy solo tenemos esta. Te amo mi niña.

28 d'abril de 2017 (cinc dies abans del crim)

El judici de la pornovenjança, que s'havia de celebrar avui, s'ajorna per un problema en el procediment. L'endemà, el 29, la Rosa compra cinquanta testos d'embaràs per Amazon. Falten dues nits per a la nit del crim.

Nota de veu del Pedro

Sí, lechuguín, era por si os veníais a la torre, que íbamos a comprar unos pollitos y a echar allí el día.

Declaració de la Rosa

El día 1 de mayo nos fuimos a la torre de Pedro en Roda de Berà.

Olga Arderiu (advocada de la Rosa) per a *Crims*

L'1 de maig van decidir de passar-lo a nivell familiar amb els pares de la Rosa. En primer lloc van anar a uns tobogans que hi ha a prop de Calafell. Tenim moltíssimes fotos on es veu el Pedro baixant pels tobogans amb les filles de la Rosa. Es veu la Rosa, se'ls veu somrients... Fins i tot van comprar un abonament de cinquanta viatges que no van gastar aquest dia amb la idea que hi continuarien anant més caps de setmana amb les seves filles o el fill del Pedro, i per tant, doncs, utilitzant-los per diferents dies. Aquest lloc es trobava situat a prop d'on tenia la segona residència la família del Pedro.

Declaració de la Rosa

Las niñas se estuvieron bañando en la piscina, estuvimos limpiando la torre, cortando la yerba...

Olga Arderiu (advocada de la Rosa) per a *Crims*

Van passar la tarda, el pare de la Rosa i el Pedro, al jardí arreglant les males herbes, tallant-ho tot, posant-ho en condicions... Fins i tot volien posar un *chill out*. És un dia normal, en família, en el qual no hi ha, en absolut, res estrany, se'ls veu feliços.

Després de passar el dia a Roda de Berà, al vespre, el Pedro, la Rosa i les nenes tornen a la casa de Cubelles.

20.36 h

OLGA ARDERIU (ADVOCADA DE LA ROSA) PER A *CRIMS*

La Rosa envia a un xat que té d'unes amigues uns missatges i unes fotos de les nenes dormint al cotxe. Entre això i el moment en què es connecten amb els repetidors, podem saber les hores.

WHATSAPP DE LA ROSA

ROSA
Mirad cómo vuelven las rubias.
Están reventadas. La que os habéis perdido!!!

21.37 h

OLGA ARDERIU (ADVOCADA DE LA ROSA) PER A *CRIMS*

Ells arriben a casa a les 21.37.

DECLARACIÓ DE LA ROSA AL JUDICI
(TRES ANYS DESPRÉS DEL CRIM)

FISCAL: Pues vamos a la famosa noche, si a usted le parece. Para situarnos, ustedes acaban de llegar de Roda de Berà... En primer lugar, su GPS la sitúa a usted... me parece que es... a las 21.37, en su casa. ¿Está usted de acuerdo?

Rosa: Sí.
Fiscal: Vale. Vamos a ver si podemos situar al jurado. Quiero que se ponga el mensaje de las 21.41, cuando dice usted: «¿Hay ratoncito?». Usted... ¿Están en casa, cuando manda este mensaje?

Olga Arderiu (advocada de la Rosa) per a *Crims*

La casa de la Rosa té dos pisos; al pis de baix hi tenen ratolins. Des de fa mesos hi ha missatges de la Rosa al Pedro preguntant-li si hi ha ratolins, perquè el que fan és posar trampes per matar-los i a ella li fa molta cosa. És el Pedro el que va a mirar si hi ha algun ratolí enganxat i el treu perquè la Rosa no vegi el ratolinet allà mort.

Declaració de la Rosa

Acosté a las niñas y nosotros nos pusimos a recoger la ropa que teníamos abajo para lavar y teníamos faena.

Olga Arderiu (advocada de la Rosa) per a *Crims*

Tenien les nenes, les havien de posar a dormir, després havien de sopar ells, i mentrestant van posar rentadores i assecadores que tenien pendents.

21.51 h

Declaració de la Rosa al judici
(tres anys després del crim)

Fiscal: A las 21.51 usted llama al señor Albert, que no le contesta el señor Albert, ¿para qué le llama?
Rosa: Porque tenía una barbaridad de mensajes de Albert que no había podido contestar, porque, aunque iba con-

duciendo Pedro, no sabía si podía mirar el móvil o no. Y yo iba viéndolos, porque si estaba contestando a mis amigas, lógicamente, podía verlos, y no pude contestar. O sea, tenía una cantidad de mensajes que lo que no podía era ponerme a leerlos, me era más fácil llamarle y decirle: «Para de enviarme mensajes, porque no puedo ni siquiera leerlos, y no voy a leerlos y no te voy a contestar ahora».

Olga Arderiu (advocada de la Rosa) per a *Crims*

L'Albert li havia estat enviant missatges perquè volia anar a veure-la, i al final ella aprofita que ha anat a baix a posar la rentadora i l'acaba trucant, que no l'agafa, i acte seguit hi ha una altra trucada que sí que l'Albert agafa i parlen quatre minuts.

21.54 h

Declaració de la Rosa al judici
(tres anys després del crim)

Ese día le llamo, primero, porque no voy a leer los mensajes, y segundo, porque le quiero dejar claro que pare de enviarme mensajes. Si ya le he dejado claro que el día que pueda hablar hablaré y el día que no pueda hablar no hablaré, pero nosotros no tenemos ya ninguna relación como la que teníamos antes y nosotros ya nos hemos distanciado.

Olga Arderiu (advocada de la Rosa) per a *Crims*

Ell utilitza l'excusa de la suspensió del judici de la pornovenjança i ell es preocupa per com està i per tot això, i ella li diu: «Mira, estic amb el Pedro, no puc quedar amb tu ni podem parlar ni res». I com que veu que per missatge no ho acaba entenent, doncs per això l'acaba trucant. El que passa és que aquests missatges de whatsapp no els tenim, perquè la Rosa els esborra precisament perquè no els vegi el Pedro. El Pedro es connecta al wifi de casa seva al voltant de les 22.00, i a partir d'aquí ell manté tota una sèrie de converses de whatsapp amb diferent gent. Parla amb el pare de la Rosa, li dona les gràcies per tot el que l'ha ajudat aquell dia, i el pare de la Rosa li contesta que sempre que vulgui mà d'obra el tindrà a la seva disposició.

WHATSAPP DEL PEDRO AL PARE DE LA ROSA

PEDRO
Oye, muchísimas gracias por
ayudarme con la casa

PAPA MI NIÑA
Ha sido un placer. Cuenta con la mano
de obra siempre que lo necesites

OLGA ARDERIU (ADVOCADA DE LA ROSA) PER A *CRIMS*

Amb la seva tieta Tere, tota una sèrie de fotos d'aquell dia de com ha quedat el jardí.

WHATSAPP DEL PEDRO A LA TIETA TERE

PEDRO
Tengo a Rosa ahí esclavizá

22.19 h

OLGA ARDERIU (ADVOCADA DE LA ROSA) PER A *CRIMS*

Hi ha també aquí el missatge d'ell amb la Patricia. La Patricia li demana si el dimecres anirà a recollir el seu fill. El Pedro contesta que sí, que hi anirà dimecres.

Recordeu que la Patricia és l'exdona del Pedro, també mossa d'esquadra, com l'exmarit de la Rosa.

MISSATGE DEL PEDRO A LA PATRICIA

Buenas te parece que vaya el miércoles
por él? Y el domicilio no te lo di ya? Perdona..
Vivo en Vilanova i la Geltrú, 08800...
Aunque es dentro del término de Cubelles

22.47 h

OLGA ARDERIU (ADVOCADA DE LA ROSA) PER A *CRIMS*

A les 22.47 té un xat amb un noi que li vol comprar la moto.

WHATSAPP DEL PEDRO A UN NOI INTERESSAT EN LA SEVA MOTO

PEDRO
Necesito saber ya si te quedas la moto

OLGA ARDERIU (ADVOCADA DE LA ROSA) PER A *CRIMS*

Ell acaba mirant una sèrie de cotxes en el seu mòbil, perquè ell, el que vol fer, és canviar-se el cotxe per tenir-ne un de més gran, justament perquè hi puguin anar amb la Rosa, les filles de la Rosa, el seu fill i... si a més a més tenen un fill en comú...

DECLARACIÓ DE LA ROSA

Durante todas esas horas no paré de recibir mensajes de Albert. Yo lo que intenté es que él se pensara que estaba durmiendo, para que no se plantara en mi casa. ¡Que si yo me he dormido que no aparezca! ¡Porque no me imaginaba por nada del mundo que a las dos o tres de la mañana se le ocurriera aparecer en mi casa! Tuve que poner el teléfono en silencio, porque no paraba de recibir mensajes diciéndome: «Voy a ir a tu casa y, sí o sí, sal».

01.56 h

ROSA: Me pasé todas esas horas sin poder ir a dormir, porque estaba de los nervios, pensando si eso iba a ser cierto y si me iba a encontrar otro episodio como el de enero.

Quan parla d'un altre episodi com el de gener es refereix a l'escena de gelosia de l'Albert quan l'enxampa a casa amb el Pedro.

02.47 h

ROSA: No recuerdo en qué momento, pero recuerdo tener que poner el móvil en silencio. Ya no pude contestar a ningún otro mensaje, porque, si contesto, Pedro me hubiese preguntado: «¿A qué has contestado, si no te ha sonado el teléfono?». Y lo que fui haciendo fue ir mirando los mensajes. Le decía a Pedro «Voy abajo», «Pongo la lavadora», «Me voy para arriba». Pedro me decía: «Pues bajo contigo y te ayudo», porque Pedro para eso estaba siempre conmigo. Pues él venía para abajo, yo quería mirar los mensajes e iba para arriba. Lo que quería era estar despierta y evitar que Pedro saliera, evitar que se discutieran, evitar escuchar esos gritos, evitar todo ese tipo de...

FISCAL: ¿No se acostó el señor Pedro en ningún momento?
ROSA: No.
FISCAL: Estaba despierto.
ROSA: Ambos estábamos despiertos.

Dos mesos després del crim, la comitiva judicial es trasllada amb els dos investigats a l'escenari del crim per fer una reconstrucció dels fets. A la porta de la casa de Cubelles els esperen una munió de periodistes. Els agents que custodien els dos detinguts des del vehicle policial fins al pati del xalet els tapen amb un paraigua groc per preservar la seva imatge. La Rosa va vestida amb una brusa de ratlles blanques i negres i uns pantalons de pinces negres.

RECONSTRUCCIÓ DELS FETS
(DOS MESOS DESPRÉS DEL CRIM)
(*Cubelles, pati de casa de la Rosa*)

JUTGESSA: ¿Sabes en qué consiste lo que vamos a hacer?
ROSA: Sí.
JUTGESSA: Vale. Tienes que reconstruirlo desde el momento en que supuestamente Albert viene a la casa.
(*A l'habitació de la planta baixa on hi ha la rentadora*).
ROSA: Entonces, en el momento que Albert llegó, él además me estaba escribiendo mensajes. En ese momento abrí esta puerta (*assenyala la porta que dona a l'exterior*), y cuando salí lo vi que ya estaba saltando la valla por la parte más baja, por la parte derecha.
JUTGESSA: Vale, y ¿dónde estaba Pedro en ese momento?
ROSA: Pedro seguía aquí.
JUTGESSA: ¿Aquí?
ROSA: Sí, también. Haciendo conmigo lo de las lavadoras.

Doblando ropa exactamente igual que yo. Las niñas estaban arriba y nosotros estábamos aquí abajo.

JUTGESSA: Vale, entonces, ¿usted, sale fuera?

ROSA: Sí.

JUTGESSA: Vale, sale fuera. ¿Y Pedro se queda aquí dentro?

ROSA: Sí.

JUDICI (TRES ANYS DESPRÉS DEL CRIM)

FISCAL: Cuénteme su versión, Rosa, de lo que pasa a las tres de la mañana, cuando llega el señor Albert.

ROSA: Si quiere le describo lo que vi.

FISCAL: Eso es lo que le he preguntado, señora Rosa.

ROSA: No es normal venir hacia mí, entrar en mi casa, saltar una valla y acercarte hacia mí con una... poniéndote una braga y llevando unos guantes y con una mochila y con un palo sobresaliendo. No es normal, nada de eso. No es normal ver que viene una persona con una hacha y que me enseñe la pistola, que se levante la camiseta y me enseñe la pistola, eso no es normal. En ese momento lo único que pude pensar es... Me quedé inmovilizada, o sea, aun siendo policía, aun sabiendo todo lo que se supone que podría saber en ese momento para defenderme, me quedé inmóvil, no me moví, me quedé quieta, y solamente me moví en el momento que él me pidió el teléfono, que cuando me pidió el teléfono me vi con valor de salir corriendo, me vi con valor de tirarle el teléfono y salir corriendo.

FISCAL: ¿Usted no alerta al señor Pedro que ha llegado el señor Albert?

ROSA: En ese momento estaba yo con un ataque de ansiedad y con unos nervios y con un miedo de ver a esta persona es esas condiciones en contra de mí, que salí corriendo y es que no pensé en gritar, ni en decir... Lo único que pude es correr hacia arriba.

RECONSTRUCCIÓ DELS FETS (DOS MESOS DESPRÉS DEL CRIM)
(*Cubelles, al pis de dalt de la casa, on hi ha els dormitoris*)

ROSA: En el momento en que subí, cerré la puerta, cerré la llave de aquí. Esta persiana ya la tengo bajada porque está rota, pero esta la tenía subida y entonces bajé la persiana (*Abaixa la persiana*). Bajé esa otra persiana (*L'abaixa també*).

La Rosa s'ha atrinxerat al pis de dalt, amb les dues nenes. El Pedro i l'Albert són a baix.

JUDICI (TRES ANYS DESPRÉS DEL CRIM)

FISCAL: ¿Y qué es lo que escucha usted?

ROSA: En ese momento empiezo a escuchar muchos golpes, empiezo a escuchar golpes, unos cuantos golpes, llegué a escuchar, pero eran muchos golpes y muy continuos. Escuché golpes y golpes y golpes.

FISCAL: ¿Golpes fuertes?

ROSA: Sí.

ROSA: Al cabo de una hora o cerca de dos, me grita que me asome o que baje; que, si no, va a subir a por las niñas. Y lo veo con ropa oscura y con una hacha en la mano y me dice: «Dame las llaves del coche y dame las llaves de casa. Quiero las llaves del coche de Pedro». Y cojo y se las tiro y vuelvo a meterme en casa. Al cabo de un rato, igual pasó otra hora, a las cuatro de la mañana, vi que el coche de Pedro lo había metido dentro de casa.

Reconstrucció dels fets (dos mesos després del crim)
(*Cubelles, al pis de dalt de la casa*)

Rosa: Y cuando le di las llaves lo que hice fue coger el mueble este de aquí y arrastrarlo. Este mueble lo arrastré hasta aquí, porque pensé...

Jutgessa: Hágalo. Haga lo mismo que hizo esa noche.

Rosa: Lo que hice fue hacer esto (*arrossega sense cap dificultat un moble sabater que li arriba a l'altura del pit i tapona la porta*). Pensaba que, si abría la puerta, como mínimo esto le servía para poder atrancarla. Que no le sirve, porque lógicamente es un mueble muy endeble, pero algo podía hacer. Ahora, ¿cómo hago yo para evitar que venga a por mí? No tengo opción de evitarlo, ¿qué hago? ¿Salto por la ventana con una niña de cuatro años y con otra de seis? ¿A quién llamo? ¿A Mossos, voy a llamar? ¿Cómo? ¿Chillando? (*se li trenca la veu a causa del plor*). Es que no os dais cuenta realmente del daño que ha hecho. No sé si es que no lo pensáis o no os paráis a verlo.

Jutgessa: Vale. ¿Pues cuándo desatranca usted la puerta?

Rosa: Cuando me dice que baje a limpiar; que me dice que baje y que si no bajo sube él. Entonces en ese momento desatranco la puerta, vuelvo a cerrarla y me bajo abajo, y cuando él me dice que limpie le digo: «¿El qué? ¿Qué quieres que limpie?». Y me dice: «Aquí». Y yo digo: «¿Aquí? Si, aquí... ¿qué hay? ¿Agua, lejía? ¿Qué tengo que limpiar con agua y lejía? No lo entiendo». Me dice: «Que limpies y te calles». Me pongo a limpiar, pero no encuentro nada, absolutamente nada. No hay manchas, no está Pedro, no hay nada.

JUDICI (TRES ANYS DESPRÉS DEL CRIM)

FISCAL: Fíjese usted que los teléfonos sitúan a Albert en un repetidor compatible con su domicilio hasta las 22.20. ¿Puede ser que él se marchara sobre las 22.20?

ROSA: Puede ser.

FISCAL: Vale. Antes de irse Albert, ¿le dijo algo en relación al señor Pedro?

ROSA: Me dio el teléfono móvil de Pedro y me dijo que contestara a todos los mensajes de Pedro. Yo estaba de los nervios...

OLGA ARDERIU (ADVOCADA DE LA ROSA) PER A *CRIMS*

Ell li diu que té un judici —perquè, esclar, entre que arriba a les tres i passa tot això, ja es fa de matinada—; que té un judici a la Ciutat de la Justícia i li dona el mòbil del Pedro i li diu que contesti els missatges com si fos el Pedro.

CONVERSA DE WHATSAPP AMB L'OLIVER, AMIC DEL PEDRO

OLIVER
Hooola, llámame, melón!

PEDRO
Melóóón. Haces que la jefa
me traiga el teléfono al lavabo

OLIVER
Así aprovechas y le pegas
un rapidito tontorrón!!!

PEDRO
Eso siempre

Judici (tres anys després del crim)

Rosa: Empezaron a sonar mensajes de Pedro. Contesté, como me dijo Albert que hiciera. Me puse muy nerviosa y no sabía qué hacer, y, como mis padres me llamaron para ver dónde estaba, les dije que se llevaran a las niñas.

No sé si entiende los nervios que yo tuve durante esos días (*amb veu plorosa*), y que en ese momento yo no supiera lo que iba a pasar después... ¿Usted sabe lo que yo pasaba... por mi cabeza? Claro, durante todo ese día lo único que pensaba es que igual iba a volver. Igual que el día 1 estuvo a las tres de la mañana, lo que pensaba es que el día 2, a la una o a las dos, a las tres, a las cuatro, a las cinco... Cada hora estaba pendiente de si iba a volver.

20.00 h

Reconstrucció dels fets (dos mesos després del crim)
(*Cubelles*)

Rosa: Entonces es cuando llegó Albert, que me dijo: «Sal». Yo salí. Salí fuera y estaba Albert en su coche. Me subí en su coche, que yo pensé, digo: «No sé lo que va a hacer conmigo, pero como mínimo están las niñas con mis padres y a ellas no les va a pasar nada». Y me fui con él y me dijo: «Toma, ahora vas a coger... ¿Te has traído el móvil de Pedro, verdad?». «Sí, y traigo el mío». «No, no, el tuyo no; el tuyo lo dejas aquí».

Judici (tres anys després del crim)

Rosa: A mí me quita el teléfono y lo tira al buzón de mi casa, y ese es el momento en que a mí me dice que me suba en su coche. Y cuando me subo en su coche es cuando yo veo que él apaga el teléfono suyo, el Iphone, y el otro está encendido. El otro teléfono está encendido.

OLGA ARDERIU (ADVOCADA DE LA ROSA) PER A *CRIMS*

Ell ha deixat el seu mòbil apagat. Al del Pedro li fa posar l'adreça de casa del Rubén i es desplacen amb el cotxe de l'Albert, tots dos a dintre del cotxe de l'Albert, fins a casa del Rubén.

JUDICI (TRES ANYS DESPRÉS DEL CRIM)

ROSA: Llegamos a casa de Rubén y me dijo: «Ahora te vas a enviar unos mensajes como si te los enviara él a ti».

MISSATGE DE WHATSAPP DES DEL TELÈFON DEL PEDRO

PEDRO
Cosita. No te quiero contar
para no implicarte en mis cosas.
No te enfades. Apago que no
quiero que me esté vibrando el móvil

JUDICI (TRES ANYS DESPRÉS DEL CRIM)

ROSA: Escribí varios mensajes y me apagó el móvil.
FISCAL: Señora Rosa, después de apagar el teléfono de Pedro al lado de la casa de Rubén, ¿qué hacen ustedes?
ROSA: En ese momento me lleva él a casa, a mi casa, y ese es el momento en el que me da las llaves del coche de Pedro. Me dice que le siga, y en ese momento yo cojo el coche y le sigo. Yo no sabía dónde íbamos, no sabía dónde me dirigía. Simplemente me limitaba a seguirle.
FISCAL: ¿Dónde van? ¿Al pantano directamente?
ROSA: Sí. Además, sabía perfectamente dónde iba, él; o sea,

sabía el lugar donde iba, porque además puso el intermitente; lo tenía muy claro. Él pone el intermitente, entra en una zona de tierra. Le seguí por donde él me dijo y luego él dejó el coche al principio del camino.

RECONSTRUCCIÓ DELS FETS (DOS MESOS DESPRÉS DEL CRIM)
(*Al pantà de Foix, a la pista forestal on es va trobar el cotxe calcinat*)

JUTGESSA: ¿Hasta dónde llegan los coches?
ROSA: Aquí.
JUTGESSA: ¿Los dos coches?
ROSA: Él lo deja unos metros un poco más abajo.
JUTGESSA: Vale. ¿Y usted deja el coche aquí?
ROSA: Sí. Y es cuando veo que él viene con las garrafas de gasolina y se dirige hacia mí.

JUDICI (TRES ANYS DESPRÉS DEL CRIM)

ROSA: Yo estaba pensando: «¿Y ahora qué hago?». ¿Me giro y me voy con el coche corriendo? ¿Qué es lo que puedo hacer?». Me vuelvo a quedar inmóvil, o sea, igual que me pasó el día anterior, no supe reaccionar y no supe decir: «Pues ahora cojo y salgo con el coche corriendo». No me salió, me salió quedarme quieta simplemente y ver como él se acercaba a mí con dos bidones de gasolina. ¡Lo primero que pienso es que viene a por mí, no pienso que va a ir a por el coche!

OLGA ARDERIU (ADVOCADA DE LA ROSA) PER A *CRIMS*

El que ella pensa és: «Cremarà el cotxe amb mi a dintre».

Reconstrucció dels fets (dos mesos després del crim)
(*En una pista forestal al pantà de Foix*)

Rosa: Cuando salgo corriendo, que voy en dirección a la carretera.
Jutgessa: ¿Y llega hasta la carretera?
Rosa: Llego hasta la carretera. Y cuando llego a la carretera no hay ni un solo coche.

Judici (tres anys després del crim)

Rosa: Salgo corriendo y todo lo que llevaba encima se me cae absolutamente todo, ni siquiera me paro a buscarlo; ni siquiera me paro a volver la vista atrás, porque lo primero que se me pasa a mí por la cabeza es salir corriendo. Si me tiene que pegar un tiro, ¡que me lo pegue por la espalda!

Olga Arderiu (advocada de la Rosa) per a *Crims*

Surt corrents del cotxe, i la prova és que pel camí, gairebé tocant a la carretera, ja li cauen les claus.

Aquest comentari de l'advocada de la Rosa Peral ve a tomb perquè, dos dies després que es cremés el cotxe, una persona que passava per aquell camí va trobar les claus del Volkswagen golf de la seva clienta al voral.

Judici (tres anys després del crim)

Rosa: Yo sigo corriendo e intento buscar a ver si veo algún vehículo, y no existe ningún vehículo en ese momento al que yo pueda acercarme y que pueda pararlo. Y el único coche que aparece en ese momento es el de él. Pero es que, antes de que él aparezca, yo escuché una explosión.

Olga Arderiu (advocada de la Rosa) per a *Crims*

Ella sent una explosió i veu ja baixar l'Albert amb el cotxe, se li para i li diu: «O puges o arribo jo abans on hi ha les teves filles i els teus pares». I llavors ella torna a pujar al vehicle.

Judici (tres anys després del crim)

Fiscal: Sigamos, señora Rosa. Montan en el coche y ¿dónde van?

Rosa (*se li trenca la veu, gairebé no pot parlar*): En ese momento él me lleva a mi casa y me dice que no diga absolutamente nada. Yo digo: «No voy a denunciar por lo del coche, me da igual, el coche es un coche, es material, me da absolutamente igual. Pero déjame en paz. Yo lo que quiero es que me dejes en paz».

La Rosa sosté que en aquest moment encara no sap que a dins del cotxe hi ha el cadàver del Pedro.

Olga Arderiu (advocada de la Rosa) per a *Crims*

Ella ho explica tot amb molta contundència i sempre ho explica de la mateixa manera, i això normalment passa quan algú està dient la veritat. Tu pots dir: «A mi em sembla molt rara la seva actuació dels dies després», que és una cosa que s'ha posat molt en dubte, si realment tenia por o no tenia por. Però, si tu et creus realment que ella ha tingut aquesta por, tot quadra. Tota la seva versió quadra, i tot el que ella explica no es contradiu amb les proves objectives que hi ha. Per tant, és perfectament possible que això hagi passat.

JUDICI (TRES ANYS DESPRÉS DEL CRIM)

FISCAL: Para finalizar, ¿usted se ratifica en todo lo que me acaba de decir? ¿O quiere usted confesar lo que hizo y reconocer que usted, junto con el señor Albert, mataron al señor Pedro?

ROSA: Yo no he tenido ningún plan con Albert, yo no he matado a Pedro. Y me ratifico, por supuesto, en todo lo que he dicho.

La Rosa es vol mostrar contundent davant del tribunal. Us ha convençut la seva versió? No tingueu pressa de posicionar-vos, ara toca escoltar la versió de l'Albert, i això serà en el proper capítol. En aquesta història queden moltes pàgines per escriure.

Capítol III

La versió de l'Albert

En els capítols anteriors

El 4 de maig de 2017 troben un cotxe calcinat amb les restes d'un cadàver al maleter.

El mort és el Pedro Rodríguez, agent de la Guàrdia Urbana de Barcelona. Després de nou dies d'investigació, els Mossos detenen la companya sentimental del difunt. Es diu Rosa Peral i també és agent de la Guàrdia Urbana.

Però ella acusa el seu amant, que es diu Albert López i també és agent de la Guàrdia Urbana. La Rosa diu que l'Albert no podia suportar que ella s'hagués enamorat del Pedro i volguessin tenir fills. Assegura que la nit del crim l'Albert es va presentar de matinada amb una destral i una pistola.

Ella va entrar en pànic i es va tancar en una habitació per protegir les filles, i només va sentir cops. Insisteix que sempre va seguir les instruccions de l'Albert i que els dies posteriors al crim va viure atemorida per por que el seu examant fes mal a les nenes. Per això va callar.

Judici (tres anys després del crim)

Rosa: Yo no he tenido ningún plan con Albert, yo no he matado a Pedro. Y me ratifico, por supuesto, en todo lo que he dicho.

Hola a tothom, soc Carles Porta, gràcies per acompanyar-nos. En aquest tercer episodi del crim de la Guàrdia Urbana coneixerem la versió de l'Albert, l'amant de la Rosa. En el primer episodi vam conèixer els fets i els detalls que van trobar els investigadors. En el segon capítol vam sentir la Rosa acusant l'Albert de ser l'autor de la mort del Pedro, per gelosia i perquè no suportava —va dir la Rosa— que ella i el Pedro volguessin formar una família i que ell en quedés al marge. Ja vam dir que els morts no poden mentir, però els vius sí. Escoltem què ens diu ara l'Albert. És la mateixa història, però des d'una altra perspectiva. A veure si la seva versió ens ajuda a posar llum a la foscor. Comencem.

Missatge de la Rosa a l'Albert,
que està de vacances a la Riviera Maya

Rosa
Te echo de menos
Tenemos muchas coses pendientes por hacer...
Ir a la nieve
Hacer la ruta 66
Ir a una isla
Vivir juntos
Enseñarte a querer
Tener una familia
Somos uno ¿Recuerdas?

Més endavant veurem per què l'Albert és a la Riviera Maya. De moment llegim el que declara, ja detingut, davant la jutgessa d'instrucció.

Declaració d'Albert López

Jutgessa: Bien, pues se va a practicar ahora la declaración de don Albert López Ferrer. Albert, ¿conoce usted los hechos por los cuales está usted detenido?

Albert: Sí, los conozco.

Jutgessa: De acuerdo. Vamos a ver, Albert, ¿quiere usted prestar declaración?

Albert: Sí.

Jutgessa: Bien.

Talls del *Telenotícies*

«Els Mossos han detingut dos agents de la Guàrdia Urbana de Barcelona per la seva presumpta...».

«Es tracta de la parella de la víctima i un company seu de la mateixa unitat del cos...».

«Un fet que quasi quasi podríem estar parlant d'un culebrot...».

«Havien estat parella, companys de patrulla i ara se suposa que tornaven a ser amants».

«A ell el van detenir en dependències de la Urbana a Zona Franca. Li van dir que deixés l'arma i que es presentés al despatx del comandament».

«Els Mossos estan ara recollint tota la informació i dades obtingudes en el registre de casa d'ell a Badalona».

Badalona. Escorcoll a casa de l'Albert

Toni Muñoz (periodista) per a *Crims*

Quan els Mossos d'Esquadra practiquen l'escorcoll a casa de l'Albert, veuen una casa aparentment endreçada, un pis molt molt net. Però, quan obren els armaris, ell havia col·locat la roba, havia endreçat de qualsevol manera, cosa que implicava una mica que tot plegat era pura façana. Troben records, fotografies amb la Rosa, alguns pòstits amb notes d'amor. I després, quan analitzen i escorcollen el seu cotxe, s'adonen que l'ha rentat completament tant per dins com per fora. Està impecable, però tot i així el maleter fa molta pudor de benzina.

Sergent Domènech (Divisió d'Investigació Criminal) per a *Crims*

El vehicle de l'Albert va donar positiu de benzina. Allà, en aquell vehicle, feia poc temps s'havia transportat benzina o s'havia vessat benzina o alguna cosa similar, perquè van posar l'aparell de detector de benzina i va donar positiu.

Telenotícies

«[...] incomunicats entre ells des que dissabte van ser detinguts. L'advocat del detingut, Albert López, diu que el seu client no va tenir res a veure amb la mort de la víctima, però sí que va admetre la participació en el cas».

José Luis Bravo (advocat de l'Albert) per a *Crims*

Es inocente, así de claro. Admite una participación que no tiene nada que ver con la muerte. La primera vez que yo veo a Albert es en el Juzgado de Vilanova, poco antes de que declarara. Yo me encontré con una persona que estaba absolutamente hundida. Pensaba que aquella detención suponía la pérdida de su trabajo y un trastorno serio en su vida. Lo que no pensaba él en ningún momento es que Rosa le acusara finalmente a él de ser el autor de la muerte, y cuando yo se lo dije, realmente, la reacción fue tremenda. Mi consejo en aquel momento era que no declarara, puesto que estaba declarado secreto el procedimiento, pero él tenía unos deseos enormes de declarar. Y a él le entró una especie de crisis de ansiedad en la que no puede creer que Rosa le traicione de la manera en que le ha traicionado. Porque él siempre sostuvo, sostiene y sostendrá que lo único que hizo fue ayudar a Rosa después de la muerte de Pedro.

Declaració de l'Albert López
(quinze dies després del crim)

Jutgessa: Albert, ¿qué relación ha tenido o tiene con Rosa?

Albert: Tuve relación hasta octubre del año pasado... eh... novios, pero no al cien por cien. O sea, cada uno vivía en su casa, pero hacíamos cosas juntos.

Jutgessa: Ustedes dejan la relación en octubre de 2016, ¿por algún motivo?

Albert: Sí, porque no compartíamos los mismos fines. Ella quería tener hijos y estar por ellos y yo prefería viajar. Esa situación, aunque evidentemente esté feo decirlo, porque es así, pero... me iba bien; me iba bien para mis intereses.

JOSÉ LUIS BRAVO (ADVOCAT DE L'ALBERT) PER A *CRIMS*

Rosa ya alternaba la relación con Rubén y con Albert durante un tiempo. Al poco tiempo Rosa le dice que se va a casar con Rubén.

DECLARACIÓ DE L'ALBERT

Yo sabía que estaba con Rubén, lo conocí dos veces, que fuimos a una esquiada y una salida en moto. E incluso en 2012, cuando ella contrae matrimonio, la noche anterior estuvo en mi casa y me dijo: «Si tú me dices que no me case, yo no me caso». Y la invité por favor a que se casara.

JOSÉ LUIS BRAVO (ADVOCAT DE L'ALBERT) PER A *CRIMS*

Ella se casó, pero la relación con Albert no finalizó ahí. Tiene relaciones con Albert hasta el mes de octubre y al mismo tiempo está con Rubén.

Durant els quatre anys en què l'Albert i la Rosa tenen una relació —són parella a ulls de tothom a la Guàrdia Urbana—, ella segueix casada amb el pare de les seves filles. L'Albert ho sap, però el Rubén, el seu marit, no. El 2016, fart de les infidelitats de la Rosa, el Rubén posa fi al matrimoni i comença una relació amb una altra dona.

DECLARACIÓ D'UN COMPANY DE LA GUÀRDIA URBANA

Me llamó Rosa y estaba con un ataque de ansiedad. Me decía: «Que es que he visto a Rubén, y lo he visto de la mano de otra tía en Cuní». Y, claro, yo le dije: «Pero, Rosa, si tu llevas cuatro años con Albert».

José Luis Bravo (advocat de l'Albert) per a *Crims*

La relación matrimonial, obviamente, estaba muy deteriorada. Pero era tan tremendamente posesiva que no comprendía y no aguantaba que Rubén hubiera iniciado una nueva relación. De hecho, cuando esta relación ya va a más, Rosa ficha su teléfono, el teléfono de la compañera de Rubén, como «puta».

La Rosa i el Rubén se separen definitivament. La relació entre la Rosa i l'Albert fa mesos que està en un punt mort i, ara que no hi ha el Rubén, l'Albert creu que passarà a ser l'únic home de la vida de la Rosa. No té ni idea que la Rosa viu amb el Pedro, perquè ella no l'hi ha dit.

Gener del 2017 (quatre mesos abans del crim)

Declaració de l'Albert al judici
(tres anys després del crim)

Fiscal: ¿Cuándo y cómo se entera usted de que la señora Rosa se está viendo con el señor Pedro?

Albert: Yo decido por mi cuenta; como le había puesto las maletas y tal a la moto, pues le tenía que hacer quilómetros, y me voy hacia Cubelles pensando: «Ostia, tenía que hacer la mudanza, estaba con sus padres liada, voy a ayudarla». Pero la sorpresa me la llevé yo cuando llegué allí. Porque esta señora estaba en la cama con el otro señor. Veo que se asoma Pedro sin ropa y esta señora abrochándose. Entonces baja. Y allí es cuando entramos en lo que se ha dicho, que yo monto el numerito. Yo monto el numerito solo hacia esta persona por la escena que me encuentro, un numerito que no pasa de tres insultos, coger mi moto y marcharme.

Conversa de whatsapp entre la Rosa i l'Albert

Rosa
Q coño te pasa?

Albert
Puta

Rosa
Por qué te comportas así?

Albert
Eres una puta y una mentirosa

José Luis Bravo (advocat de l'Albert) per a *Crims*

Albert se entera de que, estando con él todavía, ya estaba con Pedro y tiene una reacción furibunda.

Conversa de whatsapp entre la Rosa i l'Albert

Albert
No vuelvas a hablarme en tu vida, puta

Declaració de l'Albert al judici
(tres anys després del crim)

Albert: Ella me lo había negado por activa y por pasiva. Si me lo hubiera dicho, no hubiera habido ningún problema, pero me lo negó tanto tiempo, que, cuando yo descubro la verdad, me duele, y eso es así. Me duele, porque yo había querido con locura a esta señora, porque la había querido, y por eso me encuentro aquí, simplemente por eso.

FISCAL: O sea, corríjame, si lo he entendido bien: que, si se lo hubiera dicho con tiempo, ¿no le hubiera importado que estuviera con el señor Pedro?
ALBERT: No me hubiera importado.

FÉLIX MARTÍN (FISCAL) PER A *CRIMS*

El señor Albert, muy enfadado, tiene palabras muy gruesas y mensajes muy gruesos con la señora Rosa donde la acusa directamente de haber iniciado una relación sentimental con el señor Pedro. La señora Rosa, y eso es muy importante, niega que tenga nada con el señor Pedro.

WHATSAPP DE LA ROSA A L'ALBERT

ROSA
No te he engañado. No me ha tenido
ni me tendrá. Solo tú me has tenido.
Y quiero que sigas teniéndome. Quiero esto

DECLARACIÓ DE L'ALBERT AL JUDICI
(TRES ANYS DESPRÉS DEL CRIM)

Estoy en mi domicilio solo, pensando en la guarrada, con perdón, que me ha hecho, y le contesto mal.

WHATSAPP DE L'ALBERT A LA ROSA

ALBERT
Para mí estás muerta

DECLARACIÓ DE L'ALBERT AL JUDICI
(TRES ANYS DESPRÉS DEL CRIM)

Estos mensajes vienen precedidos de setenta y siete mensajes por parte de esta señora diciéndome de volver: «Aquí no ha pasado nada, te estás equivocando, estás loco, esto no es lo que parecía...», cuando era evidente lo que parecía.

FÉLIX MARTÍN (FISCAL) PER A *CRIMS*

El señor Albert, fruto de la ira, reenvía mensajes supuestamente amorosos, que él ha mantenido con Rosa, al señor Pedro.

DECLARACIÓ DE L'ALBERT AL JUDICI
(TRES ANYS DESPRÉS DEL CRIM)

A Pedro yo le dije por whatsapp: «Oye, dile a tu novia que no me escriba más». Y él me dijo: «Dudo que teniéndome a mí te escriba a ti». Vale, acto seguido, como en un juicio, pruebas; tácitas y explícitas: le envié todas las capturas de pantalla de esos quince días, todas.

DECLARACIÓ D'UN COMPANY DE LA GUÀRDIA URBANA

Rosa me dijo: «Envié un mensaje a Albert hace ya tiempo en el que le puse que le echaba de menos». Digo: «¿Y?». Y me dice: «Y Albert cogió y le reenvió ese mensaje a Pedro y le dijo algo así como: "Mira lo que hace la guarra de tu novia"».

MISSATGES DE WHATSAPP DE LA ROSA
REENVIATS DE L'ALBERT AL PEDRO

ALBERT
reenviat a Pedro
Te echo de menos
Necesito verte
No te he engañado
No es lo que parece
No me lo he folladooo!
Solo he follado contigo
Solo tú me has tenido y quiero que sigas teniéndome

Declaració d'un company de la Guàrdia Urbana

«Pedro se puso como una fiera, me cogió del cuello, me dijo que le había arruinado la vida». Básicamente, como que se había puesto hecho una fiera. Y le digo: «¿Te volvió a coger del cuello?». Me dijo: «Sí».

José Luis Bravo (advocat de l'Albert) per a *Crims*

Un testigo de la Guardia Urbana muy amigo de Rosa manifestó que Rosa le había confesado que en dos ocasiones Pedro la había cogido del cuello.

Félix Martín (fiscal) per a *Crims*

Pedro tiene conocimiento de que, mientras ha iniciado esa relación sentimental con la señora Rosa, la señora Rosa ha tenido mensajes de contenido sentimental con el señor Albert. Y eso, en la dinámica de los mensajes entre Rosa y Pedro, provoca un antes y un después.

Whatsapp del Pedro a la Rosa

Pedro
Con quién hablas, cielo?

Pedro
Que con quién hablas tanto!!??

Pedro
Jodía... con quién hablas que ni me lees

José Luis Bravo (advocat de l'Albert) per a *Crims*

Pedro empieza a ser muy celoso, a vigilar constantemente a Rosa, sus movimientos, su teléfono...

Conversa de whatsapp entre el Pedro i la Rosa

Pedro
Con quién hablas casi
a la 1 de la mañana?

Rosa:
Con nadie. Estoy mirando vídeos

Fèlix Martín (fiscal) per a *Crims*

Le llega a decir: «Te veo conectada, ¿con quién estás hablando?». De un control enfermizo, si se me permite la expresión.

Whatsapp del Pedro a la Rosa

Pedro
Si sigues en línea me mosquearé

Fèlix Martín (fiscal) per a *Crims*

Pedro ha sido una persona que ha puesto fin a su relación sentimental anterior, con un hijo de corta edad. Hace una apuesta absoluta por la relación sentimental que tiene con la señora Rosa. Además, está pasando un momento profesional complicado. Ha sido suspendido en su trabajo por una actuación profesional que está siendo investigada.

Titular de diari

«Dos urbanos suspendidos por agredir a un motorista».

Fèlix Martín (fiscal) per a *Crims*

No está en un buen momento personal y es un jarro de agua fría, que le introducen las dudas sentimentales.

Conversa de whatsapp entre el Pedro i la Rosa

Pedro
Ya no me quieres?

Rosa
Claro que te quiero

Pedro
Me vas a hacer polvo.
Es cuestión de tiempo

Joan Carles Zayas (advocat de la família del Pedro) per a *Crims*

Es veu una situació entre ells d'inseguretat, de desconfiança, que això no continuarà cap endavant, que tu em deixaràs, no que em deixaràs tu... Era una relació en zig-zag, una relació de pujades i baixades, de moments d'eufòria i de moments de depressió.

Conversa de whatsapp entre el Pedro i la Rosa

Pedro
Ya no sé qué hacer

Rosa
Empieza por no decirme
coses feas. Eres muy duro

José Luis Bravo (advocat de l'Albert) per a *Crims*

Yo no dudo de que hubiera momentos maravillosos en la relación entre Pedro y Rosa, pero que había momentos trágicos y violentos, también.

Conversa de whatsapp entre el Pedro i la Rosa

Rosa
Me chillas y pegas portazos

Pedro
No te chillaré más. Pero no me mientas.
Eso es lo que me hace explotar.

José Luis Bravo (advocat de l'Albert) per a *Crims*

Aquella relación era una montaña rusa. Tan pronto se querían muchísimo, tan pronto iban al médico con el fin de tratar que ella se quedara embarazada. Él la ayudaba en muchísimas cosas, había una relación buena, pero claro, también había una relación violenta.

La relació entre la Rosa i el Pedro no està en un bon moment. Mentrestant l'Albert vol passar pàgina. Després d'enviar els missatges al Pedro, trenca tota relació amb la Rosa i se'n va a la Riviera Maya amb un amic. Si cal jutjar pels vídeos i les fotos de les vacances, sembla que el viatge li prova.

Riviera Maya (dos mesos abans del crim)

José Luis Bravo (advocat de l'Albert)

Albert se va al Caribe con amigos. Albert tiene muchos y muy buenos amigos. Eso dice mucho de él. Se va al Caribe para olvidarse de esa relación, y todos los amigos dijeron que tuvo mucho éxito allí. Es un hombre que se rehízo.

Declaració d'un amic de l'Albert

En verdad fue el hombre del hotel. Fue el que más éxito tuvo con las chicas. Él estaba pletórico. En ese momento

Alberto vivía un momento dulce, porque había roto la relación y estaba conociendo a muchas chicas. Lo estaba pasando bien, estaba de vacaciones.

Abril del 2017 (un mes abans del crim)

Toni Muñoz (periodista)

Després d'uns mesos de distanciament en què l'Albert trenca qualsevol tipus de contacte amb la Rosa, a principis d'abril, a la comissaria de la Guàrdia Urbana es comença a saber que el judici de la pornovenjança està a punt de celebrar-se.

Declaració de l'Albert al judici (tres anys després del crim)

En comisaría empiezan los comentarios acerca del juicio de la pornovenganza. Yo había estado, como usted sabe, años con esta señora, y había sido una de mis mejores patrullas con las que había trabajado. Sabía que era una de sus máximas preocupaciones, entonces me sabe mal, porque se acerca esa fecha y no va a tener mi apoyo.

Whatsapp de l'Albert a la Rosa

Albert
Oye, has tenido ya el juicio de Óscar?
Perdona por lo de reenviar los mensajes.
Estaba enfadado.
Lo siento. Me avergüenza cómo fui

Félix Martín (fiscal) per a *Crims*

Él le manda unos mensajes donde le pide perdón. Dice que no la ha sabido cuidar, que es consciente que la ha perdido porque se lo merece. Hay un cambio absoluto.

Declaració de l'Albert al judici (tres anys després del crim)

Fiscal: ¿Qué busca usted con estos mensajes?
Albert: No reactivar la relación de pareja, pero igual un inicio.
Fiscal: ¿Otra vez? Pero está con Pedro.
Albert: Era volver como antes cuando estaba con Rubén: un rollo o lo que fuera.

Whatsapp de l'Albert a la Rosa

Albert
Quería mirarte a los ojos una vez más.
Confía por favor. Soy yo nena

Félix Martín (fiscal) per a *Crims*

Y a partir de abril todo cambia, empieza a haber una dinámica de llamadas entre los dos que implica un *crescendo* muy rápido emocional muy fuerte entre los dos, muy fuerte y muy rápido.

8 d'abril de 2017 (un mes abans del crim)

Declaració d'un company de l'Albert

Estábamos los dos de patrulla y me comentó que se había comunicado con Rosa y que tenía que recoger unos objetos. Me comentó que estaba en Barcelona por una despedida de soltera o una fiesta de chicas o algo así. Entonces nos dirigimos al lugar. Cuando llegamos allí, se bajó del vehículo.

Declaració d'una amiga de la Rosa

Amiga: Estábamos en una terraza esperando para entrar a comer y de pronto aparece el señor Albert vestido de uniforme y le entrega una cajita y le comenta: «Toma, por si te lo piensas». Estábamos alucinando, en plan «ala, que fuerte!», ¿sabes? O sea, bueno... Abre la cajita, vemos que es un solitario con un brillante.

Fiscal: ¿Se lo puso?

Amiga: Sí.

Félix Martín (fiscal) per a *Crims*

Rosa se lo pone ante la sorpresa de las amigas. Las amigas le empiezan a preguntar: «Rosa, ¿aquí qué pasa?».

Declaració d'una amiga de la Rosa

En ese momento nos comenta que Albert estaba más cariñoso, más atento, más no se qué... Y que Pedro... bueno, también tenía sus cosas; que no era oro todo lo que relucía, que tenía dudas entre los dos.

Toni Muñoz (periodista) per a *Crims*

I durant tota aquella tarda, tal com mostren les fotografies que es van fer tot aquest grup d'amigues, ella apareix amb un anell a cada mà, un del Pedro i un de l'Albert.

José Luis Bravo (advocat de l'Albert) per a *Crims*

Ella se lleva el anillo y, para que Pedro no vea ese anillo, la cajita se la regala a una compañera. No hay constancia alguna de que ese anillo se haya devuelto nunca. Al contrario, lo que hace ella es llegar a su casa, fotografiarse la mano con el anillo y enviarle esas fotografías a Albert.

Aquestes fotografies i altres en què se la veu de cos sencer davant del mirall del lavabo amb poca roba mostrant ostensiblement l'anell.

FÉLIX MARTÍN (FISCAL) PER A *CRIMS*

De un contenido más erótico, en el espejo del baño de ella, en ropa interior, con ese mismo anillo en el espejo.

JOSÉ LUIS BRAVO (ADVOCAT DE L'ALBERT) PER A *CRIMS*

¿Qué significa eso? Aceptar, de alguna forma, esta nueva relación.

21 D'ABRIL DE 2017 (DEU DIES ABANS DEL CRIM)

FÉLIX MARTÍN (FISCAL) PER A *CRIMS*

El día 21 nos encontramos dos audios seguidos que manda Rosa al señor Albert.

ÀUDIO DE WHATSAPP DE LA ROSA A L'ALBERT

Yo acabo de dejar a las peques y voy para casa, a ver si se va este rápido y ya te digo. Se tiene que ir como mucho a y media o menos cuarto. Máximo, máximo...

Félix Martín (fiscal) per a *Crims*

Rosa viene a decir: «A ver si se va este», así habla en relación al señor Pedro. «Me he puesto a pasar de él, a ver si se va antes con su hijo».

Àudio de whatsapp de la Rosa a l'Albert

Yo te aviso. Ahora cuando llegue me voy a poner una lavadora, me voy a poner a fregar platos, y nada, en cuanto se vaya, te digo. Me pongo a pasar un poco de él a ver si se va antes.

Félix Martín (fiscal) per a *Crims*

La consecuencia de ese mensaje es que Pedro se va a ver a su hijo pequeño e instantes después el teléfono del señor Albert acredita que está en una zona compatible con el domicilio de la señora Rosa.

Declaració de l'Albert al judici (tres anys després del crim)

Albert: Yo fui al domicilio de Rosa.
Fiscal: ¿Para qué fue allí?
Albert: Ella, en principio, tenía dudas de hablarnos, lo del anillo y todo esto y... bueno, en principio para hablar. Estuvimos hablando un segundo, me dio un beso y me dijo que... bueno, que se lo pensaría; que no me devolvía el anillo, pero que en principio estaba abierta a posibilidades.

José Luis Bravo (advocat de l'Albert) per a *Crims*

Lo que sí ocurre es que estaban tonteando, estaban en esa fase preliminar de una relación, estaban de alguna manera teniendo una relación. Yo estoy seguro de que Pedro, en un momento determinado, tiene conocimiento de esa relación incipiente, o por lo menos sospechas.

FÉLIX MARTÍN (FISCAL) PER A *CRIMS*

Pedro, que está en esas dudas de lealtad, que tienen momentos zigzagueantes de subida y de bajada, de subida y de bajada. Rosa está en un torbellino, en ese momento, desde un punto de vista sentimental.

JOAN CARLES ZAYAS (ADVOCAT DE LA FAMÍLIA DEL PEDRO) PER A *CRIMS*

La Rosa té una conversa amb una amiga, una conversa per whatsapp, en la qual li diu molt clarament: «Jo estic descontenta amb el Pedro», «Jo ara no acabo de veure el futur d'aquesta relació»...

CONVERSA DE WHATSAPP ENTRE LA ROSA I UNA AMIGA

JUDITH
Qué tal con Pedro?

ROSA
Fatal. Antes me daba todo lo que quería. Ahora todo el día son peleas. Se enfada por cualquier cosa

FÉLIX MARTÍN (FISCAL) PER A *CRIMS*

Es Rosa, la que dice que no está bien con el señor Pedro. Ella verbaliza que no está bien, que es celoso, que es controlador, que tiene celos hasta de las niñas. Ella, libérrimamente, introduce que echa de menos a Albert. Es la amiga del señor Albert, quien le dice «Bueno, pero lo vuestro ha terminado», y, libérrimamente, Rosa viene a decir, cito casi palabras textuales: «Bueno, si yo no estuviera con Pedro, las cosas serían de otro modo». Y llega a decir algo al final... algo que para mí fue profético: «Las cosas imposibles son solo un poco más difíciles».

CONVERSA DE WHATSAPP ENTRE LA ROSA I UNA AMIGA

ROSA
Está celoso de las niñas

JUDITH
Qué dices! De las niñas?

ROSA
Echo de menos a Albert

JUDITH
Pues lo veo complicado. Las cosas entre vosotros se torcieron. Y ahora cada uno por su lado.

ROSA
Eso nunca se sabe. Si Albert cambiara esa forma de pensar. Las cosas imposibles son solo un poco más difíciles.

1 DE MAIG DE 2017 (DIA DEL CRIM)

Situem-nos al dia del crim. La Rosa i el Pedro van a passar el dia a Roda de Berà amb els pares i les filles de la Rosa. Com deveu recordar, al matí van al parc de tobogans, dinen plegats, i a la tarda arreglen el jardí de la torre que té el Pedro a Roda de Berà. Al vespre tornen al seu domicili de Cubelles. Per la seva banda, l'Albert treballa dotze hores patrullant, i en acabar, a les vuit del vespre, se'n va cap a casa seva, a Badalona.

21.53 h

Declaració de l'Albert López

Jutgessa: Bien, vámonos al día uno.

Albert: Sí, ella me llama muy nerviosa: que había discutido con su pareja, con Pedro, y estaba muy nerviosa llorando; que si podía ir por favor para prestarle ayuda emocional. Yo le digo: «Ceno y tal y luego, si quieres, me paso y hablamos». Dice: «Sí, sí, ahora no, que está muy nervioso». Sobre la una, cuando acabo de cenar, me dice: «Vente ahora, que está dormido». La semana anterior ya me había dicho varias veces que discutían mucho ellos dos. Me dijo que si me podía pasar, porque a Pedro se le había ido un poco la mano y tenía un poco de miedo.

Jutgessa: ¿Usted, cuando acudía a casa de Rosa, llevaba el arma reglamentaria?

Albert: No, nunca. Fui, paré en la puerta de su casa, me abre la puerta de fuera, que ella me dijo que no subiéramos a hablar a casa porque estaban durmiendo Pedro y las niñas. En el mismo patio, a la izquierda, hay un banco y unas mesas. Me dice: «Siéntate aquí». Estaba muy desconsolada, estaba como muy ida, con lagrimones, casi chillidos. Que le decía: «Vas a despertar a las niñas, que están durmiendo». La intento consolar como puedo, y de golpe dice: «Bueno, va, vete ya, que se va a despertar». Me echó muy rápido, de tal manera que me dejé el teléfono incluso en la terraza. Y me di cuenta luego a medio camino, porque quería poner música en el móvil y no lo tenía. Y digo: «Bueno ahora ya no vuelvo», porque al día siguiente a las once tenía un juicio.

ALBERT: Cuando al día siguiente me levanto antes, voy para allí por las curvas, recojo el móvil y me voy al juicio, que llegué casi justo. Desayuné en el Viena, me acuerdo, ese día, porque no me dio tiempo ni a desayunar. El día del juicio, hacia las doce y algo, ya me llama: «Tienes que venir». Muy histérica. «A que ha vuelto y la ha pegado». Yo, es lo que creía. Digo: «Ya verás tú, que le ha pegado». Entonces me vuelvo y dice: «A ver si quieres hacer... ¿Me puedes cortar leña y tal, que quiero hacer una barbacoa?». Digo «Vale, pues me pongo a cortar leña». Corté muchos trozos, y en todo esto me baja al final un trozo de pollo y tal y le digo: «¿Pero no íbamos a hacer barbacoa?». Y me dice: «Pollo con patatas». En la cocina, cuando yo estaba cortando leña. Me extrañó un poco. Comí el pollo y todo, ¿eh? Me lo acabé de comer y tal. Entonces me dice: «Es que tengo que decirte una cosa, que estoy muy nerviosa, que no sabes lo que ha pasado». Y me dice: «Ven un momento». Vi que tenía el coche de Pedro allí dentro, que nunca tiene el coche, lo tenía dentro hasta al final casi, marcha atrás, y me abrió el maletero y tenía el cuerpo dentro.

JUTGESSA: ¿Usted vio sangre?

ALBERT: Goteaba por abajo, el coche. Casi vomito, casi vomito el pollo entero.

Això que heu sentit és la primera declaració que va fer l'Albert quan el van detenir. Un mes després, canvia alguns detalls de la seva primera versió. Dos mesos després del crim, la comitiva judicial es trasllada amb els dos investigats a l'escenari del crim per fer una reconstrucció dels fets. A la porta de la casa de Cubelles els espera una munió de periodistes. Els agents que custodien els dos detinguts des del vehicle policial fins al pati del xalet els tapen amb un paraigua groc per preservar la seva imatge. L'Albert porta roba esportiva i una gorra de beisbol.

RECONSTRUCCIÓ DELS FETS (DOS MESOS DESPRÉS DEL CRIM)
(*Cubelles, al pati de casa de la Rosa*)

JUTGESSA: Al mediodía, o cuando acaban de comer, me ha parecido entender, le dice: «Mira lo que hay aquí». Y abre el coche y lo vuelve a cerrar.

ALBERT: Sí, cuatro dedos o así.

JUTGESSA: ¿Y usted no ve nada?

ALBERT: Veo bultos.

JUTGESSA: ¿Ve un bulto?

ALBERT: Bueno... bultos, como ropa.

JUTGESSA: ¿No ve nada más?

ALBERT: No. El primer día dije que... Estaba muy nervioso y pensaba que era la mejor solución, pero no. Porque luego vi en las noticias lo que había pasado. Y le pregunté y me lo negó eternamente.

JUTGESSA: ¿No llegó usted a ver en ningún momento el maletero del coche?

ALBERT: Lo abrió hasta aquí.

JUTGESSA: ¿O sea, abierto del todo?

ALBERT: No. Como estaba ahora, no.

JUTGESSA: A ver... le comento: es que usted en su declaración judicial manifiesta que el coche chorreaba sangre.

ALBERT: No, yo vi allí en el lado como un líquido y lejía y un cubo.

FISCAL: Con la venia de su señoría. Buenos días, soy el fiscal. Vamos a ver: ¿usted es consciente de que ha cambiado bastantes cosas de lo que nos dijo el último día?

ALBERT: Sí, porque he creído que es mejor decir la verdad, y ahí estaba con mucha presión.

FISCAL: ¿Por qué nos dijo usted, a su señoría y a mí y a los señores letrados, que usted incluso llegó a ver el cuerpo en el maletero del coche?

ALBERT: Porque pensaba que era la mejor solución.

FISCAL: ¿Pero mejor solución por qué?

ALBERT: Para mí, porque nadie se creería la versión real.

A la reconstrucció del crim a casa de la Rosa, l'Albert es desdiu del que va explicar en la seva primera declaració, en què va afirmar que el cotxe degotava sang i que va estar a punt de vomitar el dinar. Ara diu que no va veure el cadàver del Pedro. Tres anys després, al judici, torna a declarar i explica una altra versió del que va passar la nit de l'1 de maig.

DECLARACIÓ DE L'ALBERT AL JUDICI
(TRES ANYS DESPRÉS DEL CRIM)

FISCAL: Pues vamos a la famosa noche, usted ese día trabaja, eso ha dicho...

ALBERT: Trabajé doce horas, ese día, sí.

21.53 h

FISCAL: A las 21.53 hablan 4 minutos y 8 segundos.

ALBERT: Sí.

FISCAL: ¿Qué le dice la señora Rosa en esa llamada?

ALBERT: La escuchaba llorar, chillar, no se la entendía muy bien más que «Creo que lo he matado, creo que lo he matado, mis hijas, mis hijas...».

FISCAL: Le pregunto: ¿no es verdad que es la primera vez en la que usted está diciendo que en esa llamada Rosa le confiesa que le ha matado?

ALBERT: Tiene que entender que yo, hasta el *show* que he visto aquí estos últimos tres días por parte de esta señora, nunca he querido hacer daño, fruto del amor que tuve por ella.

FISCAL: Señor Albert, usted ha declarado cinco veces, ha estado casi tres años en prisión, y algo tan relevante como que ella le dice que ha matado al señor Pedro en esa llamada, ¿lo dice ahora por primera vez?

ALBERT: No esperaba que hablara como ha hablado de mí aquí, no lo esperaba, que dijera esas barbaridades (*veu plorosa*).

FISCAL: Entonces le dice que lo ha matado. ¿Y usted qué hace?

ALBERT: Un segundo, por favor (*beu aigua*).

FISCAL: Yo, en cuanto ella me dice eso, la primera impresión mía es no creérmelo. Estoy tan cansado que digo: «Mira, me voy a la cama, no quiero saber nada. Se le habrá ido la cabeza», hablando mal, e intento dormir. Pero no me duermo.

01.57 h

ALBERT: Voy a las dos, porque creo que es una hora en la que ya deberían estar los servicios de asistencia allí, Mossos d'Esquadra y la comitiva judicial, en este caso.

FISCAL: Cuando usted llega a la casa de la señora Rosa, ¿saltó o no saltó la valla?

ALBERT: Sí. Esta señora estaba limpiando el suelo del balcón y estaba como ida. La llamo en tres ocasiones y se me abrazó. Empezó a llorar y a decirme: «Que se ha ido, que se ha ido, que le he dado un golpe, que yo no quería, yo no quería», y lloraba.

FISCAL: ¿Y no le preguntó dónde estaba el cadáver de Pedro?

ALBERT: Sí, sí, le pregunté y me lo mostró.

FISCAL: ¿Dónde estaba?

ALBERT: En el maletero. Intento calmarla, intento explicarle... o sea, con mi teléfono: «Por favor, llama a la policía». Le explico que hay que llamar y me lo arrebata de las manos. «Yo me voy». «¡No, no, no llames!». Y se quedó mi teléfono. Usted puede pensar: «¿Y por qué no se lo arrebató?». Ya tenía bastante, creo, como para intentar arrebatarle violentamente el teléfono. Yo quería desaparecer de allí, y me fui.

FISCAL: O sea, usted, que se ha saltado la valla al llegar, se va y la deja con el cadáver...

ALBERT: Yo creía que al dejarla ella recapacitaría, tenía al muerto allí en el coche, o sea que yo tampoco podía hacer mucho más. Si Pedro, cuando yo hubiera llegado allí, hubiera tenido un resquicio de vida, yo hubiera hecho lo imposible, que ya le digo que no era mi amigo, por salvarlo.

Ella me dice: «Mira, hazme un último favor y te dejo en paz». Y me dice que si le compro gasolina, porque no quiere quedarse tirada con el coche. No quiere quedarse con un muerto en el maletero, con perdón de la expresión. Entonces me dice: «Si me compras gasolina te dejo en paz. Dejo el coche abandonado lejos y te olvidas de mí». Y sí, se la compro. Yo llego a su puerta, aparco allí, ella sale y me dice: «¿Me has comprado eso?». Y digo: «Sí, está en el maletero». Se sube en el coche y me dice: «Tira». El caso es que va manipulando un teléfono, estaba todo el rato con el teléfono, todo el rato. Llega un momento que le digo: «¿Y ese teléfono?». «No, que es de Pedro» y tal, no sé qué, y: «Aquí, aquí vive Rubén», me dice. «¿Y qué hacemos aquí?».

MISSATGE DE WHATSAPP DES DEL TELÈFON DEL PEDRO

PEDRO
Cosita. No te quiero contar para
no implicarte en mis cosas. No te enfades.
Apago que no quiero que me esté vibrando

DECLARACIÓ DE L'ALBERT AL JUDICI
(TRES ANYS DESPRÉS DEL CRIM)

ALBERT: Dice: «No, es que voy a escribir desde aquí y que le incriminen a él». Digo «¡¡¿Qué?!!». Y arranqué, puse primera y digo «Vámonos».
FISCAL: O sea, le dice que quiere involucrar a Rubén, con otras palabras.
ALBERT: Sí, por eso meto primera y me voy.
FISCAL: ¿Ustedes regresan a casa de la señora Rosa?
ALBERT: Sí, correcto.
FISCAL: ¿Usted se va a su casa?
ALBERT: No, ella me dice: «Sígueme, que voy a abandonar el coche de Pedro en una zona».
FISCAL: Usted va en su coche y Rosa en el coche de Pedro.
ALBERT: Correcto.
FISCAL: Y usted la sigue.
ALBERT: Sí. Ella ya llega un momento que se mete en un camino de tierra y me hace indicaciones para que me ponga al lado.
FISCAL: ¿Y usted iba viendo que se iba acercando al pantano?

ALBERT: Yo pienso que iba a tirar el coche al pantano, que lo iba a dejar en la montaña abandonado.

RECONSTRUCCIÓ DELS FETS (DOS MESOS DESPRÉS DEL CRIM)
(*En una pista forestal al pantà de Foix*)

JUTGESSA: Vamos a donde dejó el coche. ¿No llegó a subir hasta aquí arriba, usted?
ALBERT: No, es lo que le he comentado antes, en ningún momento. De hecho, estaba escuchando ahora (*es refereix a la declaració que acaba de fer la Rosa*) y estoy alucinando.
JUTGESSA: ¿Usted, desde donde estaba, desde donde dejó el coche, veía el vehículo aquí o no?
ALBERT: No, era de noche, no se veía absolutamente nada. Luego sí, el resplandor sí que se vio desde allí.

DECLARACIÓ DE L'ALBERT AL JUDICI
(TRES ANYS DESPRÉS DEL CRIM)

ALBERT: Me dice: «Espérate aquí». Cuando apagué las llaves del coche, no se veía nada. Ahí, por la noche, no se escucha nada ni se ve nada. Yo me quedé esperando en mi coche. Y vi que había como un resplandor de fuego. Vi a esta señora como si la persiguiera el demonio hacia abajo y de golpe escuché como un bum. Ella bajó y se subió a mi coche y me dijo: «¡Tira!». Y, evidentemente, le dije: «¿Qué coño has hecho?». Durante todo el camino de vuelta vamos discutiendo. Yo le juré por sus hijas que no iba a decir nada, y creo que hasta el día de hoy casi he mantenido mi promesa, porque para mí sus hijas sí que eran importantes, aunque no tanto como para ella, evidentemente...
FISCAL: ¿Y sus principios de ciudadano y de policía?

ALBERT: Sí, ya le digo que yo eso me lo pregunto cada noche, porque he perdido mi trabajo, he perdido mi vida por dar cubrimiento a esta persona en algo que, créame, que yo soy el primero que no entiendo; y más si me conociera anteriormente, con lo legalista que yo soy.

3 DE MAIG DE 2017 (DOS DIES DESPRÉS DEL CRIM)

JOSÉ LUIS BRAVO (ADVOCAT DE L'ALBERT) PER A *CRIMS*

A partir de la muerte de Pedro, Albert, de alguna forma, se somete al dictado de Rosa. Rosa es la que le dice qué es lo que hay que hacer, qué es lo que hay que hablar, qué es lo que hay que decir, etcétera, etcétera. Y él, como he dicho muchas veces, en la peor decisión de su vida, decide ayudarla.

DECLARACIÓ DE L'ALBERT AL JUDICI (TRES ANYS DESPRÉS DEL CRIM)

FISCAL: Vamos al día siguiente. El día 3 de mayo tienen ustedes veintiuna llamadas. Dos son de usted y diecinueve de la señora Rosa.

ALBERT: Ella no se acaba de fiar de que yo dijera o no dijera, y parecía que era como una especie de control. Ella me hacía prometerle que no diría nada, que a veces agobiaba. Yo decía: «Que no voy a decir nada». Y me hacía perjurárselo una y otra vez.

FISCAL: El día 3 de mayo, miércoles, ¿durmió usted en casa de la señora Rosa en Cubelles?

ALBERT: Sí, me llamó que teníamos que hablar, porque no sabía si yo se lo iba a decir a alguien. Dijo: «Vente, porfa, que tenemos que hablar». Fui, pedí unas pizzas para que comieran las niñas y nosotros hablar, pero entre una cosa y otra no hablamos, porque se pusieron a jugar conmigo, como siempre, y no pudimos hablar del tema.

José Luis Bravo (advocat de l'Albert) per a *Crims*

Albert conocía perfectamente a las hijas. Hubo un espacio de tiempo en el que Albert hizo de padre de esas niñas. Le llamaban el «Tonto del Bote». Ese era el apodo que tenían esas niñas.

Declaració de l'Albert al judici
(tres anys després del crim)

Fiscal: ¿Durmió con la señora Rosa?
Albert: No. Dormí en el sofá.
Fiscal: Si usted estaba tan enfadado con ella porque había quemado al señor Pedro, ¿por qué iba a dormir allí?
Albert: Porque quería convencerla de hacer alguna alternativa a lo que ella me planteaba, que era no decir nada.

4 de maig de 2017 (tres dies després del crim)

Declaració de l'Albert al judici
(tres anys després del crim)

Fiscal: Vamos al día 4, jueves, el día que hay veintiuna llamadas entre ustedes.

Toni Muñoz (periodista) per a *Crims*

El dia 4 de maig hi havia un dinar convocat per uns agents de la Guàrdia Urbana perquè volien acomiadar una persona que es jubilava. Entre els convidats hi havia l'Albert i la Rosa, que eren companys de patrulla, i que es van presentar —curiosament, i davant la sorpresa de tothom— a aquell dinar arribant plegats. A tothom li va cridar molt l'atenció, perquè aquests dos havien estat parella. Tothom sabia que havien tingut una ruptura una mica conflictiva i que s'havien enfadat, i a tots els va cridar molt l'atenció que apareguessin plegats.

Durant aquell dinar la Rosa es fa una *selfie* amb l'Albert en què ella treu la llengua.

Declaració de l'Albert al judici
(tres anys després del crim)

Yo ya había confirmado mi asistencia, no pretendía ir, pero ella me dijo: «Bueno, vamos» y no sé qué... y me convenció. Evidentemente, si ponen la foto, no me verán sonreír demasiado.

Toni Muñoz (periodista) per a *Crims*

Durant al dinar algú li va preguntar que com estava el Pedro, que què li havia passat. Va dir que bé, que s'havia emprenyat, i no hi va donar més importància. L'Albert anava menjant del plat de la Rosa, s'ho anava menjant ell. I, esclar, aquí van pensar: «Ara ja potser han fet les paus; ara potser tornen a ser amics o potser tornen ja a ser amants».

Declaració de l'Albert al judici
(tres anys després del crim)

Fiscal: ¿No es cierto que ustedes ya eran pareja?
Albert: No. ¿Que habíamos recobrado el *feeling* propiamente dicho? Sí. ¿Que nos habíamos dado algún que otro beso y achuchón? Sí, pero sexo ninguno.

FISCAL: Y en esa comida, ¿el *feeling* seguía?

ALBERT: No, en esos días el *feeling* me parece que desapareció un poco.

FISCAL: Ese día 4, jueves, ¿usted pasó la noche en el domicilio de Cubelles?

ALBERT: Sí.

FISCAL: Cuando llega la policía, ¿estaba usted?

ALBERT: Sí, estaba durmiendo.

FISCAL: ¿En el sofá?

ALBERT: Sí.

Recordeu que aquella nit, quan arriben els Mossos a la casa per informar que el cotxe del Pedro ha estat trobat calcinat al pantà de Foix, han de parlar a fora perquè la Rosa no els deixa entrar.

El 4 de maig de 2014, la notícia que s'ha trobat un cadàver calcinat al maleter d'un cotxe al costat del pantà de Foix surt a tots els mitjans.

CONVERSA DE WHATSAPP ENTRE L'ALBERT I LA ROSA

ALBERT:
Estoy flipando. ¿Se sabe algo más?

ROSA
No me dicen nada

ALBERT
¿No estaría en algún rollo raro?

ROSA
Que yo sepa, no

ALBERT
¿Que yo sepa?

Al cap de poc es confirma que el cadàver correspon al propietari del cotxe, un agent de la Guàrdia Urbana. Mentrestant, l'Albert manté la promesa de no dir res a la Policia i continua el contacte amb la Rosa.

Trucada telefònica entre l'Albert i la Rosa

Albert: ¿Me escuchas?
Rosa: Sí, te escucho.
Albert: He podido hablar esta mañana con la Núria, cuando volvíamos.
Rosa: ¿Sí? ¿Qué decía?
Albert: Que esto han tenido que ser más de uno o igual más de dos.
Rosa: Hombre, claro.
Albert: Claro, ¿por qué?
Rosa: Porque Pedro estaba fuerte, coño.
Albert: Pero habría señales de lucha, habría cualquier cosa. O pólvora... Si dicen que le han pegado tres tiros, ¿no?, las malas lenguas.
Rosa: Yo qué sé... Sí, aquí todo el mundo sabe de todo, pero... Yo no sé, ¿sabes? Al menos, mira, mientras no sufriera, ahora ya...
Albert: ¿Pero te lo han confirmado, eso, o no?
Rosa: No, no, no... No me quieren decir nada, tampoco.

José Luis Bravo (advocat de l'Albert) per a *Crims*

La voz cantante la lleva siempre Rosa. Rosa había indicado en un principio a los Mossos que sospechaba de Rubén, porque Rubén se llevaba muy mal; por esto, por lo otro... Los Mossos llegan incluso a intervenir el teléfono de Rubén. Intervienen el teléfono de Rubén, porque, claro, todas las sospechas se dirigían contra él.

Trucada telefònica entre l'Albert i la Rosa

Albert: ¿Ahora salen, tus rubias?

Rosa: Sí, estoy rayada, porque el jueves se tienen que ir con su padre y yo no sé si van a estar bien o no van a estar bien con él.

Albert: No te agobies, van a estar bien.

Rosa: Yo qué sé.... Después de lo que ha pasado, yo qué sé.

Albert: ¿Qué tiene que ver? Yo no creo que haya sido Rubén. O sea, no te preocupes, por eso.

Declaració de l'Albert al judici (tres anys després del crim)

Fiscal: ¿Usted sospechaba que la policía estaba escuchando sus conversaciones?

Albert: Todas las conversaciones a partir del día 5 son fingidas. Yo intento convencerla de que diga lo que ha sucedido, pero ya llega un momento en que me convierto en una especie de zombi, un mero espectador de lo que está sucediendo, aunque yo participe activamente en todo esto.

Trucada telefònica entre l'Albert i la Rosa

Rosa: ¿Hola?

Albert: Hola, ¿qué tal?

Rosa: Bueno, bien, aquí con las peques.

Albert: ¿Qué haces, la cenita?

Rosa: Sí...

Albert: ¿Hoy no te hace compañía nadie?

Rosa: No...

Albert: Vaya... La gente lo de siempre... ya empiezan a olvidar.

Rosa: Sí... sí, sí.

ALBERT: Es ley de vida.
ROSA: Sí, es lo que suele pasar.
ALBERT: Bueno, ya te va bien, así no estás tan estresada tú.
ROSA: Claro.

DECLARACIÓ DE L'ALBERT AL JUDICI
(TRES ANYS DESPRÉS DEL CRIM)

Hay un momento, según van avanzando los días, que empieza a esquivarme, a evitarme.

CONVERSA DE WHATSAPP ENTRE L'ALBERT I LA ROSA

ALBERT
Tontaelbote!
Me dan fiesta este domingo.
Salimos por ahí si quieres

ROSA
No estoy de mucho ánimo.
No me apetece ver a nadie.
Necesito mi espacio

DECLARACIÓ DE L'ALBERT AL JUDICI
(TRES ANYS DESPRÉS DEL CRIM)

Mi nerviosismo sube, porque yo sé lo que ha hecho esta señora. Está pasando de mí y yo he estado allí. Y esta señora de golpe pasa de mí, cuando ha estado casi obligándome a que me calle durante días.

CONVERSA DE WHATSAPP ENTRE L'ALBERT I LA ROSA

ALBERT
¿Me llamas?

ROSA
Estoy con mi hermano

José Luis Bravo (advocat de l'Albert) per a *Crims*

Cuando ya el círculo se cierra, cuando ya todo el mundo empieza a sospechar que Rosa tiene algo que ver con ese homicidio, ella, en un acto de pura traición, mete a Albert por medio.

Trucada de la Rosa Peral a la Comissaria dels Mossos d'Esquadra

Rosa: Hola. ¿Juan Carlos?
Juan Carlos: Sí, yo mismo.
Rosa: Soy Rosa.
Juan Carlos: Hola, Rosa, dime.
Rosa: Mira, no, es que llevo días que estoy con miedo y estoy dándole vueltas a la cabeza y... veo que hay alguien que está demasiado encima mío y no le había dado importancia, hasta el punto de que me está llegando a asustar.
Juan Caros: ¿Sí?
Rosa: Y... no sé...
Juan Carlos: ¿Me puedes decir el nombre de la persona que tú crees que está encima tuyo, o crees que...?
Rosa: Albert López.

Félix Martín (fiscal) per a *Crims*

Rosa traiciona a Albert, y la estrategia, que hasta el día 10 ha sido común, ahora es individual de Rosa, porque Albert no tiene esta información. Albert, hasta el momento de su detención, sigue pensando que Rosa no lo ha traicionado.

Declaració de l'Albert al judici
(tres anys després del crim)

Albert: Yo le había jurado a esta señora, con una lealtad ciega, fruto del amor que había sentido por ella, que no iba a decir nada, estuviera en una comisaria o estuviera en West Point, no lo iba a decir. Durante todo este tiempo siempre he pensado que ayer confesaría, y no lo ha hecho. Era una oportunidad para ella de decir la verdad, de decir lo que aconteció aquella noche, que nada tiene que ver conmigo.

Fiscal: Albert, usted lleva en prisión dos años y medio, y ha decidido esperar hasta hoy para darnos la sorpresa y contarnos la forma en la que lo había matado la señora Rosa.

Albert: Sí.

Fiscal: ¿Estaba usted presente cuando mató la señora Rosa, según usted, al señor Pedro?

Albert: No, estaba llegando a mi casa o cenando.

Fiscal: ¿Qué le dijo la señora Rosa?

Albert: Me dijo que se habían peleado; que le había cogido del cuello delante de sus hijas; que no lo podía tolerar, que ella no quería, pero que se le había ido la mano.

Fiscal: ¿Qué más le cuenta?

Albert: Ella decide bajar a la parte de abajo. Cuando bajan a la parte de abajo, ella le pega un tiro.

Fiscal: En tres años que ha durado la instrucción, ¿usted en algún momento ha dicho lo del disparo?

Albert: No, porque ella no me dice que le dispara. Ella cree que le ha pegado un tiro, que no sé qué, pero...

Fiscal: ¿Dice en algún momento, durante estos tres años, que ella le dice que le pega un tiro?

Albert: No, no lo digo. Lo digo ahora.

FISCAL: ¡Sorpresa tras sorpresa, señor Albert!

ALBERT: No, no es sorpresa. Ella había hecho mención... ella había hecho mención a un tiro, en general, pero bueno, yo no le di más importancia, en ese momento... Cómo dilucidaba entre la parte de un tiro y la parte de un golpe... Pero una vez miro los cinco mil folios y veo que me aparece un elemento metálico compatible cien por cien con la munición que esta señora tiene en su casa, y nada que ver con la munición estriada de Guardia Urbana, empiezo a atar cabos. Luego veo que le falta un proyectil de su munición, munición que siempre se controla en Guardia Urbana.

FISCAL: ¿Usted cree que no nos hubiera sido útil en la instrucción en la que yo estaba, como la juez de instrucción, que usted nos hubiera informado de algo tan importante como la forma en que le había matado la señora Rosa?

ALBERT: Sí, considero que sí, pero ya le digo que yo estaba en una lealtad ciega con una persona que realmente creo que no lo merece.

FISCAL: Le pregunto directamente, señor Albert, porque también le quiero dar a usted la misma oportunidad que le di a la señora Rosa ayer. ¿No es cierto que usted prometió a Rosa que haría cualquier cosa por ella, incluido matar a Pedro si ella se lo pedía?

ALBERT: No.

FISCAL: ¿No es cierto que este crimen no es más que una perversa prueba de amor para unirles a usted y a la señora Rosa?

ALBERT: No, totalmente y rotundamente, no.

Doncs ja hem sentit l'Albert, que diu que ho va fer la Rosa; la Rosa, que diu que ho va fer l'Albert, i en el primer capítol vam repassar els fets objectius. Amb tot el que hem posat damunt la taula, si vosaltres fóssiu membres d'un jurat popular, a qui condemnaríeu? I, molt important: per què? Els veredictes s'han d'argumentar. En el proper episodi, l'últim d'aquesta sèrie, coneixerem la veritat oficial. En aquesta història encara queden moltes pàgines per escriure, i són pàgines fosques.

Capítol IV

La versió del jurat

En els capítols anteriors

El 4 de maig de 2017 es troba un cotxe cremat al costat del pantà de Foix. Al maleter hi ha les restes calcinades d'una persona. És el Pedro Rodríguez, agent de la Guàrdia Urbana de Barcelona. Nou dies després, el 13 de maig, els Mossos detenen la Rosa Peral, parella sentimental de la víctima, i l'Albert López, amant de la Rosa. Tots dos són agents de la Guàrdia Urbana de Barcelona, també. Al principi la Rosa va escampar sospites contra el seu exmarit, un mosso d'esquadra.

Conversa telefònica entre la Rosa i l'Albert

Rosa: Se tienen que ir con su padre y yo no sé si van a estar bien o no van a estar bien con él.

Però ara acusa el seu amant. La Rosa diu que l'autor del crim és l'Albert, que l'1 de maig es va presentar de matinada amb una destral, va matar el Pedro i la va obligar a callar, a mentir i a ajudar-lo a cremar el cadàver. Diu que ho va fer per gelosia.

Declaració de la Rosa

A Albert le mataba que yo me quisiera casar con Pedro.

L'Albert, que no s'esperava l'acusació de la Rosa, canvia unes quantes vegades de versió.

Albert: No esperaba que hablara como se ha hablado de mí aquí, no lo esperaba.

Reconstrucció dels fets (dos mesos després del crim)
(*Cubelles, al pati de casa de la Rosa*)

Jutgessa: Es que usted en su declaración judicial manifiesta que el coche chorreaba sangre.

Finalment, ja al judici, l'Albert acaba dient que va ser la Rosa, segurament d'un tret, qui va matar el Pedro perquè la maltractava.

Declaració de l'Albert al judici
(tres anys després del crim)

Me dijo que se había peleado; que le había cogido del cuello delante de sus hijas; que no lo podía tolerar, que ella no quería, pero que se le había ido la mano.

Ell, diu, només la va ajudar a desfer-se del cadàver.

Declaració de l'Albert al judici (tres anys després del crim)

Yo le había jurado a esta señora, con una lealtad ciega, fruto del amor que había sentido por ella, que no iba a decir nada, estuviera en una comisaría o estuviera en West Point.

Hola a tothom, soc Carles Porta, gràcies per acompanyar-nos. L'1 de maig de 2017 va ser assassinat el guàrdia urbà de Barcelona Pedro Rodríguez. Tres anys després, el 31 de gener de 2020, va començar el judici contra la Rosa Peral, la parella de la víctima, i l'Albert López, l'amant de la Rosa. El judici va durar un mes i mig i el jurat va haver de deliberar en plena explosió de la pandèmia. En el primer capítol vam conèixer els fets; en el segon, vam sentir la versió de la Rosa; en el tercer, la versió de l'Albert. I avui ens toca conèixer el veredicte del jurat popular i la sentència, és a dir, la versió que es considera la veritat oficial. Veurem si amb tot plegat aconseguim posar llum a la foscor. Comencem.

31 DE GENER DE 2020 (TRES ANYS DESPRÉS DEL CRIM)

TALLS DEL *TELENOTÍCIES*

«Avui comença a l'Audiència de Barcelona el judici per l'anomenat crim de la Guàrdia Urbana amb la formació del Tribunal Popular. La fiscalia els demana 25 i 24 anys de presó respectivament».

«Està dividit en 24 sessions. Comença el 3 de febrer i s'allargarà fins al 16 de març».

«Un culebrot en què Rosa presenta Albert com un home agressiu i Albert presenta Rosa com una dona freda i calculadora».

«Ara hauran de convèncer un jurat popular, que difícilment s'haurà pogut aïllar de les informacions d'un dels casos més mediàtics i rocambolescos de la crònica negra a Catalunya».

«Un cas en què, durant els mesos d'instrucció, els acusats han anat canviant de versió».

«L'agent de la Guàrdia Urbana Rosa Peral demana l'absolució i culpa l'altre acusat, amb qui mantenia una relació sentimental».

«Veurem llavors si canvien la declaració inicial o continuen acusant-se entre ells».

La Rosa i l'Albert estan asseguts junts en un banc llarg de vellut vermellós. S'asseuen un a cada punta. No es miren ni es dirigeixen la paraula.

JUDICI

JUTGE, FISCAL (FÉLIX MARTÍN), ADVOCAT DE LA FAMÍLIA DEL PEDRO (J. C. ZAYAS), ADVOCADA DE LA ROSA (O. ARDERIU), ADVOCAT DE L'ALBERT (J. L. BRAVO)

JUTGE: Bien, buenos días, se inicia el juicio del jurado número 25/2019 con un presunto delito de asesinato con alevosía contra don Albert López Ferrer y doña Rosa María Peral Viñuela. Tiene en primer lugar la palabra el señor fiscal, cuando quiera.

FISCAL: Muy buenos días, señoras y señores miembros del jurado, la esencia de mi función es someterme a la ley y buscar la verdad de lo que pasó. ¿Por qué no hemos podido saber la causa de la muerte? ¿Quiénes son los responsables de que no hayamos podido saber la causa de la muerte? ¿Por qué esos responsables han querido esconder algo de la causa de la muerte? El cadáver de Pedro no se metió solo en el maletero de su propio coche.

[...]

ZAYAS: Las personas que van a ver ustedes aquí sentadas las van a ver ustedes en su mejor momento. Nadie de los que estamos aquí las hemos visto en su peor momento, que fue el momento en que a sangre fría mataron a Pedro. Vienen preparados para lo que tienen que decir, para lo que no tienen que decir y, si me apuran ustedes, vienen preparados hasta para cuando tienen que llorar un poco para intentar mover un poco a compasión a los jurados.

TELENOTÍCIES

«Els hem pogut veure junts asseguts a la mateixa banqueta dels acusats, no s'han mirat; també hem pogut veure com Rosa Peral s'emocionava i plorava quan escoltava el discurs de la seva defensa i s'explicava els plans que ella tenia amb la víctima».

JUDICI

ARDERIU: Convivía felizmente con Pedro, iban a casarse, se habían comprometido, iban a tener un bebé. Tuvieron un fantástico día el día de los hechos, familiar, con los padres de Rosa y con las hijas de Rosa. ¿Quién, en su sano juicio, porque quiere empezar una nueva relación con alguien o con un ex, mata a su pareja actual? En este país, por suerte, nos podemos separar.

«S'ha pogut sentir l'esperada declaració de Rosa Peral. Ha negat els fets i ha culpat l'altre acusat».

Judici

Bravo: Y eso que han creado, una especie de monstruo, porque las declaraciones de Rosa siempre han sido dibujándolo como un monstruo, como una persona que salta vallas y que coge un hacha, que destroza a una persona, que mata niñas, que la amenaza, que asesinó a un mantero, que luego asesinó a un mendigo... La única prueba que hay contra Albert es la declaración de Rosa, no hay nada más.

[...]

Arderiu: Rosa Peral no será una santa. Yo a ustedes no les conozco, pero dudo que nadie en esta sala lo sea. Pero, desde luego, lo que les puedo asegurar es que Rosa Peral no es una asesina.

[...]

Bravo: Esa muerte solamente la llevó a efecto Rosa.

[...]

Arderiu: Resulta que, de las versiones que les han sido expuestas, la que tiene más morbo es la de que la señora Peral es una viuda negra o muchísimos de los otros nombres que le han atribuido. Una de las preguntas que frecuentemente me hace Rosa: «¿Pero a mí me juzgan por con quién he mantenido relaciones sexuales? ¿O por si he matado o no a Pedro?». Que a Rosa no se la juzgue por algo que no sean los hechos, es decir, por su currículum sexual.

[...]

Fiscal: Seamos claros. A mí, como representante del Ministerio Fiscal, la vida privada de un hombre o de una mujer me da absolutamente igual, absolutamente igual cómo vivan su vida. Pero, si hay elementos en esa vida privada que permiten entender la psicología que lleva a una persona a asesinar, y hay elementos que permiten entender el motivo de por qué asesina, en ese caso sí me interesa. Pero no para valorarlo, no para enjuiciarlo, no para dar lecciones a nadie, sino para presentarles las pruebas de un asesinato.

Félix Martín (fiscal) per a *Crims*

El asunto es de extrema complejidad; no hay testigos, primera dificultad; no hemos podido determinar ni el momento exacto ni la forma exacta en la que se le ha dado muerte; y tercera, tenemos que dos personas dicen cada uno del otro que ha sido el otro.

A partir d'aquí, nosaltres construïm el relat amb les declaracions que s'ha cregut el jurat i que formen part del veredicte i la sentència, és a dir, la veritat oficial.

La versió del jurat

El jurat creu que el Pedro i la Rosa tenen una relació des de juliol del 2016 que s'intensifica al gener del 2017.

Judici

Arderiu: El gran interrogante es: ¿por qué la señora Peral tenía que matar a su pareja Pedro, con quien convivía?

No existe el más mínimo móvil. Hay fotos, hay mensajes al respecto de ese día y de los días anteriores.

(*Dues funcionàries judicials llegeixen en veu alta a tota la sala el contingut dels missatges que demostrarien aquesta afirmació*).

«Así que solo la muerte me separará de ti». (Pedro)

«Estoy esperando el día que te den el divorcio para poder pedirte de nuevo la mano y poder casarme contigo». (Pedro)

«Eres todo lo que necesito en esta vida, lo sé y por eso aguanto». (Pedro)

«Que venga nuestro hijo y estemos juntos». (Pedro)

«Así será, por cierto...». (Pedro)

«¿Qué?». (Rosa)

«¿Quieres casarte conmigo?». (Pedro)

«Claro tonto, sabes que sí». (Rosa)

«¿Y ser mi compañera en todo hasta el día que me muera?». (Pedro)

«Mil veces que sí, no me cansaré de decírtelo». (Rosa)

Gener del 2017 (quatre mesos abans del crim)

Judici

(*Declara l'Albert*)

Fiscal: ¿Cuándo y cómo se entera usted de que la señora Rosa se está viendo con el señor Pedro?

Albert: Yo decido por mi cuenta; como le había puesto las maletas y tal a la moto, pues le tenía que hacer quilómetros, y me voy hacia Cubelles. Pero la sorpresa me la llevé yo cuando llegué allí. Porque esta señora estaba en la cama con el otro señor.

(*Declara la Rosa*)

FISCAL: ¿Por qué usted no le dice simplemente al señor Albert: «Estoy con Pedro, punto»? ¿Por qué no se lo había dicho todavía?

ROSA: Porque ya le he dicho que él tenía cierta negatividad con Pedro.

(*Declara l'Albert*)

ALBERT: Veo que se asoma Pedro sin ropa y esta señora abrochándose. Entonces baja. Y allí es cuando entramos en lo que se ha dicho, que yo monto el numerito.

(*Declara la Rosa*)

ROSA: Él me amenazó y me decía que era una puta, que estaba muerta...

(*Declara l'Albert*)

ALBERT: Un numerito que no pasa de tres insultos, coger mi moto y marcharme.

FUNCIONÀRIES (*Llegeixen en veu alta a tota la sala el contingut dels missatges que els dos acusats es van enviar després d'aquest episodi*). «Eres una puta y una mentirosa». (Albert). «¿Por qué te comportas así?» (Rosa). «Porque eres una puta que has estado quedando con ese payaso y mintiendo, o sea eres una puta» (Albert).

ALBERT: Estos mensajes vienen precedidos de 77 mensajes por parte de esta señora diciéndome de volver: «Aquí no ha pasado nada, te estás equivocando, estás loco, esto no es lo que parecía...», cuando era evidente lo que parecía.

(*Declara el pèrit policial*)

PÈRIT POLICIAL: Las comunicaciones registradas en el terminal de Rosa... Rosa desmiente tener nada sexual con Pedro, desmentía que tenía una relación con Pedro, y por otro lado hablaba con Pedro de casarse, de tener un bebé. (*Llegeix missatges en veu alta*). «Eres una puta, no sabes lo que me estás haciendo pasar, te odio con todo mi corazón» (Albert), «No lo he matado porque creo que no lo vales» (Albert).

(*Declara la Rosa*)

ROSA: Yo le cogí miedo, en ese momento. En ese momento, sinceramente, me pareció que tenía un problema mental; que no era normal, lo que estaba haciendo.

FISCAL: O sea, el 16 de enero, cuando le monta este numerito, ¿usted tiene miedo de él?

ROSA: Sí.

FISCAL: Cuando el señor Albert, al que usted le tiene miedo, ha amenazado de muerte a su pareja, usted le dice: «No me ha tenido ni me tendrá, no te equivoques» y, 24 minutos después, «Solo tú me has tenido y quiero que sigas teniéndome».

JOSÉ LUIS BRAVO (ADVOCAT DE L'ALBERT) PER A *CRIMS*

Ella le seguía enviando mensajes a Albert: que el hombre de su vida era él, que era mentira... Y llega un momento en que Albert, ya enfadado, coge esos mensajes y se los reenvía a Pedro.

Recordem què va declarar el mateix Pedro en el seu moment:

JUDICI

(*Declara l'Albert*)

ALBERT: A Pedro yo le dije: «Oye, dile a tu novia que no me escriba más». Y él me dijo: «Dudo que teniéndome a mí te escriba a ti». Vale, le envié todas las capturas de pantalla de esos quince días, todas.

El jurat creu que a partir del moment en què l'Albert reenvia els missatges al Pedro, la relació de la Rosa i el Pedro entra en un clima de desconfiança i de discussions constants que generen un allunyament emocional entre ells.

Judici

(*Declara un amic del Pedro*)

Amic del Pedro: La desconfianza era clara. Lo que estaba esperando es que le demostrara que estaba por él y entonces había subidones y bajones en la relación, claro.

(*Declara el pèrit policial*)

Fiscal: ¿Se detecta en la mayoría de los chats que comienza a haber un distanciamiento y una desconfianza del señor Pedro con la señora Rosa?

Pèrit policial: Sí, de hecho, a partir de febrero ya la relación se vuelve una relación ya un tanto tormentosa, parece ser que hay bastantes peleas, chillidos...

(*Declara un company de la Guàrdia Urbana de la Rosa*)

Company de la G. U.: «Pedro me tiró contra la pared. Me había cogido del cuello porque yo le envié un mensaje a Albert hace ya tiempo en el que le puse que le echaba de menos». Digo: «¿Y?». «Y Albert cogió y le reenvió ese mensaje a Pedro y le dijo algo así como: "Mira lo que hace la guarra de tu novia"». Digo: «¿Y qué pasa?». «Pues que Pedro se puso como una fiera y me cogió del cuello, me dijo que le había arruinado la vida». Básicamente, como que se había puesto hecho una fiera.

ABRIL DEL 2017 (UN MES ABANS DEL CRIM)

La Rosa i l'Albert reprenen la seva relació. En aquesta història, el mes d'abril serà determinant. Recordeu que és el mes en què s'ha de celebrar el judici de la pornovenjança i que els dos acusats han dit això sobre el que va passar entre ells en aquell moment:

JUDICI

(*Declara l'Albert*)

ALBERT: Empiezan los comentarios ya en comisaría acerca del juicio de la pornovenganza. Sabía que era una de sus máximas preocupaciones. Entonces me sabe mal, porque se acerca esa fecha y no va a tener mi apoyo.

(*Declara la Rosa*)

ROSA: De repente empiezo a recibir una cantidad de mensajes durante varios días. Insiste, sin que yo conteste a ningún mensaje.

FISCAL (*Llegeix en veu alta un missatge de whatsapp*): «Háblame antes del viernes, porfa, ya sabes el porqué». Y yo le pregunto: ¿cuál es ese por qué, señora Rosa? Es que hoy he hecho cuentas: el viernes era el día 7 de abril, el 8 es el famoso día del anillo. ¿No es cierto que el 8 era el día de aniversario de su relación, la relación entre usted y el señor Albert, el 8 de abril?

ROSA: Pues no recuerdo la fecha.

Ja sabem que una de les amigues de la Rosa ha explicat que l'Albert va entregar un anell de compromís a la Rosa.

8 d'abril de 2017 (vint-i-tres dies abans del crim)

Judici

(Declara una amiga de la Rosa)

Amiga de la Rosa: Estábamos en una terraza esperando para entrar a comer y de pronto aparece el señor Albert vestido de uniforme y le entrega una cajita y le comenta: «Toma, por si te lo piensas».

Fiscal: ¿Se lo puso?

Amiga: Sí.

Fiscal: ¿Y qué hizo con aquel otro anillo?

Amiga: Sí.

Fiscal: ¿Y qué hizo con ese otro anillo?

Amiga: Llevaba uno en cada mano.

Amiga: Al final del día se decanta por Pedro.

Fiscal: O sea, ¿con qué palabras ella dice... pues me quedo con Pedro?

Amiga: ¿Literal?

Fiscal: Lo más literal que usted pueda...

Amiga: Viste y folla mejor.

(Declara la Rosa)

Fiscal: Quiero que se ponga la imagen 50848, que solo está en el ordenador. Ese es el anillo.

Rosa: Sí.

Fiscal: Usted, esa foto, ¿a quién se la manda?

Rosa: Esa foto se la envié a Albert y le dije...

Fiscal: ¡Albert, al que quiere devolver el anillo, y le manda la foto así!

Rosa: No le voy a enviar una foto de mí, no tengo ganas de enviarle ninguna foto que él pueda utilizar para luego enseñársela a Pedro.

Fiscal: ¡Pero luego hemos visto que se hace dos fotos subidas de tono con ese anillo!

ROSA: Para Pedro.
FISCAL: Para Pedro... que se equivocó de anillo...

FÉLIX MARTÍN (FISCAL) PER A *CRIMS*

La policía logró encontrar fotografías de un contenido más erótico en el espejo del baño de ella, en ropa interior, con el anillo del señor Albert.

JUDICI

(*Declara l'Albert*)

FISCAL: ¿No es un código de ustedes, que se están ofreciendo cada uno al otro: «Soy tuyo»? ¿Usted, con esta foto: «Estoy aquí para ti...», ella lo mismo con usted?

ALBERT: No, porque si no sería un código con todas las chicas con las que he estado.

FISCAL: ¿Por qué a ambos les interesa el no dar importancia a ese anillo? Porque tienen que minimizar su relación para que ustedes no enlacen la reanudación de esa relación con la decisión que tomaron de eliminar a Pedro.

Aquest apropament sentimental de la Rosa i l'Albert, segons el jurat, es culmina amb el regal de l'anell.

JUDICI

(*Declara la Rosa*)

FISCAL: Pues avanzamos, y vamos ahora a un chat, porque para mí es muy importante, que es el chat que usted tiene con la señora Judith en fecha 15 de abril. Pido que se ponga en el proyector el folio 826:

(*El projector mostra aquest intercanvi de missatges entre la Rosa i la seva amiga Judith*):

JUDITH
Cómo estás Rosa? Con ese chico?

ROSA
Con ese chico fatal

FISCAL: Aquí Rosa tenía la oportunidad perfecta para poder demostrarnos que «Pedro es el hombre de mi vida, porque quiero tener una familia». No se deduce que esté bien usted con el señor Pedro, fíjese que usted dice: «Todos los días son peleas». Sin solución de continuidad, sin solución de continuidad, dice: «Echo de menos a Albert». Y déjeme que le siga leyendo: «Eso nunca se sabe. Si él cambiara esa forma de pensar y lo diera todo y yo no estuviera con este chico...». Y fíjense cómo termina: «Las cosas imposibles solo son un poco más difíciles». ¿Premonitorio, señores y señoras miembros del jurado? Le pregunto directamente: ¿lo que tenía que dar el señor Albert era estar dispuesto a matar al señor Pedro?

ROSA: ¿Cómo?

FISCAL: ¿Eso es lo que tenía que hacer el señor Albert? ¿Para que así cambiara y formaran una familia feliz, señora Rosa?

ROSA: No, ni muchísimo menos, es que aunque no estuviera con Pedro yo no voy a estar con él ni iba a estar en ningún momento con él, ¿me explico? O sea, cuando yo hablo de cosas imposibles... Sí, son un poco más difíciles, según qué cosas... Pero el estar con él, eso es una cosa imposible no, lo siguiente.

FISCAL: Al día siguiente de esta conversación, señora Rosa, al día siguiente, es cuando se produce la conversación entre Albert y Daniel donde le pregunta cómo deshacerse de un cadáver. ¡Al día siguiente! Y yo le pregunto: ¿Albert le comentó esta conversación? ¿Era una cosa que ustedes dos habían hablado?

ROSA: Me enteré por mis letradas, porque ellas me lo comunicaron, ellas me lo comunicaron: «Ha habido un chico...». Y dije: «¡Pero si este chico es íntimo amigo de Albert!».

(*Declara un company de l'Albert de la Guàrdia Urbana*)

FISCAL: ¿Se acuerda usted del 16 de abril? Sé que es difícil para usted. Sí, le pido que esté tranquilo y que explique con detalle la conversación que tuvo usted con el señor Albert el 16 de abril.

COMPANY: Lo siento, tío.

FISCAL: ¿Por qué lo ha mirado? ¿Mira usted al señor Albert ahora? ¿Por qué lo ha mirado?

COMPANY: Un momento. (*Plora, nerviós*).

JUTGE: Respire hondo, beba un poco de agua, si lo necesita, y míreme usted a mi.

COMPANY: No me considero ninguna persona chivata ni nada por el estilo.

JUTGE: Nadie lo está diciendo, simplemente que narre usted lo que le han preguntado.

COMPANY: Ya lo sé, pero es duro. Pues ese día estábamos trabajando en la zona de Glòries, y estábamos hablando tranquilamente de la situación de la venta ambulante y demás, y ese día, sin más, Albert coge y me pregunta (*calla un moment i intenta asserenar-se*): «¿Cómo te desharías de un cuerpo?».

La resposta que li va donar el seu company aquell dia, que posaria el cos a dins d'un cotxe i el cremaria en una zona de difícil accés per eliminar qualsevol empremta, coincideix exactament amb les circumstàncies en què apareix el cos de la víctima, en una pista forestal del pantà de Foix.

JUDICI

(*Declara l'Albert*)

ALBERT: Él lo pasó fatal, ese día aquí. Él es una persona que está cogiendo el teléfono. Aunque diga que es policía está en el 092, y si llamas te lo coge él, y tiene unas aspiraciones de investigación que superan sus dotes reales de la misma. Entonces intenta tergiversar cosas mentalmente, pero no lo hace adrede, es que él es así. No va más allá de su mera imaginación, ya se lo digo...

El jurat es creu la versió del company de patrulla de l'Albert.

19 D'ABRIL DE 2017 (DOTZE DIES ABANS DEL CRIM)

FISCAL: Tres días después de la conversación de Albert con su compañero de patrulla, se produce el famoso audio de 19 de abril de 2017, que voy a pedir a su señoría que se reproduzca: el audio 1566.

FÉLIX MARTÍN (FISCAL) PER A *CRIMS*

Hay muchas cosas que en el momento no le das importancia para plasmarlo, pero cuando tienes todo el contexto, cobra mucha más importancia. Me percato de que hay un mensaje que en un principio puede pasar desapercibido, pero que tiene mucha relevancia.

Per al fiscal, l'àudio que llegireu ara demostra que el crim va ser premeditat.

ÀUDIO DE LA ROSA

Oye, Tontolbote, que tienes el móvil apagado. Bueno, nada, he ido a comprar al Caprabo y me ha salido un descuento para PortAventura... Estaba pensando que si hacíamos eso, pues el siguiente fin de semana podríamos ir a dormir allí con las peques, ¿qué te parece la idea?

Per a l'acusació, la frase clau és «si hacíamos eso», que s'afegeix al fet que, si el destinatari efectivament era l'Albert, les dues persones que ara s'asseuen al banc dels acusats estaven fent plans per passar el cap de setmana amb les nenes, com si la Rosa no estigués vivint amb el Pedro.

JOAN CARLES ZAYAS (ADVOCAT DE LA FAMÍLIA DEL PEDRO) PER A *CRIMS*

Missatge de veu que estava esborrat, però la policia va recuperar la majoria dels registres esborrats.

JUDICI

(*Declara la Rosa*)
Este audio no tiene nada que ver con Albert, no sé por qué... O sea... dicen que yo lo enlazo con él, ¡pero si es que yo con las únicas personas que habíamos hablado de ir a PortAventura es con Manu y con su mujer y la niña! ¡Porque además la idea era ir con las niñas!

Félix Martín (fiscal) per a *Crims*

> Es un mensaje que Rosa manda a un interlocutor al que denomina «Tonto del Bote», que es un apelativo cariñoso. Según explicaron los peritos telefónicos de los Mossos d'Esquadra, la única persona de toda la agenda a la que llamaba Tonto del Bote y que se llamaba a sí mismo así era el señor Albert.

Això és el que diu l'Albert quan el fiscal li pregunta per aquest missatge de veu que tindrà tanta rellevància per al jurat.

Judici

(*Declara l'Albert*)

Fiscal: Usted sabe que no hemos encontrado ninguna conversación de whatsapp, ningún *e-mail*, nada en Facebook, ninguna referencia, salvo usted.

Albert: Sí, sí, créame que cuando ustedes lo dijeron aquí yo me pasé la noche en mi celda buscando en mi ordenador referencias a eso porque sé que habla así, pero no las encontré.

(*Declara el pèrit policial*)

Fiscal: I fíjese, asunto «Tontolbote».

Pèrit policial: Tontolbote lo asignamos a él, Albert.

El fiscal aporta com a exemple moltes comunicacions entre els dos acusats en què s'anomenen l'un a l'altre «Tontolbote» i «Tontalbote», un nom que cap dels dos fa servir per referir-se a ningú més.

Joan Carles Zayas (advocat de la família del Pedro) per a *Crims*

«Tontolbote, coge el teléfono que no puedo hablar contigo...». Com si hagués fet una trucada a aquesta persona que es diu Tontolbote i no hagués pogut comunicar-s'hi, i llavors li deixa un missatge de veu.

Judici

(*Declara el pèrit policial*)

Pèrit policial: Hay uno de los archivos que corresponde a las llamadas salientes de la señora Rosa, filtramos las del mes de abril... día 19...

Joan Carles Zayas (advocat de la família del Pedro)

Mirem si des del seu telèfon hi ha una trucada al veí, al qual li pugui dir «Tontolbote». I no hi era. És a dir, no hi havia cap més trucada d'aquell telèfon segons o minuts abans, excepte en un telèfon.

Judici

(*Declara el pèrit policial*)

I el destinatario... aquí tenemos el teléfono del señor Albert. 15.11, 15.25, 15.26.

És a dir, primer hi ha una trucada de la Rosa a l'Albert a les 15.11 —això suposant que el «Tontolbote» és l'Albert— que l'Albert no agafa. Un quart d'hora després hi ha la nota de veu sobre PortAventura de la Rosa, i al cap d'un minut una trucada de l'Albert.

Judici

(*Declara l'Albert*)

Fiscal: Casualmente, ese día le llama a usted y usted no lo coge; y, casualmente, después de ese audio, le llama usted y ustedes hablan.

Titular del diari *La Vanguardia*

«Un àudio avala que el crim de la Urbana va ser planificat».

Telenotícies

«[...] unes trucades telefòniques i uns correus que segons el fiscal van ser esborrats del mòbil de Rosa Peral i s'han hagut de recuperar. Unes proves les quals van ser eliminades».

Àudio de la Rosa

Estaba pensando que, si hacíamos eso, pues el siguiente fin de semana podríamos ir a dormir allí con las peques, ¿qué te parece la idea?

Félix Martín (fiscal) per a *Crims*

Fíjense lo que dice: «si hacíamos eso», en primera persona del plural, de un resultado del que va a depender que nosotros nos podamos ir un fin de semana, como que fuéramos una familia, a un sitio.

El jurat popular dona per bo que l'àudio de PortAventura és per a l'Albert i que és una prova de la planificació del crim. Hi ha més elements que per al jurat reforcen que hi havia un pla. Recordeu aquella trucada d'un telèfon Lycamobile que apareixia en la tarifació del mòbil de la Rosa la nit del crim? Els Mossos han hagut d'esperar més de dos anys perquè l'empresa Lycamobile els fes arribar el nom del titular de la línia.

SERGENT DOMÈNECH (DIVISIÓ D'INVESTIGACIÓ CRIMINAL)

Va contestar pels volts de desembre del 2019. I llavors la sorpresa és nostra quan contesta i ens diu que aquest telèfon va a nom de l'Albert.

TITULARS DE PREMSA

«Apareix una nova prova en el crim de la Urbana».

«Una trucada des d'un mòbil de prepagament la nit dels fets acorrala Rosa Peral i Albert López».

TELENOTÍCIES

«Una nova prova ha estat acceptada avui. Es tracta d'un telèfon mòbil de prepagament comprat dies abans dels fets i amb el qual els acusats es van trucar la nit del crim. Demostraria que hi va haver una premeditació en la preparació d'aquest crim per part de les dues persones que són jutjades».

JUDICI

(*Declara l'Albert*)

FISCAL: Nos encontramos con la famosa activación de la tarjeta Lycamobile del 20 de abril. ¿Le dio usted el número a la señora Rosa?

ALBERT: Sí, sabía que Pedro podía estar con la mosca detrás de la oreja. Entonces dije: «Mira, tengo este teléfono para ella», y también incluidas si había otras chicas.

(*Declara la Rosa*)

FISCAL: ¿Le dijo Albert que tenía este teléfono Lycamobile?

ROSA: Para nada.

(*Declara l'Albert*)

FISCAL: Alego contradicción, señoría. Le presento el folio 2267. Se lo pongo aquí en rojo. Usted me dice que compra eso para tener un móvil B para que Pedro no le vea, y le voy a poner yo las llamadas que hace usted con Rosa desde su número A esos días... Día 20, se llaman ustedes seis veces; el 21, siete veces; el 24, cuatro veces; el 25, ocho veces; el 27, una vez, y el 28 tres.

ALBERT: Sí.

FISCAL: ¿Qué pasó? ¿Que se le olvidó que había comprado el Lycamobile?

ALBERT: No, ese lo tengo por si sé que en algún momento están juntos.

(*Declara la Rosa*)

FISCAL: ¿Esa llamada era la señal que ustedes tenían para empezar a poner en marcha el plan de la noche del 1 de mayo, señora Rosa?

ROSA: No hay ningún plan, por lo menos en el que yo participe, no hay ningún plan. No tengo ningún plan, no tengo una señal y no tengo nada que ver con este señor con ningún plan que haya generado.

El jurat no es creu la Rosa i dona crèdit a la tesi del fiscal.

21 D'ABRIL DE 2017 (DEU DIES ABANS DEL CRIM)

ÀUDIO DE WHATSAPP DE LA ROSA A L'ALBERT

Yo acabo de dejar a las peques y voy para casa, a ver si se va este rápido, y ya te digo... No... Se tiene que ir como mucho a y media o menos cuarto. Máximo, máximo...

JUDICI

(*Declara la Rosa*)

FISCAL: [...] este tono despectivo y despreciativo con el que habla del señor Pedro, que es más doloroso casi que la infidelidad.

ÀUDIO DE WHATSAPP DE LA ROSA A L'ALBERT

Yo te aviso. Ahora cuando llegue me voy a poner una lavadora, me voy a poner a fregar platos, y nada, en cuanto se vaya, te digo. Me pongo a pasar un poco de él, a ver si se va antes.

JUDICI

(*Declara l'Albert*)

FISCAL: Gracias, ¿ha escuchado usted bien?

ALBERT: Sí, bueno, con la calidad que tiene...

FISCAL: Vale. Hay dos fases. Primero, ¿este audio era para usted?

ALBERT: No.

JUDICI

(*Declara la Rosa*)

FISCAL: No. Vale. ¿Es Albert el destinatario de estos dos audios?

ROSA: Pues seguramente, porque ese día sí que quedé con él para devolverle el anillo.

FISCAL: Si lo comparamos, esto, que es muy interesante, con el chat Rosa-Pedro 428, uno de los que yo puse a su disposición, y lo comparan a las horas, verán cómo mientras tanto la señora Rosa está haciendo referencia: «Pedro, cariño, ¿dónde estás? ¿Por dónde estás? ¿Cómo vas?».

ÀUDIO DE WHATSAPP DE LA ROSA AL PEDRO

Ves con cuidado, amor. Me pongo un ratito la serie y me quedo aquí tranquilita, que estoy ya cansadita de toda la mañana recoger abajo, poner lavadoras y poner mil historias.

JUDICI

(*Declara el pèrit policial*)

PÈRIT POLICIAL: Sobre las 16.01 es la última descripción que tenemos en el domicilio, y ya, a las 16.11, aparece en Sitges, el teléfono de Pedro.

FISCAL: ¿Y es cierto que el teléfono del señor Albert está llegando al domicilio de la señora Rosa?

PÈRIT POLICIAL: Sí, en esta franja ya está ahí adscrito.

JUDICI

(*Declara l'Albert*)

ALBERT: Sí, sí, yo fui al domicilio de Rosa (*una mica fluix*).

FISCAL: ¿Perdón?

ALBERT: Yo fui al domicilio de Rosa.

JUDICI

(*Declara la Rosa*)

A mi casa no lo invité. En mi casa no entró, eso para empezar.

Judici

(Declara l'Albert)

Fiscal: ¿Para qué fue allí?

Albert: Bueno, en principio para hablar, lo del anillo y todo esto. Me dio un beso y me dijo que... bueno... que estaba abierta a posibilidades.

Fiscal: ¿Que se abría a posibilidades de qué? ¿De tener una relación con usted?

Albert: Sí.

(La Rosa fa que no amb el cap).

Fiscal: A ver si nos explicamos, porque en su mundo es difícil entender lo que es tener una relación... ¿Era ser amigos, estar juntos y dejar a Pedro? Explíqueme, porque para mí esto es una locura.

Albert: No, créame que a veces para mí también.

Félix Martín (fiscal) per a *Crims*

Que se vean en la casa de Rosa inmediatamente que Pedro se va habla de una urgencia sentimental, una ansia de verse, que va en ese *crescendo* sentimental que se está produciendo entre ambos que creo que es muy importante, porque se va viendo que el calor... el calor va subiendo, va subiendo, va subiendo...

Judici

(Declara l'Albert)

Fiscal: Este es, señores y señoras miembros del jurado, el ritmo frenético que tienen los acontecimientos hasta el 25 de abril. ¿Qué busca usted con estos mensajes?

Albert: No reactivar la relación de pareja, pero igual un inicio.

Mi conclusión es clara: desde el momento en que el señor Albert compra el Lycamobile, la decisión está tomada. Y para ellos el señor Pedro es un saco de patatas podrido del que uno se puede deshacer como quiera.

Segons el jurat, un altre element que demostraria que hi havia un pla és que després d'un ritme frenètic de trucades entre la Rosa i l'Albert durant tot l'abril, els dies 29 i 30, just abans del crim, no hi ha cap trucada. Es tractaria d'un silenci per seguretat.

1 de maig de 2017 (dia del crim)

Arribem al dia del crim. La mort del Pedro va ser el dia 1 de maig per casualitat o perquè estava planificat que fos aquell dia?

Judici

(*Declara el pare de la Rosa*)

Pare de la Rosa: No sé si era por esta zona, buscando un bar de estos de pollos, y al final pues Pedro decía: «Venga, compramos los pollos y nos vamos». Digo: «No, déjalo, ya pago yo». Y me dijo: «No, me sabe mal, que pague un jubilado». (*Sanglots*).

Jutge: Tranquilícese, tranquilícese.

Judici

(*Intervencions dels advocats dels acusats*)

Arderiu (advocada de la Rosa): Tuvieron un fantástico

día familiar con los padres de Rosa y con las hijas de Rosa. No existe ningún motivo sentimental ni ningún motivo económico.

[...]

BRAVO (ADVOCAT DE L'ALBERT): A mí me sorprende cuando las acusaciones hablan de un delito premeditado. Vamos a ver: estos señores son guardias urbanos, algo sabrán. No creo que haya una forma más cutre de preparar un asesinato: en casa de uno de ellos, en el fin de semana que tengo las niñas para que las niñas puedan ver lo que ha pasado... Eso no es ninguna planificación.

[...]

ARDERIU (ADVOCADA DE LA ROSA): Nuestro papel en este juicio es explicarles lo que realmente sufrió esa noche la señora Peral.

[...]

BRAVO (ADVOCAT DE L'ALBERT): No estamos aquí ante un drama mejicano de muerte, celos, amor... esto es un delito de violencia doméstica. Lo que pasa es que aquí la víctima no es la mujer; ha sido un hombre.

El jurat accepta que la víctima i l'acusada van passar el dia en família a Roda de Berà. I, gràcies a la geolocalització dels telèfons mòbils, poden saber que a les 21.37 la Rosa, el Pedro i les nenes arriben a la casa de Cubelles.

JUDICI

(*Declara la Rosa*)

FISCAL: Vamos a ver si podemos situar al jurado. Quiero que se ponga el mensaje de las 21.41, cuando dice usted: «Hay ratoncito?». ¿Ustedes están en casa, cuando manda este mensaje?

ROSA: Sí.

FÈLIX MARTÍN (FISCAL) PER A *CRIMS*

Rosa sabe que esa noche van a poner en marcha el plan criminal con el señor Albert.

També s'accepta que la Rosa truca a l'Albert i parlen quatre minuts. Això és el que han explicat els acusats d'aquesta trucada:

JUDICI

(*Declara la Rosa*)

Ese día le llamo porque le quiero dejar claro que pare de enviarme mensajes. Nosotros no tenemos ya ninguna relación como la que teníamos antes.

(*Declara l'Albert*)

No se la entendía muy bien, más que: «Creo que lo he matado, creo que lo he matado. Mis hijas, mis hijas».

Però el jurat no es creu les versions dels acusats. La veritat oficial diu que el pla de matar el Pedro s'activa amb la trucada des del telèfon Lycamobile. El primer pas va ser donar-li algun tipus de narcòtic per adormir-lo.

TITULAR DE DIARI

«Rosa Peral va enverinar el seu nòvio abans de matar-lo».

TELENOTÍCIES

«Avui ha declarat davant del jutge l'excompanya de cel·la de l'agent de la Guàrdia Urbana acusada de matar el seu nòvio».

Judici

(*Declara l'excompanya de cel·la de la Rosa*)

Fiscal: ¿En algún momento refirió ella que se hubiera envenenado o drogado al señor Pedro?

Excompanya: Es que no me acuerdo de todo, señoría. Lo siento mucho.

Fiscal: Intente hacer memoria, por favor. ¿Se habló de la medicación de...?

Excompanya: Creo que era de una medicación... Y ella le dio en agua o algo así.

Fiscal: ¿Le dio en agua a Pedro?

Excompanya: A Pedro.

Fiscal: ¿Pero esto se lo dijo Rosa?

Excompanya: Para que se calmaran, porque estaban discutiendo muy fuerte.

Judici

Zayas (advocat de la família del Pedro): La muerte de Pedro no se produjo pudiendo Pedro defenderse o escapar de esa muerte segura. La señora Rosa Peral, previamente a matar a Pedro junto con el señor Albert, hubo un tiempo previo en el que se aseguraron los dos de que esta persona estaba drogada o sedada o tranquilizada para que, cuando decidieran matarlo, no se pudiera defender.

Félix Martín (fiscal) per a *Crims*

La musculatura y la fortaleza física de Pedro es muy relevante. Implicaría que, en condiciones normales, hubiera tenido capacidad de defenderse; hubiéramos tenido que encontrar señales de agresión a las personas que lo atacaron o gritos o pelea. Y no hay ninguno de estos elementos.

Judici

Fiscal: Voy a ser muy claro: desde el que roba una chocolatina en un supermercado hasta al que mata a alguien a sangre fría, quien lo hace, desde lo más leve a lo más grave, siempre intenta hacerlo sin testigos. Es de cajón. [...]

Bravo (advocat de l'Albert): Aquí no hay prueba directa, cierto, pero sí hay testigos. Nadie ha hablado de eso: hay testigos, hay dos hijas que vieron lo que pasó.

La nit del crim, a la casa de Cubelles, també hi havia les filles de la Rosa i el Rubén. Elles no han declarat mai contra la seva mare, però la parella del Rubén, el pare, sí que ha declarat què li han explicat les nenes. La parella del pare ha dit que, entre altres coses, les nenes li van dir que aquella nit van sentir com el Pedro i la Rosa discutien molt. I més tard el Pedro baixava les escales fent moviments com un robot. El jurat considera que això és perquè estava sota els efectes d'algun narcòtic que li havia donat la Rosa.

Judici

Fiscal: ¿Se pudo defender? Rotundamente, no. Y por esto, esto no es un homicidio, esto es un asesinato.

[...]

Fiscal: Quiero que se vaya a las 23:08:06.

El pla continua: la Rosa sembra sospites contra el Rubén.

Whatsapp de la Rosa a un amic del Pedro

Rosa

Hoy ha estado mejor, aunque con lo de mi ex...

está super pesado en ir a pincharle las ruedas,
en presentarse en su casa y darle con un bate.

BRAVO (ADVOCAT DE L'ALBERT) PER A *CRIMS*

A las 23.00 aproximadamente ella envía un mensaje a un compañero íntimo amigo de Pedro: «Hoy ha estado bien, pero sigue obsesionado con Rubén y amenaza con coger un bate e ir a romperle la cabeza».

JUDICI

(*Declara un amic del Pedro*)

FISCAL: ¿Y a qué conclusión llegó?

AMIC DEL PEDRO: Pues si me escribe de golpe a las 23.08 poniéndome eso, a mí me suena que eso es una coartada como una casa.

La sentència recull que de matinada l'Albert arriba a la casa de Cubelles i entre tots dos maten el Pedro sense que ell es pugui defensar, perquè està drogat. Ja tornarem a com el van matar.

2 DE MAIG DE 2017

El dia després del crim tant l'Albert com la Rosa fan veure que el Pedro encara és viu. El jurat creu que això també forma part del seu pla.

JUDICI

(*Declara la Rosa*)

FISCAL: ¿Al día siguiente contestó al teléfono de Pedro como que Pedro estuviera vivo?

ROSA: Sí.

FISCAL: Fíjese lo más curioso de todo, señora Rosa. Pedro le llama a su teléfono, el teléfono de Pedro le llama al suyo a las 12.15.04 y a las 12.26.12. ¿Usted tiene el teléfono de Pedro y usted desde el teléfono de Pedro se llama a sí misma?

ROSA: Sí.

[...]

FISCAL: A las 19.36, Pedro, supuestamente, manda un whatsapp a Xavier, al mecánico, en relación al coche, que es usted quien lo escribe... Y después, a las 21.26, Pedro, que es usted, manda un *e-mail* a la señora Patricia: «Mañana me ha surgido un imprevisto. ¿Te importaría cambiar mañana por el jueves? O, si no, ya voy el viernes, si te va mal».

(*Declaració de l'exdona del Pedro*)

FISCAL: ¿Le parece algo extraño ese mensaje?

EXDONA PEDRO: No, no sé, no me cuadraba. Supongo que demasiado amable, no sé...

[...]

BRAVO (ADVOCAT DE L'ALBERT): Rosa pretendía mantenerlo vivo el tiempo suficiente como para que en esa zona se geolocalizara a toda la gente posible. ¡Y eso le llevó incluso a hacer mentir a su padre!

TITULAR DE DIARI

«El fiscal del cas Urbana acusa de fals testimoni el pare de Rosa Peral».

TELENOTÍCIES

«Un home el qual va canviar de versió del que va explicar

davant dels Mossos perquè l'endemà dels fets diu que va anar a casa de Rosa Peral i va dir inicialment a la policia que havia vist la víctima allà i més tard va canviar la seva versió i va dir que no era la víctima i que era el veí: i això, al fiscal i l'acusació, els fa sospitar».

JUDICI

(Declara un agent dels Mossos)

AGENT DELS MOSSOS: El padre de Rosa se derrumba, empieza a llorar y nos dice que quiere explicarnos la verdad, que el día 2 no vio a Pedro en casa de Rosa ni lo saludó, que su hija le había dicho que mintiera y que solo vio un coche BMW rojo en la puerta.

FISCAL: ¿Qué había visto?

AGENT DELS MOSSOS: Un BMW rojo en la puerta.

(Declara l'Albert)

FISCAL: ¿Conducía usted?

ALBERT: Sí, conducía yo y era mi coche. Pero ella estaba todo el rato con el teléfono, todo el rato. Entonces, claro, llega un momento que digo: «¿Y ese teléfono?». Y dice: «Este es el de Pedro...», y tal, no sé qué... «¿Ves aquí? Aquí vive Rubén».

(Declara la Rosa)

ROSA: Llegamos a casa de Rubén y me dijo: «Ahora te vas a enviar unos mensajes como si te los enviara a ti».
[...]

FISCAL: Comienza Pedro, ¡que es usted! Claro, Pedro es usted, en ese momento quien dice: «cosita». Es usted, quien pone «cosita, no te enfades, sabes que no te quiero contar para no implicarte en mis cosas». Esta imaginación... ¿se le ocurría a Albert o a usted?

ROSA: A Albert.

FISCAL: A Albert... Seguimos: «Apago, que no quiero que me esté vibrando el móvil».

(*Declara el germà del Pedro*)

Una de las cosas concretas que puso mi hermano es: «Te dejo... apago el móvil» o alguna cosa de... conforme apagaba el móvil, y mi hermano no apagaba el móvil jamás. Esos mensajes no los había escrito mi hermano.

Apareixen noves sorpreses. Gràcies a la recuperació de fotos i missatges esborrats del telèfon mòbil de la Rosa, els investigadors poden establir el lloc on es va cometre el crim.

SERGENT DOMÈNECH
(DIVISIÓ D'INVESTIGACIÓ CRIMINAL)

Es va descobrir una fotografia d'un sofà que hi havia en una habitació que estava a la planta baixa.

Quan els agents fan el primer escorcoll a la casa, no hi ha ni rastre de cap sofà, en aquesta habitació de la planta baixa, i la paret està pintada d'un altre color.

JUDICI

(*Declara la Rosa*)

FISCAL: Mire, esta fotografía es del 15 de abril de 2017, de la instalación de un sofá.

ROSA: Sí.

FISCAL: ¿Cuándo lo quitaron?

ROSA: No recuerdo el día exacto, pero es que duró muy poco tiempo, ese sofá.

Sergent Domènech (Divisió d'Investigació Criminal) per a *Crims*

Sobre el 4, que és quan hi ha el dinar del comandament de la Guàrdia Urbana que es jubila, la Rosa demana a un company seu que li deixi una furgoneta perquè ha de moure un sofà.

Judici

(*Declara un company de la Rosa*)

Company de la Guàrdia Urbana: Me llama y me pide la furgoneta y quedamos que nos veríamos en la comida y traería yo la furgoneta y haríamos un cambio de vehículos.

(*Declara l'Albert*)

Albert: Ella me dice que, el sofá, tiene que deshacerse de él y que necesita la furgoneta de Figui para tirarlo no sé dónde, y que el sofá estaba manchado de sangre.

[...]

Fiscal: ¿Podía prever que le iban a atacar? ¿No es cierto que estaba dormido o descansando? ¿No es cierto que nadie escuchó ningún ruido? ¿No es cierto que desaparece el sofá porque el sofá estaba lleno de sangre, porque estaba allí descansando?

Sergent Domènech (Divisió d'Investigació Criminal) per a *Crims*

En aquelles dates (diu referint-se a la foto), aquella habitació l'estan pintant i hi estan posant un sofà, i quan nosaltres fem l'entrada veiem que les habitacions són completament diferents. D'acord amb això, vam fer una entrada específicament en aquesta habitació, i és en aquesta segona entrada quan es descobreix que a la bombeta hi ha una taqueta de sang molt petita; que aquesta sang era del Pedro.

Pel traç que dibuixaven les taques de sang a la bombeta, el jurat creu que en el crim, amb tota probabilitat, es va fer servir un objecte contundent. El mòbil de la Rosa continua aportant nova informació. Dels missatges recuperats, es descobreix una suposada relació entre la Rosa i el veí i que algú havia fet servir una motoserra. Potser, per esmicolar un sofà.

Telenotícies

«Un veí que podria tenir informació del que va passar aquell mes de maig del 2017».

«De les converses de whatsapp del mòbil de Rosa Peral amb aquest veí s'entreveu que mantenien contactes sexuals».

Conversa de whatsapp entre la Rosa i el seu veí

Veí
No será vuestra la motosierra??

Rosa
Ein?

Veí
Que me ha despertado
una motosierra!! 😊😊

Rosa
¿Y qué hacían con la motosierra,
los taraos??

Veí
No sé quién eran. Se estarían
rozando con ella, porque no paraban.

Judici

(Declara el veí)

Fiscal: Díganos exactamente qué ruidos se escuchó, qué hora era...

Veí: Como cuando cortan árboles, que están allí horas y horas cortando árboles, pues igual.

Conversa de whatsapp entre la Rosa i el seu veí

Veí
¿Repetiremos?

Rosa
Sí. Si sigue enfadado, porque si no está enfadado no me deja ni fuerzas jaja. Es un no parar.

Veí
Juju

Judici

(Declara el veí)

Fiscal: ¿Usted sigue manteniendo que Rosa y usted no hablaban ni ella le contaba sus problemas con Pedro?

Veí: No, antes de conocer a Pedro pues sí que llegamos a hablar un poco más... todo en el ámbito sexual, y una vez estuvo con Pedro todo este tema se cortó completamente.

Fiscal: Pues el Ministerio Fiscal no le cree y valorará en su momento oportuno pedir contra usted deducción por falso testimonio. ¿Se puede seguir leyendo, por favor?

Conversa de whatsapp entre la Rosa i el seu veí

Veí
Tengo algo aquí para que comieses

Rosa
Jaja a ver? 😛

Veí
¿quieres verlo?

Rosa
Lástima que en foto no
se aprecia el tamaño

Vecino
Ya la probarás bien, mándame
alguna cerdada y borra todo!

Judici

Fiscal: [...] la versión peliculera a más no poder de la señora Rosa, llega el señor Albert como una tortuga ninja, nadie escucha nada... ella no escucha voces, no escucha golpes, el señor Albert, como una tortuga ninja, iba con una hacha.

(*Declara l'Albert*)

Albert: Me dijo que se había peleado; que le había cogido del cuello delante de sus hijas; que no lo podía tolerar; que ella no quería, pero que se le había ido la mano..

Fiscal: Se le había ido la mano...

Albert: Un descuido o algo... le da un golpe o le pega un tiro. [...]

Fiscal: Y a Albert, que es policía, le parece bien, sabiendo que le ha dicho que ha matado, saltarse la valla con un cadáver dentro. Como ven, es muy lógico...

Com el van matar? Oficialment no s'ha pogut especificar ni qui va matar el Pedro ni com ho va fer. L'Albert ha parlat d'un tret i al cotxe cremat es va trobar el que podia ser una bala.

«Fan pràctiques de tir d'una semiautomàtica (*referint-se a unes imatges en què es veu una dona disparant a una diana*), l'arma reglamentària de la Guàrdia Urbana, cada agent disposa de 30 bales. De les armes dels tres implicats en el crim només a la de l'agent detinguda hi falta una bala.

»En el maleter del vehicle on es va trobar el cadàver de l'agent calcinat hi havia una bala fosa que correspon a la munició de les armes reglamentàries de la Guàrdia Urbana».

Sergent Domènech (Divisió d'Investigació Criminal) per a *Crims*

El que vam fer va ser posar-nos en contacte amb la Guàrdia Urbana per intentar recuperar les armes, tant la del Pedro, com la de l'Albert, com la de la Rosa. Quan vam tenir les armes, vam veure que a la pistola de la Rosa hi faltava un projectil, una bala.

Judici

Bravo (advocat de l'Albert): Falta una bala en su pistola. Y cuando un guardia urbano pierde una bala o usa una bala tiene que hacer un oficio explicando lo que ha pasado. Esta señora no hizo nada.

José Luis Bravo (advocat de l'Albert) per a *Crims*

Testigos de la Guardia Urbana admitieron que ella se llevaba el arma a casa, cuando estaba terminalmente prohibido.

Però un dels testimonis de l'acusació posa en dubte que el Pedro morís per un tret de bala.

Toni Muñoz (periodista) per a *Crims*

Des de l'acusació, l'exdona del Pedro Rodríguez va posar una altra teoria sobre la taula que desmentia que la Rosa hauria disparat al Pedro la nit del crim.

Joan Carles Zayas (advocat de la família del Pedro) per a *Crims*

Va obrir el bolso i va dir: «Bueno, és que es possible que el Pedro portés una bala a sobre».

Judici

(*Declara l'exdona del Pedro*)

Exdona: Regalamos en nuestro día de boda unas balas que están grabadas con nuestros nombres, el enlace... A él le hacía mucha ilusión, ¿no? Como los dos éramos policías, pues... queríamos entregar una bala grabada.

Zayas: ¿Era un llavero?

Exdona: Sí.

La Rosa ha parlat de molts cops forts i d'una destral. Recordem el que ha dit.

Judici

(*Declara la Rosa*)

Rosa: Escuché golpes y golpes y golpes.

Fiscal: ¿No es cierto que, si fuese verdad lo que usted está contando, hubiese despertado todos los perros del vecindario y hubiera llegado hasta la policía montada de Canadá?

Rosa: Yo le he dicho que los perros ladran cuando ven algún perro pasar cerca o si el otro perro ladra, pero no si oyen golpes.

Titular de diari

«L'arrestat va dir que va fer una barbacoa a casa de Rosa P. i va tallar llenya amb una destral».

Judici

Bravo (advocat de l'Albert): ¿Que cogió un hacha? Pero si Albert ha estado en casa de ella, y han hecho barbacoas y ha utilizado el hacha que hay allí. Claro, se le pregunta por eso, y dice: «Pues claro que he tocado un hacha».

Els investigadors, els acusadors, el jurat i la sentència només s'atreveixen a dir que el van matar tots dos conjuntament i de manera violenta. I per què el van matar? A quines conclusions arriben sobre el mòbil del crim?

Judici

(*Declara l'excompanya de la Rosa a la presó de Wad-Ras*)

Zayas (advocat de la família del Pedro): ¿Le hizo algún comentario Rosa respecto a algo que había pasado con un mantero relacionado con Albert? ¿Recuerda usted esta circunstancia, este comentario?

Excompanya: Bueno, Rosa me había comentado que Albert había empujado al mantero.

Zayas (advocat de la família del Pedro): ¿Le había dicho si eso se lo había dicho a Pedro, esa circunstancia?

Excompanya: Creo que sí.

Joan Carles Zayas (advocat de la família del Pedro) per a *Crims*

Jo crec que això l'Albert ho sabia, perquè la Rosa l'hi transmetia, i això va fer que ell finalment acceptés i accedís a participar activament en la mort del Pedro.

Podria ser que el Pedro hagués amenaçat de revelar algun secret del cas del manter? El tribunal diu que és un cas judicialment tancat i no s'esmenta en cap moment en la sentència, que es queda amb els motius explicats pel fiscal.

TITULAR DE DIARI

«El crim va ser una perversa i diabòlica prova d'amor».

TELENOTÍCIES

«Van planificar el crim conjuntament i almenys una setmana abans dels fets, així de clar ho ha dit el cap de la investigació del cas».

JUDICI

(*Declara el cap d'Investigació dels Mossos d'Esquadra*)
Había un plan fabulado entre los dos de cómo se tenía que llevar a cabo, el puzle estaba hecho.

JUDICI

FISCAL: Dos factores que hacen que la perversidad se complemente: una, estas ganas de vengarse de Rubén, que le quiere perjudicar como sea; y dos, quiere recuperar a Albert como sea. Pero Albert para que lo dé todo, para que se quede con las niñas. Y aquí está, el plan perfecto. Y por parte de Albert: Albert se sentía con su ego herido a más no poder y odiaba al señor Pedro y además quería recuperar como fuera a la señora Rosa demostrando ser el macho de la selva, eliminando al señor Pedro y triunfando en su amor.

I, per si aquest cas no tingués prou girs de guió, just abans d'acabar el judici, el president del Govern espanyol, Pedro Sánchez, declara l'estat d'alarma i tot el territori espanyol queda confinat a casa.

NOTÍCIES

«La por al coronavirus porta l'Audiència de Barcelona a habilitar avui matí i tarda per poder avançar tant com sigui possible en la celebració del judici pel crim de la Guàrdia Urbana».

«El jurat popular són nou persones. N'hi havia dues més de suplents que ja han passat a la titularitat perquè ahir un altre membre es va trobar malament. Qualsevol nova eventualitat pot fer que se'n vagin en orris molts mesos de feina i un mes i mig de vistes».

«La banqueta dels acusats, només amb Albert López i sense Rosa Peral. Ella avui no ha estat present a la sala on es fa el judici perquè tenia molèsties i tos».

«La sala ha decidit que no s'assegués al banc dels acusats i ha seguit la sessió des d'una sala contigua».

17 DE MARÇ DE 2020

JUTGE: Bien, buenos días, miembros del jurado. Buenos días a las partes. Buenos días, doña Rosa.

ROSA: Buenos días (*des d'una pantalla instal·lada a la sala*).

JUTGE: Bien, la acusada va a deponer a través de videoconferencia con otra sala de este juzgado para evitar cualquier posible incidencia sobre el Covid-19. Se declara abierta la sesión y tiene la palabra el Ministerio Fiscal cuando lo desee.

FISCAL: Muchas gracias, señoría. Miren, nos gustaría a todos saber el porqué. Y saber el cómo. Necesitamos entender. En los años que llevo de fiscal he aprendido que, desgraciadamente, el mal gratuito existe, como ya les dije el primer día; y que ese mal, el mal gratuito, no tiene *glamour*. La muerte huele, mancha, ensucia y crea un vacío y un silencio terribles.

Els dos acusats fan ús del seu dret a l'última paraula.

JUTGE: Señora Peral, tiene usted el derecho a la última palabra. ¿Desea usted manifestar algo antes de que se finiquite el juicio?

ROSA: Creo que me dejaré alguna cosa porque estoy muy nerviosa, no me encuentro muy bien, me gustaría que se hiciera realmente justicia y que realmente Albert, que hizo lo que hizo, y no es encubrir, que pague. Pero que no hagan una injusticia.

JUTGE: Señor López, tiene usted el derecho a la última palabra. ¿Desea usted manifestar algo?

ALBERT: Yo estoy aquí ni más ni menos que por Tontolbote, nada más y nada menos, señoría. Muchísimas gracias. Volver a reiterar mi inocencia en todo lo respectivo a la muerte del señor Pedro Rodríguez Grande, que descanse en paz; que lo siento muchísimo, aunque no fuera mi amigo, y que... ya les digo... no tengo nada que ver. Mi culpa fue ser un Tonto del Bote.

La veritat oficial es va traduir en una condemna de vint-i-cinc anys de presó per a la Rosa i vint per a l'Albert pel delicte d'assassinat amb traïdoria. A ella li van caure cinc anys més per parentiu, per ser la parella del difunt. El Tribunal Professional els va condemnar a la pena màxima aplicable.

Un detall: el cas de la pornovenjança va quedar sense culpable. El superior jeràrquic de la Rosa que suposadament havia penjat la foto pornogràfica a internet va ser absolt.

Com ja heu vist, encara no s'ha aclarit exactament qui va matar el Pedro ni com. En aquest cas, el mort ha pogut parlar poc, i les mentides dels vius només les saben ells. Gràcies per acompanyar-nos, tornem tan aviat com puguem amb noves històries de foscor.